UN MODELO PARA IGLESIAS QUE PLANTAN IGLESIAS

SOBRE LA ROCA

JUSTIN BURKHOLDER

PUBLISHING GROUP

NASHVILLE, TENNESSEE

B&H Publishing Group

Nashville, TN 37234

Clasificación Decimal Dewey: 254.1

Clasifíquese: PLANTACIÓN DE IGLESIAS / IGLECRECIMIENTO / IGLESIAS

ISBN: 978-1-4627-7969-7

Impreso en EE. UU.

1 2 3 4 5 * 21 20 19 18

Contenido

VISIÓN

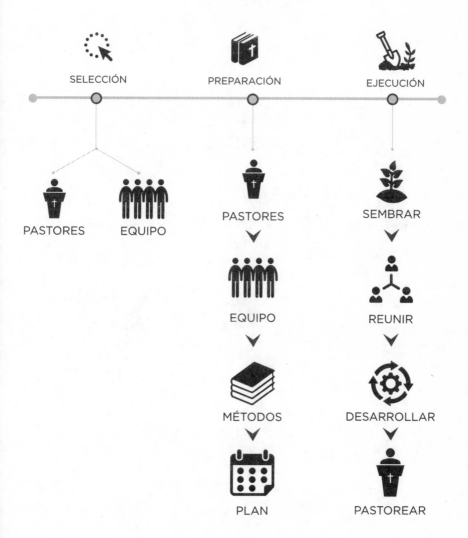

SELECCIÓN

PREPARACIÓN

EJECUCIÓN

PASTORES   EQUIPO

PASTORES

EQUIPO

MÉTODOS

PLAN

SEMBRAR

REUNIR

DESARROLLAR

PASTOREAR

VISIÓN

SELECCIÓN PREPARACIÓN EJECUCIÓN

SECCIÓN 1

CAPÍTULO 1

Plantar iglesias: Una definición

Plantar una iglesia es una aventura espiritual fructífera y llena de bendición, pero no siempre es así. Quizás algunos de ustedes han escuchado historias dolorosas sobre la plantación de nuevas iglesias. Conozco una iglesia que supo tener una visión fuerte para plantar nuevas iglesias. Se trataba de una iglesia grande, pero, cuando la edad promedio de la membresía llegó a rondar los 60 años, los líderes querían que más personas y en particular más jóvenes llegaran a confesar su fe en Cristo, pero los miembros antiguos se habían nutrido de enseñanzas muy legalistas, y esto se reflejaba en áreas como la alabanza. Algunos creían, por ejemplo, que usar guitarras en la iglesia era pecado. El legalismo llegó a producir una gran formalidad, que derivó en una cultura demasiado institucional, hasta el punto que casi funcionaba como una empresa, donde el gerente (el pastor) con la junta tenía el poder total, mientras que los clientes (sus miembros) solo podían quejarse para tratar de generar los cambios que consideraban necesarios. Los pastores llegaron a darse cuenta de que toda esa institucionalización era un obstáculo para el crecimiento de la iglesia. Era muy difícil que la membresía viera la importancia de ir hacia afuera en misión cuando estaban siempre tan preocupados por mantener la iglesia tal y como a ellos les gustaba. Por ende, decidieron enviar a la gente a plantar una nueva iglesia con el fin de multiplicar la obra del evangelio.

La planificación fue muy buena en esta plantación. Recuerdo que pensaron en el plan y la estrategia, estudiaron los sectores donde más sentido tenía plantar una iglesia, investigaron su metodología, y decidieron dónde y cómo iban a plantar esta nueva iglesia. Evaluaron al pastor-plantador, eligieron un equipo de personas ideales que podrían ir con él, los capacitaron y los enviaron con todos los recursos necesarios. Hicieron un trabajo muy bueno en todo este proceso y la obra nueva empezó a marchar.

La idea inicial era que esta iglesia funcionara como un «campus», aunque no la llamaran así. La iglesia madre quería mantener una relación muy estrecha con esta nueva obra. Esto no implicaba que los iban a apoyar económicamente, pero sí que siempre estarían bajo la sombrilla de la iglesia madre. Tristemente, no se logró definir con claridad cuál sería la relación a largo plazo y qué implicaciones tenía esta relación de «campus, pero no llamado campus». No es sorprendente que, con el pasar de los años, empezó a crecer cierta enemistad entre la iglesia madre y la obra nueva. La recién plantada tenía gran éxito porque utilizaba una estrategia y una metodología un poco más contemporánea comparada con la de la iglesia madre.

La música en los servicios de la segunda iglesia nunca dejó de causar incomodidad a la membresía de la iglesia madre. Desde un principio había cierta inconformidad en la membresía de la iglesia madre, y con el paso del tiempo empezaron a llegar quejas más fuertes al pastor sobre la nueva iglesia.

Las quejas eran muy variadas. Por ejemplo, una de ellas era que no les gustaba cómo se vestía el director de alabanza. Tenía el cabello largo y, para la iglesia madre, se parecía más a una estrella de rock que a un director de alabanza. A veces sus métodos evangelísticos eran un poco más relacionales que programáticos, lo cuál era un cambio fuerte para la iglesia madre. Además, estaban alcanzando a una población mucho más joven que se vestía de manera más casual y no operaba con la formalidad de la iglesia madre. Había que sumar a esto que la nueva plantación se reunía en un cine, ¡y algunos miembros de la iglesia madre creían que ir al cine era pecado!

Aunque hablaron con el pastor de la nueva iglesia, él parecía tener buenas razones para no estar muy convencido de que esos asuntos fueran tan importantes, así que se negó a implementar los cambios que le pedían desde la iglesia madre. La presión sobre el pastor de la iglesia madre fue tan grande que decidió finalmente cortar por completo la relación con la iglesia nueva. Le permitieron a la iglesia nueva mantener las cosas y los equipos que la iglesia madre les había comprado, pero dejaron de apoyarlos económicamente. Lo peor fue que, para los miembros de la iglesia madre, esta nueva iglesia estaba prácticamente maldita por su forma de hacer las cosas. Hubo muchas razones penosas por las que no llegaron a resolver el conflicto y las iglesias dejaron de relacionarse por completo.

Lo que me causa gran tristeza es que el pastor de la iglesia madre permitió que algunos temas secundarios fueran más importantes que la multiplicación de las iglesias. La consecuencia directa de esta experiencia fue que, hasta el día de hoy, esa iglesia ya no haya pensado más en plantar otra iglesia.

La iglesia madre siguió igual. El crecimiento siguió siendo mínimo y se mantuvieron en su línea legalista y con las mismas ideas de siempre. Esta cultura eclesiástica también generó cierto conflicto en el corazón de uno de los pastores de la iglesia. Él veía la gran necesidad del evangelio en su región, sabía que se necesitaban más iglesias y sentía que Dios había puesto en su corazón el llamado a plantar. Pero también reconocía que la filosofía ministerial tan cerrada de la iglesia madre era un gran estorbo para la multiplicación del evangelio.

Después de pasar mucho tiempo pensando en eso, se animó a acercarse al pastor de la iglesia madre para expresarle que deseaba plantar una iglesia. La conversación no fue como esperaba. En vez de tener el respaldo de su pastor, él le dijo que no tenía permiso para irse a plantar. Así el pastor principal cerró la puerta a la posibilidad de la multiplicación. Aunque esto no era lo que quería escuchar, lo que sí tenía claro era su llamado y por eso renunció a ser pastor de esa iglesia y decidió irse a plantar por su propia cuenta.

Aunque su iglesia no lo quiso apoyar, este expastor decidió plantar esta nueva iglesia de todas formas. Como tenía mucha influencia sobre algunas personas de la iglesia madre, los empezó a llamar para invitarlos a la iglesia que acababa de plantar. A las pocas semanas, ya habían reunido a unas 40 personas, habían alquilado un local y alababan juntos los domingos.

Si somos sinceros, estas historias son más que comunes, aunque quizás los detalles o las circunstancias sean un tanto diferentes. Todos hemos escuchado de iglesias que se dividen o de un miembro o un pastor que se va peleado y con él se lleva a 20 o 30 familias de la iglesia. Luego de un tiempo, alquilan un lugar y empiezan a tener servicios dominicales. También hemos sabido de un pastor de jóvenes al que no le gusta el liderazgo del pastor principal e inicia una revolución en la iglesia que solo acaba con su despido; entonces, él termina «abriendo» una nueva iglesia.

Estas historias tan repetidas representan justamente aquello que no queremos que se siga dando como norma al plantar iglesias en América Latina. Muchos de estos problemas tienen que ver con la falta de desarrollo de carácter de los líderes, pero también creo sinceramente que esto se debe a que no tenemos una visión sólida y bíblica de qué es la iglesia, y tampoco tenemos una visión sólida y bíblica de cómo multiplicarnos. O, dicho de otra manera, no sabemos cómo enviar bien y no sabemos cómo plantar bien. Lo que quiero decir es que cuando tenemos una eclesiología deficiente, simplemente abrimos puntos de predicación y reunión, pero que distan mucho de ser lo que el Señor espera de Su iglesia o lo que Él ha establecido como el estándar para cada una de ellas. Esta dificultad hace que seamos reticentes a plantar o que terminemos simplificando el proceso de plantación necesario y, por ende, reduzcamos la iglesia a un mero lugar para tener servicios dominicales.

La iglesia

El **primer problema** que vemos en América Latina en la plantación de iglesias es la falta de una visión sólida y bíblica de qué es la iglesia. Esto no nos deber sorprender. Si no tenemos claro qué es la Iglesia en congregaciones ya establecidas, lo que plantaremos replicará la debilidad y el problema. Aún peor, como en muchos casos que conocemos, la nueva plantación no se planificó porque surgió luego de una división, y como resultado nació sin una estrategia ni una visión de plantación. Lo que encontramos es simplemente un grupo de personas molestas con su iglesia anterior, que ahora necesitan un lugar donde congregarse y hacer lo que no les dejaban hacer en el otro lugar. Entonces, terminan haciendo lo más elemental: juntan suficiente dinero para alquilar un lugar, eligen un nombre y anuncian que van a iniciar reuniones públicas. Alguien predica, alguien canta y ¡listo!: se plantó una iglesia. A partir de allí, ya no pueden dar un paso atrás porque tienen que cubrir los gastos, atender a la gente que llega y desde el primer día tienen todos los compromisos de una iglesia establecida, pero sin la reflexión, la formación o la preparación necesarias.

Por otra parte, cuando enviamos a un equipo de personas que no están preparadas para plantar una iglesia, lo que plantarán solo llegará a lo básico y lo físicamente tangible. Es lamentable, pero hay muchas personas en nuestras iglesias que creen que la iglesia es solo el lugar o las reuniones. Por eso es que no debería sorprendernos que, cuando los enviamos a plantar una nueva iglesia, ellos solo tienen en cuenta esos dos asuntos superficiales. Si no entrenamos a nuestras iglesias y capacitamos a los equipos que salen a plantar nuevas, seguiremos reduciendo la iglesia y la plantación de iglesias a la mera réplica de actividades y servicios dominicales.

Lo que queremos plantar son iglesias, pero en muchos casos terminamos plantando algo inferior a una verdadera iglesia. La Biblia muestra un concepto mucho más profundo de las iglesias locales. Lo que a menudo se planta no son iglesias locales completas, sino que son solo algunas de sus partes más básicas y visibles; se crean instituciones con eventos y programas, pero sin saber exactamente lo que son en realidad.

Entonces, debemos ampliar nuestro entendimiento de la iglesia. Podríamos decir que, bíblicamente hablando, la iglesia local es nada más y nada menos que la familia local de personas que han sido salvas por la obra de Cristo (Ef. 1:22-23; 5:25) y se reúnen regularmente (Heb. 10:24-25) para exaltar a Cristo (Col. 1:15-20), oír la predicación de la Palabra (2 Tim. 3:16–4:5), exhortarse y animarse en la fe (Heb. 10:24-25; Gál. 6:1-5), vivir realizando buenas obras delante del mundo (Ef. 2:10; Mat. 5:16) y luego salir en misión para hacer más discípulos (Mat. 28:18-20). Son muchos más los temas que abarcan lo que es la iglesia y a lo largo del libro hablaremos de ellos en las diferentes etapas de la plantación.

La multiplicación

El segundo problema es que nos falta una visión sólida y bíblica sobre la multiplicación. En muchos casos, las iglesias ni siquiera consideran la idea de enviar o plantar nuevas iglesias. Es lamentable reconocer que esta es la razón por la que muchas plantaciones solo nacen por división. Hemos visto casi de todo en las plantaciones por división, como gente que se enoja con su iglesia y sale a plantar otra.

En algunos de esos casos, quizás es posible que hayan tenido buenas razones para irse. Tal vez hay pecado en el liderazgo y, a pesar de haberlo confrontado, no hay voluntad de arrepentimiento. Esa podría ser una buena razón para irse de una iglesia. O tal vez lo que se predica sea falso porque no se enmarca dentro de la Palabra de Dios y, a pesar de haber hablado con los pastores y predicadores, no hay disposición al cambio. Creo que esta es otra buena razón para irse de una iglesia.

En otros casos, estas divisiones surgen por malas motivaciones. Quizás son guerras de poder o de control o, como a algunos no les gusta algo de la iglesia y lo quieren hacer de otra manera, se van a plantar una iglesia a su gusto. Tendemos, entonces, a multiplicarnos por accidente, por divisiones o por gustos o disgustos.

Permíteme decirte que, si acabas de dejar una iglesia por una de las razones mencionadas en el párrafo anterior, no creo que lo que debes hacer de inmediato es plantar otra iglesia. Marcharte peleado con tus pastores y luego «fundar una iglesia» que les haga «competencia», no es realmente plantar una iglesia. Eso es generar discordia y división entre el pueblo de Dios.

Lamento decirlo, pero también algunas veces pareciera que no conocemos o no nos damos cuenta de nuestras verdaderas motivaciones. Por ende, no elegimos a un equipo ideal, sino que uno se lleva a quien quiera irse. No se prepara a este equipo, sino que la gente que sale lo hace tal como está. Lo que observamos muchas veces es que ni siquiera se planifica la preparación y capacitación de la gente que uno se está llevando de forma sorpresiva. No hay una estrategia bien pensada, no hay una comunidad guiada que haya reflexionado y se haya preparado por el Espíritu para plantar una iglesia. Plantar una nueva iglesia se convierte simplemente en el producto de un capricho para no «perder» la batalla con la iglesia anterior. Si la iglesia plantada llega a crecer, escucharemos a los líderes justificándose al decir que todo sucedió porque era la voluntad del Señor que esa iglesia naciera.

No podemos generalizar y afirmar que todos los casos sean así. Hay otros en donde sí se ha decidido plantar iglesias, pero el problema ha radicado en que tampoco se ha sabido cómo manejar un proceso para preparar y apoyar a los enviados. Por ejemplo, el proceso de identificación de los que acompañarán la plantación se reduce a una mera invitación general sin mayor evaluación. ¡Si levantan la mano, los enviamos! Es muy posible que sean elegidos por la zona donde viven o porque simplemente se ofrecieron de voluntarios para ir. Algún tiempo después, durante un domingo, los enviamos y ¡listo!: plantamos una iglesia. Estas nuevas iglesias solo lograrán sobrevivir si, por la providencia de Dios, las personas que enviamos ya estaban bien equipadas para plantar.

En resumen, si no dedicamos tiempo a pensar estratégica y bíblicamente cómo nos multiplicamos antes de plantar, es probable que tengamos muchas iglesias nuevas peleando por sobrevivir porque carecen de lo esencial para poder salir adelante.

¿Qué es la plantación de iglesias?

Uno de los errores que muchos cometemos al hablar de la plantación de iglesias es que jamás definimos el concepto. Y, si no podemos definirlo, tampoco lo entendemos y entonces no sabremos lo que estamos haciendo antes de hacerlo. Muchos de los conceptos que rigen el resto de este libro están plasmados brevemente en este capítulo. En primer lugar, defino la plantación de iglesias así: plantamos iglesias cuando somos enviados con el fin de reunir a una familia local de creyentes, formada por el evangelio, encabezada por Cristo, que tiene una visión misionera para su barrio, comunidad o ciudad.

Ser enviado. Idealmente, la plantación de iglesias comienza cuando somos enviados. Esto es multiplicación. Es el patrón que vemos en el Nuevo Testamento. Más adelante hablaremos de lo que implica, pero, a grandes rasgos, lo que vemos en el Nuevo Testamento son iglesias generosas que disponen deliberadamente de su gente y de sus recursos para multiplicar la predicación del evangelio y la iglesia local en otros sectores de la ciudad, el país y el mundo (Hech. 13:1-3). Ser enviado resalta la verdad de que todos somos parte de la misma iglesia universal que se manifiesta localmente en diferentes lugares y, como resultado, no necesariamente vamos a iniciar algo nuevo, sino a multiplicar lo que ya existe. Si salimos sin haber sido enviados o cuando estamos enojados, rompemos la unidad de la iglesia universal y negamos que la multiplicación es obra del mismo Dios y no nuestra.

Entiendo que una correcta aplicación del «ser enviados» está lejos de la realidad que vemos en América Latina. Es probable que no queramos ser enviados por las iglesias que se encuentran en nuestra región porque hay lugares en América Latina donde no hay iglesias saludables, donde la cabeza no es Cristo, donde no se predica la Palabra y el evangelio no es el centro de todo. Pero, si no hay iglesias así, estoy de acuerdo en que allí debemos plantar iglesias saludables. Alguien debe hacerlo y, si vives en ese sector, si Dios te ha abierto los ojos a ciertas verdades del evangelio que incomodan a tu iglesia actual y crees que debes salir de allí, creo que es bueno que consideres plantar una iglesia en el futuro.

Pero lo anterior no significa que simplemente ya estés listo o que debas lanzarte y plantar solo. Hay otras maneras de conectarte con otras iglesias saludables, aunque no estén en tu sector.

Entendiendo la realidad de la Iglesia Universal es que podemos pensar que puedes *ser enviado* por una iglesia que no está en tu región. Esa es la gran belleza de las redes de plantación de las cuales hablaremos más adelante. Al plantar, estas redes te darían el respaldo que necesitas. Luego de plantar, esa nueva iglesia se puede transformar también en una iglesia sana que se multiplica en otras.

Reunir una familia local de creyentes. La iglesia es más que el servicio dominical. Llenar un salón con gente que canta, aplaude y escucha una prédica no es plantar una iglesia. La plantación es reunir a una familia en Cristo. No es por nada que nos llamamos mutuamente «hermano» y «hermana». Pablo nos dice que hemos sido adoptados por Dios (Ef. 1:5) y, por eso, la familia local es una representación de la familia universal de Dios que se encuentra alrededor del mundo y abarca todas las generaciones.

Plantar es reunir a esta familia, porque esto es exactamente lo que significa la palabra en griego *ekklesia*, de donde proviene nuestra palabra *iglesia*. La palabra *ekklesia,* usada a lo largo del Nuevo Testamento y se traduce como iglesia, era una reunión, o un encuentro, de la gente que tenía en común a Cristo y a Su evangelio. En esta reunión, deberían estar presentes varios aspectos, como la predicación de la Palabra, la adoración por medio de canciones, y los mandamientos del bautismo y la Santa Cena.

Esta familia también tiene responsabilidades que trascienden sus reuniones de adoración corporativa. Se reúnen además para ayudarse los unos a los otros a crecer y madurar en la fe. ¡Es tratarnos como una verdadera familia! Nos cuidamos, nos animamos, nos confrontamos, nos perdonamos, nos amonestamos, nos aconsejamos, porque somos una familia. Además de todo lo anterior, esta familia ha sido enviada, pero de eso hablaremos más adelante.

Estar formada e informada por el evangelio. La iglesia no existiría si no fuese por el evangelio. Es mediante la proclamación del evangelio y la fe en el evangelio que la iglesia llega a existir. El evangelio es el mensaje que nos dice que Cristo vivió una vida perfecta en nuestro lugar, murió la muerte que nosotros merecíamos por nuestro pecado y resucitó conquistando el pecado, la muerte y todos sus efectos. La iglesia local no es ni más ni menos que la comunidad local de los que han sido salvos por esta obra de Cristo (Ef. 1:22-23; 5:25). Esto significa que la identidad y la naturaleza misma de la iglesia se deben a Su obra.

Pero el evangelio no solo la forma, sino que también la informa. Por ejemplo, cabe destacar que Pablo pasó mucho tiempo hablando del evangelio en sus cartas. ¿Y esas cartas a quiénes estaban dirigidas? ¡A iglesias locales! El evangelio tiene la misma relevancia para el creyente que para el no creyente. Debe informar todo lo que hace la iglesia. Vemos que Pablo mismo aplica este concepto. Él les dice «ámense, como Cristo los ha amado». «Perdonen, como Cristo los ha perdonado». Y hay muchos otros ejemplos donde el Nuevo Testamento exige que el evangelio de Jesucristo informe las actitudes y las obras que se espera de la familia de Dios.

Estar encabezada por Cristo. Cristo es la cabeza de la Iglesia porque ella ha sido formada por Su obra. Muchas de las imágenes que utiliza la Biblia en referencia a la Iglesia explican y simbolizan la relación que tiene con Cristo. La Biblia dice que Cristo es el pastor y la Iglesia el rebaño. Cristo es el novio y la Iglesia es la esposa. La Iglesia es el cuerpo y Cristo es la cabeza.

Todas estas imágenes ponen a Cristo en un lugar prominente e importante. La Biblia establece claramente que Cristo es el centro de todo lo que sucede en la Iglesia y que se encuentra por encima de toda la creación.

Pablo lo explica en Colosenses 1:18-20.

> Él es la cabeza del cuerpo, que es la iglesia. Él es el principio, el primogénito de la resurrección, para ser en todo el primero. Porque a Dios le agradó habitar en él con toda su plenitud y, por medio de él, reconciliar consigo todas las cosas, tanto las que están en la tierra como las que están en el cielo, haciendo la paz mediante la sangre que derramó en la cruz.

No es solo Pablo quien explica este concepto. Encontramos todo el Nuevo Testamento saturado con la supremacía de Cristo. Si queremos ser fieles a la Palabra de Dios, nuestro lenguaje y actuar eclesiástico tienen que estar saturados con la supremacía de Cristo y Su obra. Él es el personaje central en la Biblia y es el personaje central en la Iglesia. Entonces, una de las marcas centrales de una iglesia saludable es que Cristo es la cabeza de esa iglesia. Lisa y llanamente, si Cristo no está en el trono de una iglesia local, esta deja de ser iglesia local porque no entiende su propósito ni su identidad.

Tener visión misionera. La familia que se reúne es *local*. Esto significa que se reúne en un tiempo y en un espacio particular. Sus miembros forman parte de una comunidad y de una cultura. Dios ya ha puesto a Su Iglesia en medio de este mundo y a sus miembros como embajadores, ministros de reconciliación que llevan el mensaje de reconciliación. Una iglesia nueva nos da la oportunidad de retomar la misión que podría estar perdiéndose en una iglesia establecida. Las iglesias establecidas tienden a luchar por no perder la visión fuera de las cuatro paredes. ¡Una nueva plantación no suele tener paredes al principio!

A la iglesia se le ha encomendado una tarea. Cristo envió a sus doce discípulos y les encomendó la tarea de hacer discípulos para Él. El fin principal de la plantación de iglesias es que las personas que no conocen a Jesús pongan su fe en Él, maduren en Él y se multipliquen para que haya más discípulos. Dios ha enviado la Iglesia al mundo no solo para que sus miembros sean santos, sino para que hagan otros discípulos de Jesús, que también pasen a formar parte de la familia y a su vez hagan más discípulos.

Sin embargo, eso no termina aquí. Las iglesias en lugares nuevos tienen la oportunidad de causar un impacto en todos los niveles de la sociedad. Esto se debe a que la familia de la fe reunida vive con valores diferentes a los de esa localidad. Tim Keller afirma: «Los cristianos son llamados a ser una ciudad alternativa dentro de cada ciudad terrenal, una cultura humana alternativa dentro de cada cultura humana; a mostrar cómo el sexo, el dinero y el poder pueden usarse de maneras que no destruyen; a mostrar cómo las clases y las razas que no congenian fuera de Cristo pueden llevarse bien en Él; y a mostrar que sí es posible cultivar utilizando las herramientas del arte, la educación, el gobierno y la empresa, para llevar esperanza a la gente en vez de desesperanza o cinismo».[1]

---

[1] Timothy Keller, *Iglesia centrada: Cómo ejercer un ministerio equilibrado y centrado en el evangelio en la ciudad* [Center Church], (Grand Rapids: Zondervan, 2012), edición Kindle, Loc. 5843 de 5845.

Parte de esta visión misionera de ser una ciudad alternativa es tener en mente los problemas sociales de la ciudad misma y trabajar por su bien. Keller expresa más adelante: «Los cristianos deben trabajar en pro de la paz, la seguridad, la justicia y la prosperidad de sus vecinos, y amarlos de palabra y obra, crean o no lo mismo que nosotros creemos».[2] El punto es que cuando reunimos a familias de Dios que obedecen a Dios y participan en Su misión, podríamos llegar a tener ciudades diferentes.

Las buenas obras que hace la iglesia deben ir precisamente sobre este camino. Jesús dice que la Iglesia es como una ciudad situada sobre un monte. Esta ciudad hace brillar la luz por medio de sus buenas obras y al hacer esas buenas obras delante de los hombres ellos «[alaban] al Padre que está en el cielo» (Mat. 5:16). En la medida en que la Iglesia hace buenas obras delante del mundo —protegiendo al vulnerable, defendiendo la causa del huérfano y de la viuda, buscando justicia para las víctimas, apoyando a los pobres— construye una plataforma para explicar la razón de su generosidad y de su gozo: el evangelio. Como consecuencia, la gente cree en el evangelio que se les ha predicado y del que se le han mostrado las evidencias a través de las buenas obras hechas, y todo se une para darle la gloria del Padre.

¿Por qué la iglesia?

Desde pequeño he pasado mucho tiempo alrededor de la iglesia. Mi papá también plantaba iglesias y sigue siendo pastor. Esta experiencia ha sido muy buena, pero ha tenido su lado doloroso.

---

[2] *Ibid.*, (edición Kindle, Loc. 5865 de 5866).

He aprendido, por ejemplo, que la iglesia puede generar mucho dolor, mucho conflicto y mucha desesperación. En mi propia vida —y aun desde la niñez— he descubierto lo desafiante que es trabajar en medio de ella. Con el paso de los años, he trabajado en iglesias que no me han tratado muy bien y en otras que son realmente preciosas. Hasta me han despedido de trabajos en algunas iglesias y luego me han vuelto a contratar. También he tenido que encargarme de situaciones de disciplina que eran demasiado pesadas y complejas, que abarcaban a varias familias a la vez. He pasado muchas noches sin dormir pensando en la iglesia, esperando y orando para que madure y se multiplique.

En ocasiones nos hemos reído en nuestra familia al decir en broma que sería mucho más fácil trabajar en la iglesia si no fuera por la gente. Irónicamente, sin personas ya no habría iglesia. Al mismo tiempo, cada vez que viene esta idea a mi mente, el Espíritu Santo me recuerda que mi corazón es rebelde y egocéntrico. Yo también soy humano y pertenezco a la Iglesia, por lo que soy parte de todos los problemas.

A pesar de todo, puedo afirmar que, después del evangelio, no hay nada que ofrezca mayor esperanza a mi corazón y al mundo entero que la Iglesia. Amo la iglesia local y amo la plantación de nuevas iglesias. Hay muchas razones por las que amo la iglesia local, pero creo que la mayor es porque Dios la ama.

Me fascina que Dios compare a la Iglesia con la novia de Cristo. Recuerdo el día de mi boda y lo magnífico que fue ver a mi esposa caminando hacia mí. No solo me llenó de gozo ver su belleza, tanto externa como interna, sino pensar en que tendría el privilegio de pasar el resto de mi vida con ella. Imagino que lo que yo sentí por mi esposa ese día es solo una pequeña parte de lo que Jesús siente por la iglesia local. Si Cristo la ama tanto, quién soy yo para no amarla.

También amo la Iglesia porque se encuentra en el centro mismo del plan de Dios para el mundo. Me encanta ver lo que Pablo escribe en Efesios 3:10-12.

> El fin de todo esto es que la sabiduría de Dios, en toda su diversidad, se dé a conocer ahora, por medio de la iglesia, a los poderes y autoridades en las regiones celestiales, conforme a su eterno propósito realizado en Cristo Jesús nuestro Señor. En él, mediante la fe, disfrutamos de libertad y confianza para acercarnos a Dios.

A pesar de estar formada por este grupo de rebeldes insignificantes que Dios reunió en Cristo, la Iglesia demuestra Su gran sabiduría a las otras potestades y a los principados de este mundo. Es decir, cuando los ángeles y los demonios miran a la Iglesia, lo único que sienten es asombro por la sabiduría del Dios que ha logrado rescatar y reunir a este grupo de humanos que parecían no tener esperanza alguna, pero que, en Cristo y por el evangelio, son completamente distintos. No hay duda de que la Iglesia está en el centro del plan de Dios al revelar y dar a conocer Su infinita sabiduría.

Por todas estas razones, creo en la Iglesia y en la plantación de iglesias. Por todas estas razones considero que es imperativo que pensemos profunda y bíblicamente en qué es la Iglesia. Por todas estas razones sueño con ver iglesias que ya no se dividan por temas sin importancia, sino que se multipliquen por el tema que sí importa, el evangelio. Y, mientras trabajamos en iglesias, que seguro tendrán dolor y conflicto, pongamos nuestra mira en el evangelio que nos ha reunido y en la Palabra de Dios que define claramente cómo debe ser Su iglesia.

Siempre nos dolerá cuando la iglesia se estanque o se divida. Duele porque la iglesia es algo sumamente importante y la unidad es una de sus marcas esenciales. Duele porque fue diseñada para multiplicarse, no para dividirse o estancarse. Duele ver a hombres y mujeres que son llevados por sus propios anhelos de poder, de control o de dinero, hasta el punto de estar dispuestos a dividir una iglesia y levantar otra solo para satisfacer sus propios apetitos o gustos. Duele ver a hombres que han perdido la misión de hacer discípulos y la han reemplazado por la construcción de instituciones y plataformas que dependen únicamente de ello y sus voluntades.

A pesar de todo, a pesar del estancamiento, la división, el conflicto, las malas enseñanzas, las batallas de poder y la idolatría, tengo una gran esperanza. Todavía hay gente que toma lo suficientemente en serio la iglesia como para plantar otras nuevas. A pesar de nosotros mismos, Cristo sigue edificando Su Iglesia. Y por eso este libro tiene el propósito de desafiarlos a no perder la gran oportunidad de participar en la multiplicación en otros lugares, para plantar bien nuevas iglesias porque creemos que la iglesia es la herramienta diseñada por Dios para la proclamación del evangelio.

CAPÍTULO 2

La iglesia: Una familia reunida

Hay un corto poema en inglés para niños que habla de la iglesia y dice así: *Aquí está la iglesia, aquí está el campanario, adentro está la gente, que adora con su himnario.* Desde niños comenzamos a pensar que la iglesia es el edificio. El pasado religioso-cultural de América Latina también hace que pensemos que la iglesia es un templo, un lugar especial y solemne que solo sirve para actividades religiosas como bautismos, bodas y velorios.

Es usual que usemos frases como ¡vamos a la iglesia! o ¿a qué hora empieza la iglesia? Estas frases han causado gran confusión con respecto a lo que pensamos sobre la iglesia. Aunque parezca solo una cuestión semántica, en nuestra iglesia preferimos decir: *«Este es el edificio donde se reúne nuestra iglesia»* o *«La reunión de la iglesia empieza a las 10:30».*

Tal vez podrías pensar que solo me gustan los juegos de palabras. En parte es así, porque es cierto que me gustan los juegos de palabras. Pero no creo que este sea un juego de palabras inofensivo. En un sentido, creemos que es un simple juego de palabras porque nos hemos acostumbrado a una definición deficiente y hasta equivocada de la iglesia. En general, todas las palabras que usamos tienen un significado y ese significado importa porque interpreta y le da sentido a la realidad. Y puede convertirse en peligroso si es que, al ignorar el significado real, implícitamente terminamos enseñando otra cosa.

En este caso, enseñamos que la iglesia es un lugar o una reunión, lo cual implica que la «iglesia» es algo que sucede en un solo lugar, para ciertas actividades solo de corte religioso, dentro de ciertas horas. Sin embargo, este significado e interpretación de lo que es la iglesia no lo encontramos en la Biblia. La iglesia no es un lugar ni una reunión, es la comunidad de creyentes. La iglesia es nuestra identidad, no nuestra actividad. Es lo que somos, no lo que hacemos.

Lo que quiero decir es que la *iglesia* es, en primer lugar, relacional. Por supuesto, requiere de ciertas actividades y formas institucionales, pero, en su forma más básica, es un concepto relacional. Es relacional porque implica tener una cierta relación con Dios y una cierta relación con quienes confiesan tener fe en Cristo.

Definimos la iglesia en el capítulo anterior como la comunidad local de los que han sido salvados por la obra de Cristo. Los autores del Nuevo Testamento hablan de este concepto de muchas maneras distintas, pero quizás la que demuestra de forma más explícita nuestra nueva relación con Dios es la idea de familia. Los que han sido salvados por la obra de Cristo han sido adoptados por Dios (Ef. 1:5). Ellos ahora son Sus hijos y le pertenecen a Él. Han sido reconciliados con Dios y ahora viven en intimidad y relación con Él como el Padre perfecto. Es por eso que tal vez la frase plantar iglesias no sea totalmente correcta. Lo que plantamos es el evangelio, lo que se cosecha es la familia de Dios: la Iglesia.

Esta relación no se da por obras humanas. No hay nadie que sea parte de la iglesia que puede jactarse de que merece estar allí. Ser parte de la iglesia es obra de Dios por completo (1 Cor. 1:31). Él nos ha predestinado, nos ha llamado, nos ha justificado. Entonces, cuando la iglesia se reúne no hay mejores ni peores, lo único que hay son pecadores que han sido redimidos por el mismo Dios y han sido adoptados por el mismo Padre. No hay nadie que merezca ser parte de la iglesia más que otro, porque nadie lo merece. Por gracia y por misericordia, Dios los ha salvado y reunido.

En cuanto a nuestra relación con los demás en la iglesia, la Biblia tiene mucho que decir, pero a veces lo pasamos por alto. Si todos hemos sido adoptados por este mismo Dios, quiere decir que nuestra relación es como la de una familia. Todos los creyentes formamos parte de la familia de Dios.

Tal vez estás pensando, ¿qué tiene que ver esto con la plantación? Pues tiene mucho que ver. Una vez más, cuando pensamos en la plantación de una nueva familia local de creyentes, tenemos que incorporar todo lo que esa familia debe hacer desde el punto de vista bíblico. Si no entendemos la naturaleza de esa familia y cómo debe funcionar, caeremos en las mismas trampas de siempre: alquilar edificios y ofrecer reuniones. Ser la iglesia —la familia de Dios— es mucho más que eso. Como consecuencia, plantar iglesias es mucho más que alquilar edificios o tener reuniones.

Para entender mejor cómo debe funcionar la iglesia como la familia de Dios es bueno que reflexionemos sobre este concepto a lo largo de la Biblia. Principalmente debemos ver cómo la iglesia *es* la familia de Dios, el cumplimiento de la promesa a Abraham, y cómo deben tratarse los miembros que la componen. Al entender esto, como consecuencia, plantaremos iglesias que reflejen mejor la esencia de ser la familia de Dios.

No quiero confundir los términos. Lo que somos es la Iglesia, la comunidad de creyentes redimidos por Jesucristo, que se han arrepentido de sus pecados y que ahora viven una vida nueva para la gloria de Dios. Sin embargo, quisiera enfocarme en un aspecto particular dentro de esa preciosa relación que tenemos como iglesia. A lo largo de este capítulo, utilizaré el término *familia* porque es una metáfora muy relevante y bíblica de la iglesia. Como hemos mencionado, la iglesia en América Latina ha caído en ver la iglesia como un edificio o un servicio que nos lleva a pensar en la iglesia más como una experiencia religiosa. La metáfora de familia nos ayuda a captar una vez más el sentido familiar y de comunión que debe tipificar y ser una característica práctica y visible de ser iglesia.

1. La iglesia es la familia de Dios

Desde el principio, al haber sido hechos a imagen y semejanza del Dios trino, hemos anhelado pertenecer a una comunidad verdadera. Esta comunidad antes de la caída era muy diferente. Con Adán y Eva, Dios estaba creando para sí mismo una familia, un pueblo con el cual relacionarse profundamente. Antes de Génesis 3, vemos que Adán y Eva vivían en completa armonía, bajo la presencia, la dirección y la soberanía de Dios. Ellos se complementaban y se apoyaban. No había razón alguna para manipular o usar al otro, no había conflicto, ni celos, ni envidia, ni ningún otro tipo de pecado relacional. Además, ellos caminaban con libertad en la presencia de Dios.

Después de Génesis 3, en donde se relata la caída de Adán y Eva, todo cambia. Casi desde el mismo momento en que los primeros seres humanos desobedecen al Señor y el pecado entra al mundo, vemos que Adán le echa la culpa a Eva. Vemos cómo su hijo Caín asesina a su hermano Abel. Vemos a los hijos de Noé que entran a su tienda y le faltan el respeto al descubrir su desnudez. A partir de Génesis 3, las personas ya no viven en santidad para con Dios ni para con los otros seres humanos.

Por eso es que en el resto de la Biblia veremos cómo Dios desarrolla progresivamente Su plan de salvación para los seres humanos. Dios volverá a reunir para sí mismo una nueva familia que viva bajo Sus alas y Sus mandamientos. La familia de Adán falló y fracasó, pero el Señor nunca dejó que la historia humana acabe de esa manera.

Dios escoge a Abraham sin que este hombre lo merezca o lo haya buscado, hace un pacto con él y le promete una gran familia que solo Él puede ofrecerle porque Abraham ya es anciano y su esposa estéril. Bajo la soberanía y el poder de Dios, nace Isaac y Dios cumple así la primera parte de esa promesa. Luego de unos años, esta familia de Abraham crece mucho porque Dios cuida de ellos y fielmente cumple con Su pacto.

Ese pacto también implica entregarle la ley a la familia de Abraham, el pueblo de Israel. El Señor rescata a los descendientes de Abraham de la esclavitud de Egipto y en el desierto les da diez mandamientos generales que luego se desglosan en muchos diferentes mandamientos a lo largo del libro de Levítico y Deuteronomio. Sin embargo, estos diez poderosos mandamientos muestran cómo se debe vivir bajo el gobierno de Dios, tanto en relación con Él como con otros seres humanos.

En muchas ocasiones, se ha destacado que una parte de los diez mandamientos se relaciona con Dios y la otra parte con otros humanos. Aunque los mandamientos se presentan en forma negativa (no tendrás, no tomarás, no cometerás), buscan demostrar en forma positiva la dignidad, el respeto, y el amor que debemos tener los unos para con los otros. Dios progresivamente va formando Su familia y le da las pautas de cómo debe ser y vivir. Esta familia sigue creciendo y se divide en doce tribus diferentes, según los doce hijos de Jacob, el nieto de Abraham. Y la historia bíblica se sigue desenvolviendo por muchos siglos que están documentados en el Antiguo Testamento.

Cuando Cristo llega al mundo, nace como hebreo, descendiente de Jacob y Abraham, perteneciente a la familia de Dios. Jesús demostró que la ley era mucho más profunda que un simple reglamento externo, llegaba hasta el corazón. Por ejemplo, si bien los diez mandamientos dicen que no debemos cometer adulterio, Cristo declara que hasta mirar a una mujer con lujuria en nuestro corazón es cometer adulterio. Si bien los diez mandamientos dicen que no debemos asesinar, Cristo declara que odiar a nuestro hermano es lo mismo que asesinarlo. Cristo traslada lo externo a lo interno y descubre su raíz en la obra del corazón y a nivel de la mente. No solo se preocupa por lo que hacemos, sino también por lo que pensamos de otros seres humanos y por lo que sentimos por ellos.

El evangelio también nos muestra que Jesús vive con un amor perfecto en todo momento. Tiene una enorme compasión por el vulnerable, el pobre, el enfermo. Refleja en Su vida precisamente lo que era el plan de Dios para toda la humanidad. Cristo mismo vive la vida perfecta. Además, elige para sí a doce discípulos a quienes instruirá para que vivan como Él. No creo que este número sea accidental, ya que el mismo pueblo de Israel tenía doce tribus. Estos doce discípulos representan el inicio de la nueva fase de la familia de Dios. Estos doce, salidos del pueblo de Israel, son los que viven con Él, aprenden de Él, testifican de Su muerte y resurrección, y forman la base del nacimiento de la iglesia, la representación completa de la familia de Dios.

Cuando Jesús está a punto de partir, les dice a Sus discípulos que enviará al Espíritu sobre ellos y que ellos serán Sus testigos. A los discípulos de Jesús, la base de la nueva representación de la familia de Dios, se les encomendó que testificaran sobre la verdad de la resurrección. En Hechos 2, vemos por primera vez el nacimiento de la Iglesia. Pedro predica y 3000 personas se convierten. Vemos en Hechos 2 que este nuevo grupo de personas, redimidas por la obra de Cristo, empieza a vivir todas las implicaciones de ser la familia de Dios. Hechos 2:41-42 dice: «Así, pues, los que recibieron su mensaje fueron bautizados, y aquel día se unieron a la iglesia unas tres mil personas. Se mantenían firmes en la enseñanza de los apóstoles, en la comunión, en el partimiento del pan y en la oración».

Vemos que los que habían recibido la palabra de los apóstoles se reúnen para estar juntos, aprender juntos y orar juntos. De hecho, unos versículos después, dice que tenían todo en común. Esta nueva comunidad, la iglesia local de Jerusalén, es la familia de Dios y vivía como una familia.

Después de ese momento en Hechos 2, vemos la gran expansión de la familia de Dios como el cumplimiento de la promesa de una familia dada a Abraham. Noten lo que dice Pablo en Gálatas 3:6-7: «Así fue con Abraham: "Creyó a Dios, ello se le tomó en cuenta como justicia". Por lo tanto, sepan que los descendientes de Abraham son aquellos que viven por la fe».

Los que se arrepienten y ponen su fe en Cristo son adoptados por Dios y pasan a formar parte de Su familia.

Cuando alguien pone su fe en Cristo, no solo forma parte de la gran familia universal de Dios, la Iglesia con «I» mayúscula, sino que tiene el gran gozo de pertenecer a la expresión local de esa misma familia, la iglesia local. Y realmente es en esa expresión local de la familia de Dios que se practica toda la vida cristiana. Es allí donde vivimos todo lo que hablaremos a continuación.

Entonces, si consideramos todo lo anterior, cuando plantamos una nueva iglesia formada por personas que confiesan su fe en Cristo por primera vez, reunimos a la familia local de Dios: todos los que han sido adoptados por Él en ese sector, barrio o en esa región. Por tanto, en tal sentido, plantar una iglesia es plantar una familia.

2. La familia de Dios se reconoce por su amor

Cuando plantamos una iglesia, no solo debemos tener en cuenta lo que es ser familia de Dios, sino también cómo debe lucir esa familia de acuerdo a las Escrituras. Al hablar de familia, es posible que muchos de nosotros tengamos una imagen que tal vez no sea tan buena. Por eso es que necesitamos que la Palabra de Dios, y no nuestra cultura o experiencia, gobierne nuestra definición de familia y de amor.

Cuando Jesús está a punto de ir a la cruz, reúne a Sus doce discípulos y les da un mandamiento. Ese es el que debe gobernar la familia de Dios. Él dice en Juan 13:34-35: «Este mandamiento nuevo les doy: que se amen los unos a los otros. Así como yo los he amado, también ustedes deben amarse los unos a los otros. De este modo todos sabrán que son mis discípulos, si se aman los unos a los otros». Lo que Jesús quiso decir es que parte del testimonio que da la iglesia al mundo que está a su alrededor depende de la forma en que se aman.

Esto también lo recalca Juan en su primera carta, cuando dice: «Nadie ha visto jamás a Dios, pero si nos amamos los unos a los otros, Dios permanece entre nosotros, y entre nosotros su amor se ha manifestado plenamente». (4:12). Por cierto, en gran parte de la primera carta de Juan, vemos la conexión entre el amor que tenemos por Dios y el amor que tenemos los unos por los otros. Los mandamientos del pueblo de Dios que antes eran negativos (no tendrás, no tomarás, no cometerás) ahora Cristo los ha dado vuelta y son positivos. No se trata simplemente de no hacer ciertas cosas, sino que ahora el pueblo de Dios debe velar proactivamente por el bien de los demás.

Este amor entre los hijos de Dios se refleja de muchas diferentes maneras. Por ejemplo, según 1 Juan, lo reflejamos al servir a nuestro prójimo con los recursos que tenemos (1 Jn. 3:17). Pero no creo que nuestro amor se manifieste exclusivamente en la atención de las necesidades materiales. Esto es necesario, pero creo que existen otras manifestaciones de amor superiores. Lo que vemos en gran parte del Nuevo Testamento es un amor que sirve en lo espiritual. Me encanta cómo define C.S. Lewis el amor en su libro *Dios en el Banquillo*: «El amor no es un sentimiento de cariño, sino un deseo constante por el bien supremo del ser amado, hasta donde este pueda alcanzarse».[3]

Lewis define el amor como un deseo firme del bien supremo. ¿Cuál será el mayor bien que pueda procurar un hermano por

---

[3] C. S. Lewis, *God in the Dock* [Dios en el banquillo], (San Francisco: HarperOne, 2014), edición Kindle, Loc. 49. Traducción libre del autor.

el otro? Creo que es aquí donde una vez más resuenan las palabras que nos da Pablo en Colosenses 1:28: «para presentarlos a todos perfectos en él». Este versículo resume precisamente cuál es la voluntad de Dios para toda persona que está en Cristo (Rom. 8:28-29). El bien por el cual Dios hace que todas las cosas cooperen (Rom. 8:28) es el ser conformados a la imagen de Cristo (Rom. 8:29).

Yo podría concluir afirmando que el mayor bien que podemos buscar para nuestros hermanos y hermanas, miembros de nuestra iglesia local, es que sean mejores discípulos de Cristo. La mayor representación del amor que puedo expresar para los que también son parte de la familia de Dios es apoyarlos para que sean conformados más y más a la imagen de Cristo. Esto está por encima de servirlos bien, de ser generoso, de sacrificarnos por su bienestar, etc.

Paul Tripp, en su libro *Instrumentos en las manos del Redentor*, cita Levítico 19:17 para fortalecer el concepto de que el amor se refleja al exhortarnos los unos a los otros a amar mejor a Cristo. Este pasaje dice: «No alimentes odios secretos contra tu hermano, sino reprende con franqueza a tu prójimo para que no sufras las consecuencias de su pecado». El Dr. Tripp llega a la siguiente conclusión: «Nuestra cultura le atribuye una gran importancia a ser tolerante y cortés. Tratamos de evitar momentos incómodos; por tanto, vemos, pero no hablamos. Llegamos al punto en que nos convencemos de que no hablamos porque amamos a la otra persona, mientras que en realidad no hablamos, porque nos falta amor».[4] Es decir, el verdadero amor hacia nuestro prójimo, hermano de la misma familia de Dios, se refleja en hablar con

---

[4] Paul David Tripp, *Instrumentos en las manos del Redentor*, (Burlington: Publicaciones Faro de Gracia, 2013), edición Kindle, Loc. 9003 de 9007.

ellos sobre temas difíciles pero necesarios que los lleven a obedecer mejor a Cristo.

El Dr. Tripp sigue explicando cómo deben funcionar las relaciones que tenemos como familia de Dios al decir: «... el modelo aquí es honestidad continua en una relación continua [...]. En cada pequeño momento en que se dice la verdad, se retrasa el progreso del pecado y se alienta el crecimiento espiritual. El modelo de Levítico encaja perfectamente en el modelo de la santificación progresiva de crecimiento y ministerio que presenta el Nuevo Testamento».[5]

Noten la intimidad y la confianza que debe haber entre los que pertenecen a la familia de Dios. Si plantamos una iglesia que no contiene esta clase de relaciones, será una iglesia deficiente porque no estará haciendo todo lo que se debe hacer en la familia de Dios.

Los unos a los otros

En la Biblia encontramos varios pasajes que usan el término «los unos a los otros». Con él se enfatiza con frecuencia que la Iglesia debiera cuidarse a sí misma. No es solo tarea del pastor animar a los miembros, asegurarse de que estén luchando contra el pecado, ayudarlos a madurar y hacerlos volver la vista una y otra vez al evangelio. No, ¡ese trabajo les pertenece a todos!

Al hablar particularmente sobre la reunión de los cristianos, el autor de Hebreos dice que no dejemos de congregarnos, pero también agrega: «Preocupémonos los unos por los otros, a fin de estimularnos al amor y a las buenas obras. No dejemos de congregarnos, como acostumbran hacerlo algunos, sino animé-

---

[5] *Ibid.*, edición Kindle, Loc. 9056 de 9061.

monos unos a otros, y con mayor razón ahora que vemos que aquel día se acerca» (Heb. 10:24-25). Noten como lo expresa el autor de esta carta. Podría pensarse que después de «no dejemos de congregarnos», diría algo como: «sino asegúrense de estar presentes cada semana», pero no es eso lo que dice. Congregarse es solo una pequeña parte de lo que hace la iglesia. También debe estimular a otros al amor y las buenas obras, y deben exhortarse los unos a los otros.

Vean estos otros pasajes:

> «Que gobierne en sus corazones la paz de Cristo, a la cual fueron llamados en un solo cuerpo. Y sean agradecidos. Que habite en ustedes la palabra de Cristo con toda su riqueza: instrúyanse y aconséjense unos a otros con toda sabiduría; canten salmos, himnos y canciones espirituales a Dios, con gratitud de corazón». (Col. 3:15-16)

> «Por mi parte, hermanos míos, estoy seguro de que ustedes mismos rebosan de bondad, abundan en conocimiento y están capacitados para instruirse unos a otros». (Rom. 15:14)

> «Más bien, al vivir la verdad con amor, creceremos hasta ser en todo como aquel que es la cabeza, es decir, Cristo. Por su acción todo el cuerpo crece y se edifica en amor, sostenido y ajustado por todos los ligamentos, según la actividad propia de cada miembro». (Ef. 4:15-16)

La labor de exhortar y estimular la obediencia en los cristianos es la responsabilidad de cada seguidor de Cristo. Y no es una labor que debamos tomar a la ligera. Por el contrario, es una tarea con grandes implicaciones en nuestra vida cotidiana. Por ejemplo, es muy triste que hayamos divorciado nuestra asistencia a la iglesia local de la comunidad en la que vivimos. El individualismo también ha impactado de muchas maneras nuestra manera de vivir la fe cristiana. Muchos creen de verdad que pueden vivir su fe sin que participen otras personas. ¡Cuán perdidos estamos! No fuimos diseñados para vivir solos y, además, no podemos vivir la vida cristiana sin comunión con otras personas.

El autor de Hebreos dice: «Más bien, mientras dure ese "hoy", anímense unos a otros cada día, para que ninguno de ustedes se endurezca por el engaño del pecado» (Heb. 3:13). Nota la frecuencia con que debemos exhortarnos los unos a los otros. Exhortar quiere decir animar, estimular, alentar. Aquí dice que debemos hacer eso «cada día». Tendemos a no exhortarnos con esa frecuencia porque no siempre creemos o ignoramos la segunda parte del versículo. Si entendiéramos la gran amenaza que representa el pecado, si realmente lográramos captar lo engañoso que puede ser, estaríamos mucho más dispuestos a exhortarnos los unos a los otros.

Todo esto trae como consecuencia que, si no estamos plantando iglesias donde la gente pueda vivir la plenitud de estos textos, no plantamos iglesias conforme a la Biblia, sino que simplemente abrimos locales con reuniones religiosas. La iglesia local es mucho más que una reunión dominical, es una familia local comprometida a ayudarse los unos a los otros a vivir todo el consejo de Dios bajo la realidad del evangelio.

Conflicto y confrontación

Este amor no solo se refleja en el ánimo y la exhortación a seguir mejor a Cristo, sino también en la confrontación y el apoyo cuando no lo seguimos bien. Pablo les dice a los Gálatas: «Hermanos, si alguien es sorprendido en pecado, ustedes que son espirituales deben restaurarlo con una actitud humilde. Pero cuídese cada uno, porque también puede ser tentado». (6:1). Si la iglesia es una familia en Cristo, no podemos ser pasivos ante el pecado de otros hermanos. Ser familia de Dios implica tomar en serio las cosas que Dios toma en serio. Nuestro deseo es honrar a Dios y obedecerlo, anhelando que los demás también lo hagan. Sin duda, el querer honrar a Dios de esa manera nos llevará a amonestar a aquellos que estén atrapados en algún pecado que deshonra al Señor.

Confrontar el pecado no es pedir que nos rindan cuentas a nosotros, sino que rindan cuentas delante de Dios. A veces, no queremos confrontar a otros porque nos parece que nos estamos colocando en un lugar más alto que los demás, pero no hay nada más lejos de la verdad. Al confrontar a un hermano reconocemos que ambos estamos en el mismo lugar, necesitados de la gracia y la misericordia de Dios, y que todos vivimos en una relación con el mismo Padre perfecto. Paul Tripp dice: «La represión no obliga a una persona a hacer frente a tu juicio, sino que le da una oportunidad de tratarlo con Dios. Está motivada por el deseo de que la persona reciba la gracia de la convicción, la confesión, el perdón y el arrepentimiento, para que experimente la gracia que también nosotros hemos recibido».[6]

Lo mismo sucede cuando hay un conflicto entre hermanos. El

---

[6] Paul David Tripp, *Instrumentos en las manos del Redentor*, (Burlington: Publicaciones Faro de Gracia, 2013), edición Kindle, Loc. 9314 de 9319.

objetivo no es encontrar quién tiene la razón y que presentemos a vencedores y derrotados. El objetivo de tratar el conflicto entre los hermanos de la familia de Dios es ejemplificar la unidad que experimentamos en Cristo. La relación entre hermanos le muestra al mundo el evangelio en que creemos. Pablo dice en Filipenses 2:1-4:

> Por tanto, si sienten algún estímulo en su unión con Cristo, algún consuelo en su amor, algún compañerismo en el Espíritu, algún afecto entrañable, llénenme de alegría teniendo un mismo parecer, un mismo amor, unidos en alma y pensamiento. No hagan nada por egoísmo o vanidad; más bien, con humildad consideren a los demás como superiores a ustedes mismos. Cada uno debe velar no sólo por sus propios intereses sino también por los intereses de los demás.

Como resultado, si decimos estar en Cristo y tener el Espíritu Santo en nosotros, no deberíamos justificarnos, ganar argumentos ni demostrar nuestra superioridad. La obra del evangelio en nosotros mediante el Espíritu Santo ha de producir gente que considerará a los demás como más importantes que ellos mismos, como lo dice Pablo en Colosenses 3:12-13:

> Por lo tanto, como escogidos de Dios, santos y amados, vístanse de afecto entrañable y de bondad, humildad, amabilidad y paciencia, de modo que se toleren unos a otros y se perdonen si alguno tiene queja contra otro. Así como el Señor los perdonó, perdonen también ustedes.

Pablo conocía bien la naturaleza humana y por eso da por sentado que habrá conflicto. La familia de Dios tendrá una relación lo suficientemente cercana como para que surjan tensiones y conflictos entre sus miembros. Por eso llama a esa familia a que no piense ni actúe según la carne, sino como los *escogidos de Dios, santos y amados.* Es decir, que no deben vivir como antes vivían, antes de ser rescatados por el mensaje del evangelio y cuando los deseos pecaminosos de sus corazones eran los que regían todas sus decisiones. Por el contrario, ellos deben actuar como criaturas nuevas, distintas, diferentes a lo que eran antes.

¿Cómo se manifiesta esto? Según el texto, se manifiesta soportando y perdonando, estando llenos de compasión, bondad, humildad, mansedumbre y paciencia. Esto solo puede suceder por medio de la obra milagrosa de Dios porque por naturaleza somos personas egocéntricas. El evangelio nos lleva a amar a Dios verdaderamente y a amar a nuestro prójimo a través del poder del Espíritu Santo y en obediencia a la Palabra y el ejemplo de Cristo. Y ese amor sobrenatural se expresará de todas las maneras desglosadas aquí.

3. Esta familia tiene una misión

Esta familia de Dios no existe sin propósito y su amor no solo se manifiesta entre ellos. El amor que compartimos nace del amor que Dios nos ha mostrado en Cristo. Este amor no solo sirve para mantener unido a Su pueblo, sino que es un amor misionero. Dios, por amor, envía al primer misionero al mundo, Cristo, para cumplir con Su Misión. Por ejemplo, en Marcos 10, Jesús dice que vino con un propósito: «para servir, y para dar Su vida en rescate por muchos».

La misión de Dios en el mundo es rescatar a los que pertenecerán a Su familia. Cristo vino y da Su vida por los estaban en contra de Él (Juan 1:10), los que no creen, los que son hijos del diablo (Juan 8:44). Su amor no solo se extendió a los que ya eran suyos, sino que particularmente alcanzó a los que todavía no le pertenecían. Cuando todavía éramos pecadores, Cristo murió por nosotros, dice Pablo en Romanos 5.

Es interesante ver cómo Jesús conecta la misión de los discípulos con la misión que Él tuvo aquí en la tierra. En Juan 20:21 Jesús les dice a sus discípulos: «¡La paz sea con ustedes! —repitió Jesús—. Como el Padre me envió a mí, así yo los envío a ustedes». Al haber sido amados, rescatados y adoptados por el sacrificio de Cristo, también se nos encomienda y se nos da el privilegio de ser parte de la misión de Cristo.

Pablo también resalta este concepto en 2 Corintios 5. En el versículo 14, nos dice que el amor de Cristo es el que nos controla y nos domina. Su amor por nosotros es lo que impulsa y gobierna todo lo que hacemos. A partir de allí, Pablo explica que, así como Cristo vino a reconciliar al hombre con Dios, nosotros hemos sido enviados como ministros de reconciliación mediante el mensaje de la reconciliación, el evangelio. Hemos sido enviados por Cristo, gobernados por el amor de Cristo, para proclamar Su mensaje y así alcanzar a más personas que se unirán a la familia de Dios.

Esta familia de Dios tiene una misión clara que está definida por Jesús en Mateo 28. Allí les dice a Sus discípulos, a quienes formaron la base para esta nueva fase de la familia de Dios, que hagan discípulos. Debían bautizarlos e instruirlos. Desde el momento en que son bautizados, los nuevos discípulos tienen la responsabilidad de participar en hacer más discípulos. Dicho de otra manera, la Gran Comisión contempla el hacer nuevos discípulos, que esos discípulos maduren, y que todos nos multipliquemos como discípulos. Queremos extendernos para que más personas se unan a la familia de Dios, queremos profundizar su conocimiento y relación con Dios para que esas personas maduren en su caminar con el Señor, y queremos multiplicarnos invitando a otras personas a unirse a la familia de Dios.

Este es el plan para que la iglesia crezca y sobreviva. Si tomamos en serio la Gran Comisión, no hay ninguna razón para que la iglesia deje de existir. Al contrario, cuando la tomamos en serio, la iglesia debe multiplicarse mucho más. Hablaremos más al respecto en el próximo capítulo.

Es importante resaltar en este momento que la Gran Comisión no solo tiene que ver con evangelizar al no creyente. Por cierto, que eso es ya muy importante. Pero, a la vez, ayudar a la familia local de creyentes a vivir la plenitud del consejo de Dios también forma parte de la Gran Comisión. Es decir, capacitar a creyentes y ayudarlos a madurar en su fe es también cumplir con la Gran Comisión. Cristo no solo nos pide que los bauticemos, sino también que les enseñemos a obedecer o practicar todo lo que Él ha mandado.

Es así como, al practicar todo lo que la Biblia nos pide, la familia de Dios es la vía escogida por Él para llevar a las personas que pertenecen a Su familia desde el nacimiento en la fe hasta Su multiplicación. Dicho de otro modo, en la iglesia siempre debemos ayudarnos los unos a los otros a obedecer todo lo que Cristo nos ha mandado, incluyendo la tarea de evangelizar a los que todavía no lo conocen. ¡Esto es hacer discípulos!

4. Una familia centrada en el evangelio

No obstante, si somos sinceros, aceptaremos que todo lo que hemos hablado en este capítulo es demasiado difícil para los seres humanos. Y, peor aun, no nos gusta. Preferimos hacer lo que hizo Adán, no ver nuestro propio pecado, justificarnos o echarles la culpa a otros. Preferimos hacer lo que él hizo y permitir que los que están a nuestro alrededor pequen sin que nosotros levantemos la voz (Adán estaba al lado de Eva cuando ella comió del fruto). O preferimos hacer como Jonás, alejarnos lo más posible, mantenernos callados, no compartir el evangelio con otros, quedándonos como los únicos que tienen la bendición de formar parte de la familia de Dios.

No queremos confrontar el pecado de otro ni que nos confronten con el nuestro. No queremos compartir el evangelio con otros, sino que preferimos mantenernos aislados dentro de nuestras cuatro paredes y nuestras seguras instituciones religiosas. Aunque, por fe, somos parte de la familia de Dios, seguimos luchando con nuestra carne. Si somos sinceros, la idea de practicar todo lo que practica la familia de Dios parece ser un sueño para la Nueva Jerusalén y no necesariamente algo que pueda ser una realidad hoy en día.

Por eso es que el evangelio tiene que informar todo lo que hace la familia de Dios. No queremos ser confrontados por nuestro pecado porque seguimos buscando maneras de presentarnos como buenos delante de Dios. Nos gusta que la gente nos reconozca como buenas personas. Por temor a las otras personas o por temor a admitir nuestro pecado, lo escondemos. De hecho, en muchas iglesias es casi tabú hablar del pecado de cualquiera. Lo que sucede cada domingo, entonces, es que todos entramos a la iglesia fingiendo no ser pecadores, para que los otros pecadores no se enteren de que sí lo somos. Pero, si el evangelio informa cómo vive la familia de Dios, entonces tendremos que aceptar lo que somos.

Es cierto que el evangelio nos declara pecadores y perdidos delante de Dios y esta afirmación viene acompañada por la vergüenza, pero no estamos solos en esto. Todos los que han sido salvados por la gracia de Dios son pecadores. Pero al mismo tiempo, el evangelio nos recuerda que ya hemos sido reconciliados con Dios y que nos ha perdonado.

Ya no hay razón para esconder nuestro pecado si el Dios soberano y justo, que antes estaba airado con nosotros, nos ha declarado justos por el sacrificio de Cristo en la cruz del Calvario. Pero para algunos esto no parece ser suficiente y terminan temiendo más a los otros seres humanos que a Dios. El Señor ya nos acepta en Cristo, pero por alguna razón nos preocupa más que los otros hermanos nos acepten. Por eso es tan importante que reconozcamos que el evangelio es el centro de todo lo que somos y hacemos, y así poder encontrar la libertad para hablar de nuestro pecado y recibir el poder para batallar contra el pecado y contra nuestros temores infundados.

En nuestra iglesia, solemos usar algunas frases que nos ayudan a mantener claros algunos conceptos importantes. La primera nos ha impactado a todos: «La tierra es plana a los pies de la cruz». No hay mejores ni peores; el único bueno es Cristo. Esta frase permite que no nos veamos con ojos que juzgan, sino que nos miremos con las lentes del evangelio. La segunda frase que usamos la escuchamos de Matt Chandler. En su iglesia dicen: «Está bien no estar bien, pero no está bien quedarse así». Todos sabemos que en muchas situaciones no estaremos bien. Siempre habrá momentos en los que no practicaremos lo que decimos creer. Habrá períodos en los que lucharemos con algún pecado, tendremos conflictos, nos pelearemos y nos ofenderemos. Esto solo será un problema si es que nos quedamos en ese estado, pero, mientras estemos dispuestos a que nos sigan amonestando y exhortando a dejar a un lado nuestro pecado y a seguir, amar y obedecer mejor a Cristo, entonces habrá esperanza y oportunidad para vivir como una verdadera familia de Dios.

Por otro lado, como ya mencionamos, el mismo evangelio es lo que nos debe impulsar hacia fuera. Ver que Cristo dejó su trono y vino al mundo vil, doliente, quebrantado y rebelde para proclamar y ser las buenas nuevas nos debe mover hacia afuera para hacer lo mismo. Cuando vemos el mensaje del evangelio, ese mismo mensaje nos llama a los lugares oscuros de este mundo para llevar la luz del evangelio. Ese es el mensaje iluminador que irradia la iglesia.

5. Entonces, la iglesia es más que un servicio

¡Mira cuántas cosas implica ser la familia de Dios! No puedo dejar de enfatizar la importancia de todos estos conceptos para la plantación de iglesias. Todo esto es importante para no reducir la plantación de iglesias solo a tener reuniones superficiales o religiosas. Si no tenemos una visión bíblica de lo que hace la familia de Dios, reduciremos la plantación de iglesias simplemente a un lugar, a actividades o a una reunión semanal. Dios está reuniendo para sí mismo una familia particular mediante la proclamación del evangelio, y los que plantamos iglesias somos la expresión local de esa familia. No podemos reducir esta tarea simplemente a cumplir con ciertas reuniones, actividades o programas religiosos.

Además, cuando reducimos la plantación de iglesias a servicios, actividades y reuniones, ponemos a nuestros miembros en gran peligro. Implícitamente, les comunicamos que lo único que necesitan para vivir la vida cristiana es asistir a una reunión una vez a la semana (o cuantas veces haya reuniones). Por el contrario, lo que debemos enfatizar es que la comprensión de que somos la familia de Dios debe afectar la manera en que se vive como iglesia, sus ritmos, sus planes, etc. Ninguno de nosotros puede ser una isla espiritual; sin embargo, muchas veces eso es lo que comunicamos con una metodología y un entendimiento equivocados.

Cuando pensamos en la plantación de iglesias, muchos esperarían que el rol del pastor-plantador sea facilitar el espacio para celebrar el culto dominical. Pero, si creemos que la iglesia es más que la reunión, el pastor-plantador también deberá ocuparse y facilitar que todo lo demás suceda. No podemos simplemente cruzar los dedos y esperar que la familia de Dios actúe como debe según la Palabra. La responsabilidad de los líderes es animarlos, ayudarlos y facilitarles los procesos y recursos necesarios para poder lograrlo. También será responsabilidad del pastor-plantador y de los líderes que sus miembros se animen, se confronten, resuelvan sus conflictos y simplemente se amen. Pablo anima a Tito a que haga precisamente esto en el capítulo dos de la carta que le escribió. No quiere que Tito tenga tan solo los servicios semanales o que espere para ver si las mujeres ancianas instruyen a las jóvenes; le dice que parte de su responsabilidad es asegurarse de que esto suceda.

Lo que quiero enfatizar es que el pastor-plantador funciona como un arquitecto: su responsabilidad es facilitar los procesos y recursos necesarios para que todo lo hablado en este capítulo suceda en toda la membresía. De más está decir que el pastor-plantador no solo debe fomentar esto entre sus líderes y miembros, sino que también debe ser una práctica constante en su propia vida. Los pastores deben mantener buenas conversaciones con otros miembros sobre el evangelio, considerando que parte de su trabajo es capacitar a todos los miembros para que puedan tener las mismas conversaciones con otros.

En su libro *The Trellis and the Vine* [El Enrejado y la Vid], Colin Marshall y Tony Payne dicen: «… las estructuras no hacen crecer el ministerio, así como los enrejados no hacen crecer las vides; la mayoría de las iglesias necesitan hacer un cambio deliberado: dejar de erigir y mantener estructuras y dedicarse a formar personas que sean discípulos de Cristo hacedores de discípulos de Cristo».[7]

Conclusión

Si las iglesias que plantamos no entienden su naturaleza como familia de Dios, si no viven como una familia en Cristo y no tienen una visión misionera, solo podríamos estar abriendo un club religioso donde algunos cantan y alguien predica. Lo que la Biblia le exige a la iglesia es mucho más que simples reuniones y actividades semanales. Le exige que la vida entera de cada integrante de la familia de Dios gire alrededor del evangelio y que cumplan con la Gran Comisión: hacer discípulos, ayudarlos a madurar y a multiplicarse. Mientras no propiciemos esto en nuestras estrategias de plantación de iglesias, seguiremos reduciendo la iglesia a algo inferior a lo que realmente es.

---

[7] Colin Marshall y Tony Payne, *The Trellis and the Vine* [El Enrejado y la Vid], (Kingsford: Matthias Media, 2013), 23.

CAPÍTULO 3

Enviemos lo mejor

Conozco a una red de iglesias a la que le gusta hablar mucho de su crecimiento y de sus números. Han llegado a decir que tienen más de 100.000 iglesias alrededor del mundo. Pero esa no es toda la historia. Lo que más me llama la atención es el concepto particular que tienen de «cobertura». Con esto se refieren a que la nueva iglesia puede estar asociada con ellos. En muchos casos, la iglesia que da la cobertura está dirigida por un pastor de renombre, lo cual les da a las iglesias que reciben su cobertura un cierto nivel de reconocimiento por estar asociadas con ese pastor. En este sistema, lo primero que se le dice a toda persona que quiere «abrir» una iglesia, es que debe pagar un determinado porcentaje de sus ingresos a la iglesia central de esa red. Ese pago les permite, por así decirlo, hacer uso de la franquicia de la red. Ellos tendrán el permiso para utilizar el nombre de la iglesia central y le brindarán la consabida «cobertura». Lo interesante es que ese porcentaje nunca cambiará con el tiempo, porque es un compromiso que la iglesia nueva asumirá para siempre.

Esta red se ha hecho muy conocida y ahora hay muchos que se quieren unir a ese grupo de iglesias tan popular que crece tan rápidamente. Sin embargo, cada vez que veo una nueva iglesia que está bajo la «cobertura» de esta red, me pregunto: ¿cuál será la diferencia entre el crecimiento y la multiplicación? Nadie puede dudar de que esta red está creciendo numéricamente, pero no estoy muy convencido de que realmente se estén multiplicando de acuerdo al modelo bíblico.

En América Latina, el número de iglesias ha crecido exponencialmente en las últimas décadas. Eso hace que muchas personas me pregunten por qué deberíamos plantar más iglesias. En cierto sentido, es una pregunta válida, pero al mismo tiempo, tener muchas iglesias no quiere decir, necesariamente, que hayamos tenido una visión de multiplicación bíblica. Conocemos el contexto cristiano en América Latina lo suficiente como para saber que muchas plantaciones no son el producto de una multiplicación deliberada y estratégica. En los peores casos, como ya lo hemos visto en los capítulos anteriores, hemos escuchado muchas historias de iglesias que se dividen y luego uno de los grupos que salieron alquila un local al otro lado de la calle y comienza otra iglesia. Y todo como consecuencia de no querer resolver el conflicto que los llevó a la dolorosa división.

Estas historias tristes, mis estimados hermanos, no producen multiplicación, sino que son una tragedia que trastorna el evangelio que predicamos y el propósito de la iglesia que se haya plantado.

Lo que pasa es que hemos perdido la visión de la multiplicación bíblica de la iglesia. Estamos tan concentrados en lo que sucede dentro de la iglesia que la multiplicación no es más que un medio para el crecimiento numérico de la misma congregación. Esto se debe a que, en parte, no entendemos bien lo que es la Gran Comisión y lo que implica para todos los cristianos. Como resultado, hay iglesias que se dedican a promover más eventos y programas que atraigan un cada vez mayor número de personas. La congregación se convierte en una audiencia y la iglesia se establece simplemente como una proveedora de eventos y, hasta podríamos decir con tristeza, entretenimientos espirituales. Entonces, terminamos creciendo simplemente por adición numérica y no por multiplicación bíblica.

¿Qué entendemos por multiplicación bíblica? En todo el libro de Hechos tenemos una imagen de la multiplicación de iglesias que es muy poderosa. No hay ningún ser humano detrás del crecimiento que se produce en Hechos, porque simplemente vemos lo que Lucas, el escritor de Hechos llama «el crecimiento de la Palabra de Dios».

En la medida en que había más personas que hablaban y vivían la Palabra de Dios, eran más los que creían en el evangelio y se unían a la iglesia local. Como consecuencia, las iglesias se multiplicaban porque el Espíritu Santo seguía trayendo personas para que formaran parte de la Iglesia (Hech. 9:31).

Al igual que muchos de ustedes, muchas veces me he preguntado: ¿por qué no crece así la iglesia hoy en día? ¿Será que hay momentos de mayor crecimiento explosivo? Por supuesto, la historia de la iglesia nos demuestra que hubo ciertos momentos y lugares en donde la iglesia se multiplicó de una manera muy rápida. Pero esos períodos parecen ser la excepción y no la regla.

Yo tengo una teoría que no puedo respaldar en este momento con alguna investigación que la compruebe. Sin embargo, estoy convencido de que, en general, la iglesia no ha crecido como en los Hechos porque las iglesias plantadas nunca tuvieron la visión de una multiplicación centrada en el evangelio o la perdieron. Para lograrlo, debemos querer tomar la multiplicación bíblica en serio y, al mismo tiempo, debemos desear tener en claro qué es lo que estamos multiplicando.

¿Por qué no nos multiplicamos?

1. Vemos la iglesia como una empresa familiar.

En América Latina es frecuente observar muchas iglesias que han terminado operando como una empresa familiar. La historia común podría ser la siguiente: alguien planta una iglesia y, con el paso del tiempo, los recursos y bienes de la iglesia están a su nombre y sus colaboradores cercanos son su propia familia. He sabido de iglesias cuyos terrenos están a nombre del pastor y consideran las iglesias como herencia para sus hijos. Es trágico y representa un enorme obstáculo para la visión de multiplicación que vemos en el Nuevo Testamento. Esto no es más que aprovecharse de la iglesia local al tratarla como si fuera una empresa familiar. Por supuesto que es contrario a la Palabra de Dios. Acaparar los recursos y adueñarse de los miembros de la iglesia es lo contrario a la generosidad y el desprendimiento necesario de parte de los líderes plantadores para que las iglesias realmente se multipliquen.

2. Tememos lo que pueda suceder con nuestra iglesia si enviamos gente y recursos a otro lugar.

Este es un temor muy común que no pocos han enfrentado. Si nuestra iglesia tiene 200 personas y apenas se sostiene económicamente, nos dará mucho miedo enviar a un grupo de personas a plantar a otro lugar. El pensamiento fatalista es que la iglesia se vendría abajo si les pedimos a algunos de nuestros miembros que vayan a otro lugar para plantar una iglesia. No cabe duda de que parte de la tarea de liderazgo de una iglesia es ser buenos mayordomos de los recursos. Sin embargo, no querer ser generosos también podría demostrar un gran vacío de fe. Dios mismo es el dueño de los recursos y el que da el crecimiento porque pertenece a Él. De esto hablaremos más adelante.

Si creemos que la iglesia le pertenece a Dios y que Él da el crecimiento, no hay razón para temerle a la multiplicación. En realidad, el temor es una consecuencia del primer punto, porque creemos que la iglesia nos pertenece y tememos perder lo que creemos haber conseguido con nuestro esfuerzo.

3. Algunos plantadores nuevos no quieren rendir cuentas

Muchos plantadores son «llaneros solitarios» porque prefieren que no los envíe otra iglesia. No quieren rendir cuentas a nadie ni tampoco estar bajo la autoridad o la supervisión de otro pastor. En muchos casos, estos plantadores creen que pueden formar una iglesia mejor que la de los demás y, por ende, no quieren que nadie influya en su manera de formarla. Entonces, en vez de que una iglesia se multiplique, simplemente deciden plantar solos y tratarán de mantenerse lejos y diferentes a todas las demás iglesias.

Aunque un plantador requiere de cierta libertad de acción, esta actitud extrema en un plantador debería alertarnos. En esencia, el patrón de liderazgo en el Nuevo Testamento es el de una pluralidad de pastores en toda iglesia. El concepto de pluralidad es algo que hablaremos más adelante cuando hablemos de los equipos en la plantación. Sin embargo, es importante recalcar en este punto que no querer rendir cuentas va en contra de la naturaleza de liderazgo de la iglesia en el Nuevo Testamento. La pluralidad implica que todo pastor también es oveja y todos juntos se rinden cuentas mutuamente. Si un pastor no quiere estar bajo la autoridad y supervisión de otro, no debería ser pastor y mucho menos plantar una nueva iglesia.

4. Vemos a las otras iglesias como competencia

Cristo reina sobre todos los que ya están en Él. En ese reino solo hay un Rey, y todos los demás simplemente formamos parte de Su reino por Su sola gracia. De esa realidad podríamos inferir que todas las otras iglesias no son competencia, sino que, más bien, son una extensión del mismo reino. No estamos en diferentes equipos que compiten entre sí, sino que todos finalmente estamos en el mismo equipo. No somos los dueños de las iglesias ni tampoco plantadores solitarios; todos tenemos el mismo Dueño y trabajamos por y para Él. Hay muchos por toda América Latina que no están plantando iglesias nuevas, sino que simplemente están estableciendo sus propios reinos. Regreso al primer punto: el problema radica en que creemos que la iglesia es nuestra.

5. No encontramos nuestra identidad en el evangelio

Por último, y creo que es lo más peligroso, la razón por la que no nos multiplicamos bíblicamente es que hemos terminado encontrando nuestra identidad y valor en el ministerio en que servimos y no en Cristo, el Señor de ese ministerio. Esos ministerios se han convertido en una carrera y en un símbolo de nuestro éxito ministerial. Por eso, al final, estamos más preocupados por nuestro éxito, nuestra fama y nuestra plataforma pública, que por la misión de Cristo y de Su gloria. Solo queremos extendernos a nuevos lugares si eso significa más renombre y una estructura ministerial mayor para nosotros.

¿A quién le pertenece la iglesia?

Para poder eliminar todos esos obstáculos para la multiplicación que acabamos de mencionar, debemos primero responder esta pregunta: ¿a quién le pertenece la iglesia? La respuesta es muy sencilla: la iglesia es de Cristo. Toda iglesia local pertenece a Cristo, ya que, como hemos establecido, la iglesia es la comunidad de creyentes redimidos por la obra de Cristo en la Cruz del Calvario y por pura gracia. Esta iglesia de Cristo da de sus recursos para llevar a cabo la misión de Cristo. En ningún momento encontramos en el Nuevo Testamento que podamos tener la libertad para considerar los recursos o los miembros de la iglesia de Cristo como si fueran nuestros.

Dios es el arquitecto constructor principal de la iglesia. Vemos que inicia el proceso desde antes de la fundación del mundo. En Efesios 1:4-6 Pablo dice:

> Dios nos escogió en él antes de la creación del mundo, para que seamos santos y sin mancha delante de él. En amor nos predestinó para ser adoptados como hijos suyos por medio de Jesucristo, según el buen propósito de su voluntad, para alabanza de su gloriosa gracia, que nos concedió en su Amado.

Él no solo es el arquitecto constructor principal desde el inicio, sino que reúne para sí a una familia que le pertenece y que ha comprado por un precio. Dice Pablo en el segundo capítulo de Efesios: «Por lo tanto, ustedes ya no son extraños ni extranjeros, sino conciudadanos de los santos y miembros de la familia de Dios» (v. 19). La iglesia local es una representación visible y física de la familia de Dios.

Pero eso no es todo. En el libro de Efesios, Pablo pasa a explicar que la iglesia es la novia de Cristo.

> Esposos, amen a sus esposas, así como Cristo amó a la iglesia y se entregó por ella para hacerla santa. Él la purificó, lavándola con agua mediante la palabra, para presentársela a sí mismo como una iglesia radiante, sin mancha ni arruga ni ninguna otra imperfección, sino santa e intachable. (Efesios 5:25-27)

No deberíamos tomar a la ligera este concepto. Todos los que somos ancianos o pastores en una iglesia local tenemos la gran responsabilidad de cuidar a la novia de Cristo hasta el día en que se una a Él por la eternidad. Tomar la iglesia y tratarla como si nos perteneciera es tan grave como cometer adulterio con la esposa de Cristo.

Permítanme ponerles un ejemplo que ilustre lo que les estoy diciendo. Imaginen que por cuestiones personales tengo que irme de viaje por un largo tiempo y mi esposa e hijas tienen que quedarse en casa. Como buen esposo hago todo lo necesario para asegurar que tengan todo lo que precisen durante mi ausencia. Al mismo tiempo, le pido a un buen amigo mío que cuide de mi familia mientras estoy fuera y que supla sus necesidades. Al regresar del largo viaje, lo único que quiero es reencontrarme con mi familia y darle las gracias a mi amigo por todas sus atenciones. Pero al volver me doy cuenta que mi amigo tomó a mi familia como si fuera suya. Aparte de la ira y la tristeza que me causa tamaña traición, también es una enorme inmoralidad y una gran cachetada a nuestra relación, que solo demuestra que realmente no somos la clase de amigos que yo pensaba. Con esta historia ficticia solo quiero representar lo que muchos pastores han hecho con la novia de Cristo.

El apóstol Pedro les dio consejos muy directos a los pastores y estos son muy relevantes para esta discusión. Noten lo que dice en 1 Pedro 5:1-4.

> A los ancianos que están entre ustedes, yo, que soy anciano como ellos, testigo de los sufrimientos de Cristo y partícipe con ellos de la gloria que se ha de revelar, les ruego esto: cuiden como pastores el rebaño de Dios que está a su cargo, no por obligación ni por ambición de dinero, sino con afán de servir, como Dios quiere. No sean tiranos con los que están a su cuidado, sino sean ejemplos para el rebaño. Así, cuando aparezca el Pastor supremo, ustedes recibirán la inmarcesible corona de gloria.

Pedro exhorta a los pastores a pastorear el rebaño **de Dios**. El rebaño no es nuestro, sino que le pertenece a Él, y nos ha encargado a nosotros pastorearlo. Esto implica, según Pedro, que debemos pastorearlo con el mayor cuidado, asegurándonos de hacerlo con integridad y humildad. Pastorear de esta forma significa que no lo haremos *por obligación* ni *por avaricia*, es decir, no para nuestra ganancia. Tampoco *teniendo señorío sobre* ellos, ya que ellos nos han sido confiados por Dios y no nos pertenecen. Al contrario, deberíamos pastorear al rebaño voluntariamente, con sincero deseo de servicio y siendo ejemplo para ellos. Finalmente, sabemos que algún día estaremos cara a cara con el Príncipe, el Esposo de la Iglesia, y nos pedirá cuentas de la mayordomía que hayamos ejercido sobre ella.

En conclusión, muchas personas jamás piensan en multiplicar iglesias porque las ven como algo que les pertenece y que dependerá de su conveniencia si la hacen crecer o no. Si esto fuera así como piensan, tendrían mucha razón en guardar todos los recursos para ellos, mantener todo el control y asegurarse de que nadie muy talentoso se escape a otro lugar porque, al final, esos pastores están pensando en proteger su empresa familiar o su propio nombre. Hasta que no dejemos de ver la iglesia de esa forma equivocada, no lograremos multiplicarnos de verdad.

¿Multiplicación de qué?

Otra razón por la que muchos no plantan iglesias es porque piensan que ya son una iglesia saludable y que la ciudad no necesita más que esa iglesia saludable. Algunos justifican su postura al afirmar: «Pero, si nuestra iglesia ha crecido, ¿no es eso multiplicación?». Mi respuesta es sí y no. Es cierto que, en primer lugar, el objetivo de la multiplicación es reproducir discípulos, no necesariamente iglesias. Sin embargo, la Gran Comisión nos llama a mucho más que simplemente plantar y ver crecimiento alrededor de nuestra propia iglesia. La Gran Comisión nos llama a hacer discípulos de entre todas las naciones. Esto implica que deberemos tener un enfoque mucho más amplio, uno que vaya más allá de la gente del barrio donde está ubicado el edificio de nuestra iglesia. Si estamos haciendo discípulos en nuestro barrio, eso debería impactar el barrio contiguo, el próximo, y aun el otro más lejano. Necesitamos tener una visión y un plan mucho más grandes que el mero establecimiento de un solo punto de reunión para nuestros discípulos; debemos también multiplicar nuestras iglesias tanto como nuestros discípulos.

La iglesia no ha sido llamada a estar presente en un solo lugar, sino a estar presente en todo lugar (Hech. 1:8, 2 Cor. 5:18-20, Mat. 28:18-20). Este llamado general nos obliga a pensar en cómo la iglesia cumplirá con su llamado en la comunidad. Tenemos que pensar más deliberadamente en cuanto a cuál es la misión de la iglesia en la comunidad donde está ubicada. La iglesia no solo debe tener un impacto personal, sino que también debe tener un impacto social y en diferentes áreas en la comunidad donde esos discípulos se reúnen.

Lo anterior es muy importante en América Latina. Muchas personas se congregan en el barrio donde viven y trabajan. Debido a la configuración social, económica y hasta geográfica de nuestras ciudades, es difícil plantar una iglesia y esperar que las personas de toda la ciudad lleguen a ella. Los que sí viajarán son los que tienen medios de transporte propios, pero será mucho más difícil para los que se trasladan en transporte público. Pero, aun si todos pudieran llegar a un mismo lugar, no habría espacio suficiente en un solo edificio para todos los discípulos de Jesús de toda la ciudad.

Si tenemos la misión y la visión de hacer discípulos en toda nuestra ciudad, eso implica que deberíamos tener iglesias que se reúnan por toda la ciudad. Si estamos haciendo discípulos en nuestras ciudades, eso traerá como consecuencia la plantación de más iglesias. Lo que deberíamos ver, entonces, de acuerdo a la multiplicación bíblica, son iglesias plantadas en muchos lugares en nuestras ciudades y países.

Lo anterior se puede dar de dos maneras. En primer lugar, de todos los discípulos que hayamos hecho en la ciudad, podríamos reconocer, por ejemplo, que muchos llegan de una parte de la ciudad en particular. Con ese grupo se puede plantar una iglesia en la localidad de donde viene esa gran cantidad de discípulos. En segundo lugar, también podemos enviar gente, de forma deliberada, con el fin de hacer discípulos y plantar una iglesia en una nueva región de la ciudad o del país que no tiene todavía discípulos.

Además, el mismo término iglesia *local* indica precisamente que tiene una presencia en un lugar específico. Es «local» porque entiende el contexto de esa localidad, sus dolores, sus anhelos, sus obstáculos y sus dificultades. También los miembros y los líderes de esa iglesia local saben cómo comunicar el evangelio de forma contextual, pertinente y relevante para esa comunidad específica.

Lo anterior trae a colación un problema que he percibido en algunas iglesias que se multiplican. A veces, no se tiende a multiplicar iglesias, sino más bien se quiere multiplicar su modelo particular de iglesia. Esto significa que, en muchos casos, tienen todas las herramientas necesarias para proveer un servicio dominical con gran impacto, pero hay poca mentalidad misionera de parte de la iglesia para con la comunidad que lo rodea. Lo que han multiplicado es un simple «modelo» de programas y servicios dominicales, y no una iglesia local que aplica el evangelio y sus resultados en su propio contexto. ¿Qué impacto tiene esa iglesia en esa comunidad? ¿Sería diferente la comunidad si esa iglesia no estuviera allí? Cuando la iglesia se esparce, los que forman parte de ella siguen siendo la Iglesia. Esto causa impacto si se reúnen como iglesia en la misma comunidad donde viven y trabajan.

Conozco una iglesia en Estados Unidos, por ejemplo, que tiene el deseo de plantar iglesias en América Latina. Sin embargo, quiere que esas iglesias plantadas lleven su mismo nombre en inglés y sin traducción. También quieren que reproduzcan completamente sus programas y toda su cultura eclesiástica. En definitiva, lo que esa iglesia quiere que se multiplique es un modelo y no discípulos o iglesias. Esa iglesia no está tomando en cuenta que, cuando la iglesia se reúne, tiene presencia en una cierta comunidad específica. Esa comunidad es única y las nuevas iglesias plantadas en ese lugar deberían tener en cuenta su contexto y realidad para asegurar que, cuando se reúne esa familia local, tenga apariencia de *local*.

¿Qué impulsa la multiplicación de iglesias?

Puede sonar lógico pensar que una buena estrategia de plantación provee un impulso mayor a las iglesias. Por un lado, creo que así se impulsan a ser mejores iglesias, pero no estoy seguro de que la estrategia sea realmente el mecanismo que produce un mayor impulso a las iglesias.

Volviendo al libro de Hechos, vemos que el catalizador de multiplicación de iglesias era el mismo Espíritu Santo, que utilizaba el testimonio de la resurrección para llamar a personas a salvación en Cristo. Dicho de otra manera, lo que impulsó más a las iglesias en el libro de Hechos fue la predicación del evangelio bíblico.

Este compromiso con el evangelio no solo asegura que estamos diciendo las cosas correctas, sino que un entendimiento correcto del evangelio es también la clave para la multiplicación, el crecimiento de la iglesia y, finalmente, la transformación de nuestros países.

Tim Keller nos dice en su libro *Iglesia Centrada:*

> La Escritura enseña que el evangelio crea una forma de vida completa y afecta literalmente todo lo que nos compete. Es un poder (Rom. 1:16-17) que crea nueva vida en nosotros (Col. 1:5-6; 1 Ped. 1:23-25).[8]

En la medida en que los cristianos sean reformados en esta nueva vida por medio del evangelio, llegarán a tener un impacto en sus comunidades y ciudades. Entender el evangelio no solo impacta nuestra manera de mirar a Dios, sino que afecta todas las áreas de nuestras vidas. El evangelio es como recibir un nuevo juego de lentes, con ellos ahora todo se verá distinto.

---

[8] Timothy Keller, *Iglesia centrada: Cómo ejercer un ministerio equilibrado y centrado en el evangelio en la ciudad* [Center Church], (Grand Rapids: Zondervan, 2012), edición Kindle, Loc.1280-1282.

Nada impulsa más la misión de la iglesia que un entendimiento claro y correcto del evangelio. El evangelio en sí es misionero, porque es el mensaje del Dios que ejecutó Su misión al enviar a Cristo, el primer misionero, con el fin de venir para buscar y salvar lo que se había perdido. La iglesia no tiene una misión nueva o distinta; nosotros simplemente anunciamos que Dios ya ha ejecutado Su misión y este anuncio es el mensaje del evangelio.

Un camino mejor

Hay un camino mejor para la multiplicación de iglesias. Este camino tiene como fin la Gran Comisión, que no fue dada solo a los apóstoles. Aunque ellos fueron la primera audiencia, entendemos que esta comisión nos fue dada a todos los discípulos de Jesús de todas las épocas, es decir a la Iglesia. La Gran Comisión no solo fue dada a algunos discípulos exclusivos, sino a cada iglesia local sin distinción. Toda iglesia grande o pequeña tiene la tarea de hacer discípulos. Esto no necesariamente resultará en que el salón se llene de gente. Es posible que al hacer discípulos se llene el salón, pero ese no es el fin del discipulado. Si nos enfocáramos en la Gran Comisión, el resultado evidente sería la plantación de iglesias. Cuando solo nos enfocamos en llenar nuestro salón, no plantamos iglesias y a veces ni hacemos discípulos. Solo creamos audiencias.

Como ya lo hemos dicho, uno de los grandes retos que enfrenta todo pastor es vencer la tentación de llevarse la gloria para sí mismo. Sin embargo, cuando nos enfocamos en la Gran Comisión, podremos tener la certeza de que el reconocimiento que recibiremos de Cristo será mil veces más impactante que la gloria que disfrutaríamos manejando las iglesias como si fueran propias. Imaginen lo que será estar cara a cara con Cristo y que Él nos dé *la corona eterna de gloria*. En el Nuevo Testamento abundan este tipo de versículos que nos llaman a contemplar el gozo futuro puesto que hemos sido buenos mayordomos de lo que le pertenece a Dios.

Todos conocemos el pasaje en Mateo que narra la parábola de los talentos. Estos talentos, entregados a tres siervos, no son habilidades, sino monedas. Los talentos no pertenecían a los siervos, sino que eran de propiedad del señor que les había confiado sus bienes. Al irse lejos, les encomendó la responsabilidad de administrar lo que le pertenecía. Cuando el dueño regresó de su largo viaje, como es normal, les pidió a los siervos que rindieran cuentas de lo que habían hecho con lo que les había encomendado. Dos de ellos lograron multiplicar las sumas encomendadas; el otro, por miedo, la escondió bajo la tierra. El dueño respondió como muchos de nosotros esperamos que Cristo respondiera a sus siervos productivos: «Bien, siervo bueno y fiel...». El dueño de los bienes consideró que el siervo bueno y fiel era el que había multiplicado lo que se le había encomendado.

La buena mayordomía de la iglesia de Cristo se enfoca en la multiplicación bíblica. Una iglesia que no está comprometida con la multiplicación es como el último siervo de la parábola, que escondió por miedo el talento en la tierra. Cuando mantenemos todos los recursos, el dinero y las personas dentro de nuestras cuatro paredes, lo que hacemos es esconder los bienes que Cristo nos ha encomendado. Por eso es que creo que hay muchas iglesias que han crecido interiormente, pero que no se han multiplicado como el Señor lo demanda. Este «pero» es importante porque estoy convencido de que si estamos dispuestos a multiplicarnos terminamos ganando más de lo que ganaríamos si solo nos establecemos en un lugar y hacemos crecer nuestra propia iglesia. Ganamos porque participamos de la Gran Comisión en un nivel mucho más alto. Ganamos porque el crecimiento que se verá por multiplicación es mucho más de lo que se vería solo añadiendo más gente a nuestra iglesia. Ganamos porque ser generosos es obedecer a Cristo. Ganamos al poder ver cómo se promueven los movimientos de plantación de iglesias en nuestra ciudad. Y ganamos, aún más, porque Cristo y el Espíritu Santo serán los protagonistas y no nosotros. A fin de cuentas, cuando plantamos iglesias, tal vez la gente se olvidará de nosotros, pero así demostraremos mejor que Cristo es la cabeza, no un pastor solitario o una familia particular.

J. D. Payne, en su libro *Descubriendo la Plantación de Iglesias,* dice que una iglesia podría tener diferentes tipos de crecimiento. El primero que menciona es el más común, el crecimiento por expansión. Esto se da cuando hay más personas que comienzan a asistir a alguna iglesia y hacen que la asistencia, las ofrendas y, a veces, hasta las instalaciones se expandan.

El segundo es el crecimiento por extensión. Ese es el tipo de crecimiento que queremos promover en este libro. Lo que queremos que crezca es LA IGLESIA, no solo nuestra iglesia. Para que LA IGLESIA crezca, tendremos que ser generosos con los recursos y las personas de nuestra iglesia, eligiendo crecer por extensión y desplegándonos en otras comunidades, otros barrios y hasta en otros países.

En el libro que ya he citado, *The Trellis and the Vine*, Colin Marshall y Tony Payne dicen: «Debemos estar dispuestos a perder gente de nuestra propia congregación si es lo mejor para el crecimiento del evangelio. Debemos estar felices de enviar miembros a otros lugares de modo que el evangelio pueda crecer allí también».[9]

¿Cuál es el rol de una iglesia que se quiere multiplicar?

Al pensar en la Gran Comisión, lo ideal es que esta se cumpla a través de iglesias saludables que plantan nuevas iglesias. O dicho de otro modo, para plantar bien tenemos que enviar bien. Entonces, el rol de la iglesia madre es enviar bien. Esto lo vemos primero en el ministerio de Jesús. Se acercó a hombres con el fin de que ellos estuvieran con Él (Mar. 3:14). Estar con Él fue un proceso de aprendizaje, donde crecieron en su conocimiento, en su carácter y en su capacidad ministerial. Cristo luego los envió a predicar el evangelio (Mar. 6:7-13).

Luego podemos ver cómo la iglesia de Hechos siguió este patrón, especialmente en Hechos 13. Los líderes de la iglesia en Antioquía, dirigidos por el Espíritu Santo, son los que apartan a Pablo y Bernabé para la obra a la que Dios los estaba llamando y los envían en misión. De hecho, vemos cómo Pablo no solo fue enviado por la iglesia en Antioquía, sino que también fue apoyado por la iglesia en Filipos que estaba comprometida con la obra del evangelio a través de Pablo (Fil. 1:5; 4:15).

---

[9] Colin Marshall y Tony Payne, *The Trellis and the Vine* [El Enrejado y la Vid], (Kingsford: Matthias Media, 2013), edición Kindle, Loc. 1022 de 1023, traducción libre del autor.

También estoy convencido que la iglesia local ya establecida tiene la oportunidad y responsabilidad de hacer lo mismo: evaluar, capacitar y enviar a los que demuestran un llamado a la plantación de iglesias, tanto para los futuros plantadores como para los que formarán parte de un equipo de plantación.

Creo que, en toda iglesia local grande o pequeña, nueva o antigua, hay mucha gente a la que Dios está llamando a plantar otras iglesias. Por eso es que deberíamos preocuparnos por pensar deliberadamente en quiénes son esas personas y en cómo podemos apoyarlas hasta que lleguen a plantar una nueva iglesia. Al mismo tiempo, este proceso requiere de **mucha humildad** y **mucho tiempo**, pero resultará en gran ganancia para el reino de Dios. Se necesita humildad para reconocer que las personas no nos pertenecen y podría ser que el Señor esté llamando a nuestros mejores líderes, a otros pastores de nuestra iglesia o a nuestros mejores miembros. El orgullo nos mueve a ser como Diótrefes, quien no quería apoyar a hermanos que trabajaban en la obra del evangelio (3 Jn. 9-10). El orgullo nos puede mover a acaparar a las personas creyendo que son nuestras. Como pastores, deberíamos reconocer con humildad que los miembros, los líderes y los pastores no nos pertenecen ni están obligados a servir solo con nosotros y con nuestra iglesia. Ellos son de Dios y, cuando Él llama, deben responder con fidelidad. Esto requiere mucho tiempo porque tendremos que preparar deliberadamente la vida y las habilidades del futuro pastor-plantador. Jesús pasó tres años preparando a Sus discípulos, antes de darles la comisión. No creo que signifique que nos debe tomar tres años, pero sí deberíamos tomar en serio la alerta de Pablo de no imponer las manos sobre alguien con ligereza (1 Tim. 5:22).

Seleccionar

Una iglesia establecida que quiere plantar una nueva iglesia tiene la responsabilidad de seleccionar al equipo de personas que serán enviadas a plantarla. Este equipo tiene dos partes: los pastores (pastor-plantador) de la nueva iglesia y los primeros miembros (equipo plantador). Seleccionar a estas personas es una tarea que se debe llevar a cabo con mucha delicadeza, mucha oración y con un firme cimiento en la Palabra.

Este proceso de selección tiene dos secciones: identificar y evaluar. Hay algunas personas que son ideales para plantar una iglesia, pero que nunca han considerado siquiera la idea. Los líderes de la iglesia deberían estar en condiciones de identificarlas. Habrá también aquellos que manifiestan públicamente que se sienten llamados a plantar una nueva iglesia. En ambos casos, luego de identificarlos es importante evaluarlos en cuanto a su llamado y capacidad para hacer la tarea. Hablaremos más adelante en cuanto a cómo identificar a estas personas.

Los puritanos manejaban el concepto del llamado interno y el llamado externo. El llamado interno se refería al deseo o el anhelo que tiene la persona de participar en el ministerio vocacional. El llamado externo se refería a que la iglesia tenía la responsabilidad de confirmar o negar ese llamado en base a la calificación de la persona. La iglesia local tiene la responsabilidad de confirmar externamente ese llamado. Los ancianos de una iglesia saludable tienen la responsabilidad de identificar a las personas que podrían ser llamadas a servir en una plantación y luego confirmar si es que esos miembros que quieren plantar una iglesia realmente han sido llamados.

Si ya has empezado a considerar plantar nuevas iglesias, yo comenzaría por ti, que ya estás ejerciendo el ministerio pastoral en una iglesia. ¿Dios te está llamando a salir y plantar una nueva iglesia? Lógicamente, no queremos dejar una iglesia sin pastor, pero creo que es válido considerar que Dios también puede reemplazarte y llevarte a otro lugar. Al mismo tiempo, si es que tienes otros pastores, les haría la misma consulta. ¿Alguno de ellos tendrá el llamado a plantar? Si no empiezas a hablar de estos temas con la gente de tu iglesia, esta visión de plantar iglesias nuevas no se llevará a cabo.

Lo primordial en la selección del equipo para la plantación es elegir al pastor o al equipo de pastores que serán enviados. Junto con el liderazgo de la iglesia madre, ellos pueden llevar a cabo el proceso de selección y preparación para el equipo plantador. En los próximos capítulos hablaremos de cómo llevar a cabo los siguientes pasos con el pastor-plantador y con el equipo plantador.

Después de haber identificado a los posibles plantadores, la iglesia madre tiene la responsabilidad de evaluarlos. En primer lugar, se debe evaluar al pastor-plantador. Esto lo hablaremos en el próximo capítulo. Esta tarea debe tomarse muy en serio porque son grandes las demandas de Dios en Su Palabra para un pastor. Cuando se hace una evaluación profunda de los futuros pastores, nos protegemos de tener personas no calificadas que hasta podrían autonombrarse pastores. Esto protege tanto nuestra doctrina como nuestra práctica ministerial.

Para realizar una correcta evaluación, es esencial que exista una relación muy cercana con el candidato. Sin una relación cercana, no se puede conocer de verdad el corazón del pastor-plantador, su motivación, su vida, su matrimonio y sus ritmos de disciplina espiritual. También es necesario que te hagas tiempo para probarlo y observarlo en su desempeño ministerial. Deberás conocer su habilidad para predicar, su doctrina, sus habilidades en el evangelismo y el discipulado, sus debilidades y fortalezas en el liderazgo, etc.

Mi recomendación es que desarrollen un proceso de evaluación por escrito que les permita evaluar cada área de la vida y el ministerio del futuro plantador. También recomendaría que se acerquen a las redes que existen de plantación de iglesias como *Acts 29*, Gracia Soberana, *Converge, City to City* o *SEND* para que los apoyen en este proceso. Estas redes se dedican específicamente a evaluar plantadores de iglesias.

También se deben evaluar con el mismo cuidado a los interesados en integrarse al equipo plantador. Aunque no hay requisitos específicos para miembros de una nueva iglesia, podemos suponer que los requisitos que se aplican a todos los cristianos son los que se aplican a ellos. En un apéndice les dejaré una copia del pacto de membresía que utilizamos en nuestra iglesia para que puedan tener una idea de lo que deberían incluir en esa evaluación.

Preparar

1. Pastor plantador

Después de haber evaluado al pastor-plantador hay que seguir capacitándolo. Esto lo digo porque doy por sentado que tiene hambre por crecer personal y ministerialmente, ya está participando en el ministerio de la iglesia y está aprendiendo a ser pastor. Es importante que el futuro pastor-plantador tenga cierta preparación específica relacionada con la tarea de plantar una iglesia. La evaluación también te ayuda a apoyarlo para que refuerce sus puntos débiles y para que pueda crecer en las áreas donde necesita crecimiento o refuerzo. Sin duda, la iglesia madre es el lugar perfecto para que aprenda a ser un mejor pastor. Es allí donde el futuro plantador puede caminar a diario con su pastor en calidad de aprendiz, observando lo que hace y cómo lo hace. Al mismo tiempo, esta etapa de aprendizaje le da la oportunidad de desarrollar sus capacidades, que quizás son diferentes a las del pastor de la iglesia madre.

Esta capacitación podría darse junto con la de un instituto bíblico o un seminario en línea. Por supuesto, el pastor de una iglesia local no tiene tiempo para enseñarle al futuro plantador todo lo que necesita saber sobre teología. Esta capacitación que se le da al futuro plantador debería incluir varios elementos diferentes, pasando por el estudio de la teología y también por los elementos prácticos necesarios para desarrollar el ministerio. Al concluir el proceso, esta persona debería tener todo el conocimiento teológico y la práctica ministerial, tanto lo pastoral como lo organizativo, necesarios para pastorear una iglesia.

2. Equipo plantador

Hay una parte de la preparación del equipo plantador que puede hacerla la iglesia madre, pero es mejor para la nueva plantación que el mismo pastor-plantador (o el equipo de pastores) se encargue de entrenarlo. Antes de abrirse públicamente a la comunidad, este equipo plantador podría ser capacitado por el flamante pastor-plantador de la futura nueva iglesia. Creemos que son los líderes de la iglesia los que capacitan al cuerpo para llevar a cabo la obra del ministerio (Ef. 4:12). Entonces, quiénes mejores para entrenar al equipo plantador que los pastores que los que servirán a largo plazo. Pero quisiera insistir en la importancia de asegurarse de que se capacite al equipo plantador y se lo prepare para lo que tendrán que enfrentar en el futuro. No se trata simplemente de cambiar el lugar donde rendían culto los domingos; pertenecer a un equipo plantador implica una tarea mucho más grande y compleja.

Enviar

Ha llegado el momento de la celebración. Hemos hablado de todo el proceso de cómo *enviar*, pero ahora llega el momento preciso en que el pastor-plantador y su equipo son comisionados y salen de la iglesia madre. Cuán bello es que los miembros de una iglesia sean enviados a plantar otra. La iglesia madre debería preparar a la congregación para este día. Mi recomendación es apartar un domingo en particular para explicarle a la congregación lo que ha estado sucediendo tras bambalinas, así todos juntos pueden celebrar este gran momento. Cuando se envía a un pastor-plantador y a un equipo plantador a otra parte de la ciudad o a otro país para hacer discípulos, ¡tendría que haber una fiesta!

Es posible y recomendable que siga existiendo una relación constante entre la iglesia madre y la iglesia hija. La nueva plantación necesitará recursos y la iglesia madre tendrá la oportunidad de bendecir a la iglesia hija de esa forma. Tal vez la iglesia madre podría comprometerse con una cantidad mensual que ofrendará a la iglesia hija. En nuestro caso, la iglesia madre que nos envió pagó el salario de uno de nuestros pastores durante los primeros seis meses. Esto fue de gran bendición ya que permitió que trabajara a tiempo completo en la nueva plantación.

Como lo he dicho, en muchos lugares donde se plantan iglesias, se utiliza un modelo parecido a las franquicias. En lugar de que la iglesia madre apoye y bendiga a la iglesia hija, como hizo la iglesia madre que nos envió a nosotros, sucede al revés. Las iglesias hijas deben entregar parte de sus recursos a la iglesia madre. Tal vez están dadas las condiciones para hacerlo y no creo que sea necesariamente inmoral, pero no me parece un buen paso estratégico, porque tiene el potencial de debilitar a nuevas plantaciones en vez de empoderarlas.

Además, muchos quieren que las iglesias hijas se mantengan «bajo su cobertura». En algunos lugares está muy de moda plantar iglesias satélites en lugar de iglesias autónomas. Hay mucho debate alrededor de estos temas. Lo que sí puedo decir es que lo ideal es que una iglesia hija pueda sostener a su propio equipo de pastores lo más pronto posible. Estoy convencido de que lo que vemos en el Nuevo Testamento son iglesias locales autónomas que no dependen unas de otras. Aún en la plantación de iglesias satélites, hay maneras de lograr cierta autonomía que permite que sean formadas según su contexto y necesidades, bajo la guía de sus propios pastores, sin perder la unidad con la iglesia madre. Con seguridad, lo que no queremos son iglesias madres que abusen de las iglesias hijas y solo las vean como un punto adicional de ingreso o control.

Mantener la relación

Al hablar de relación no me refiero a una mera entrevista formal regular como la de un jefe con su empleado. De acuerdo a nuestro entendimiento de lo que es la iglesia, idealmente el pastor-plantador ya está bajo la supervisión continua de los otros pastores que forman parte de su mismo equipo. Si se logra enviar a un equipo de pastores, la relación de la iglesia madre con la iglesia hija debe ser de seguimiento, asegurando que se ejecute lo planificado. La ventaja de esto radica en que se trata de una relación de uno a uno entre los pastores de la iglesia madre y la iglesia hija. Los nuevos pastores de la plantación también pueden tener una relación de seguimiento con los pastores de la iglesia madre. En muchos casos, los pastores de una iglesia madre son los que tienen más experiencia y han participado de cerca en la plantación de una iglesia. Esto les da un panorama más amplio y pueden ser de gran apoyo al aportar consejos para vencer los distintos obstáculos que enfrenta la nueva plantación.

Además, cuando se mantiene la relación, se transmite un mensaje muy fuerte de unidad. Hemos llegado exactamente a la contracara de la moneda del comienzo del capítulo. Allí vimos iglesias que se dividen y que luego jamás se hablan. Aquí promovemos algo totalmente diferente. Lo que queremos ver son iglesias que colaboren entre sí con el fin de hacer discípulos en sus ciudades. Esto sucede cuando los pastores no se ven como competencia, sino que se miran como colaboradores, soldados en el mismo ejército peleando la misma batalla, que oran los unos por los otros, lloran juntos, ríen juntos. En fin, son parte de la misma familia de Dios y pertenecen al mismo reino, el de Jesucristo, el Señor.

Conclusión

Sueño con ver más iglesias que celebren juntas el poder sacrificar miembros y recursos con el fin de plantar nuevas iglesias. Sueño con ver más pastores que celebren juntos cuando se hacen nuevos discípulos. Sueño con ver más pastores que tomen en serio la

Gran Comisión, que no piensen solo en sus propias iglesias y en sus propios reinos, sino que quieran expandir el impacto del evangelio a toda la ciudad, a todo el país y a todo el mundo para la gloria de Dios. No lo sueño porque sea mi idea, sino porque es así como la Biblia lo demanda.

Sé que es un sueño que para muchos está muy lejos de la realidad. Entiendo que hay muchos lugares donde no hay iglesias saludables que puedan funcionar como iglesia madre. Por eso, a lo largo del libro también ofreceré algunos consejos en cuanto a cómo avanzar si no hay una iglesia madre. Espero que aquellos que se encuentren en esa situación entiendan la gran oportunidad que tienen de plantar una iglesia saludable que luego plante otras iglesias saludables.

VISIÓN

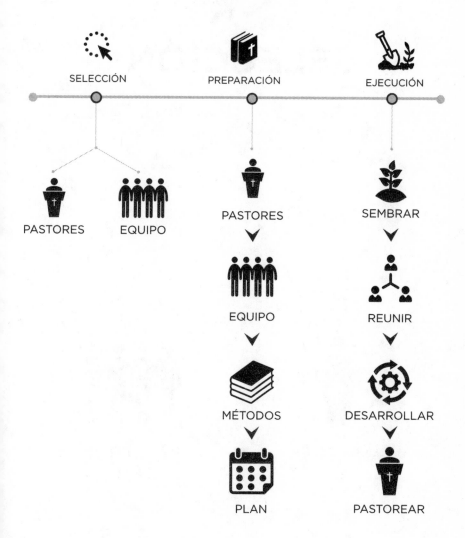

SELECCIÓN

PREPARACIÓN

EJECUCIÓN

PASTORES   EQUIPO

PASTORES

SEMBRAR

EQUIPO

REUNIR

MÉTODOS

DESARROLLAR

PLAN

PASTOREAR

SELECCIÓN

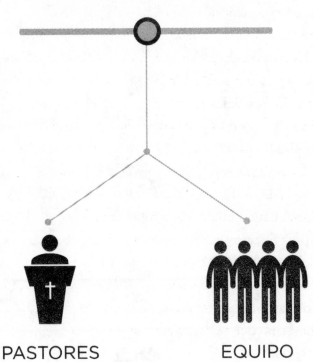

PASTORES   EQUIPO

SECCIÓN 2

CAPÍTULO 4

¿Quién debe plantar una iglesia?

Todo pastor ha recibido ese llamado telefónico que no quiere recibir. Por lo general, viene de otro pastor o de un líder de otra iglesia. Es un llamado que traerá mucho dolor tanto al pastor como a la iglesia local. Es el momento en que nos dan la noticia de que hay un pastor que ha quedado descalificado para el ministerio por algún pecado. Es de verdad un llamado de atención para todo pastor.

Muchos pastores y plantadores dan por sentado que ellos están calificados para el ministerio. Sin embargo, al pasar el tiempo, muchos dejan de prestarle atención a su prioridad principal: la fidelidad a Dios. El abandonar nuestra lealtad al Señor termina desencadenando una bola de nieve moral que culmina con los dolorosos fracasos que descalifican a un pastor.

Alexander Strauch ha escrito un libro muy influyente titulado *Liderazgo bíblico de ancianos*. Allí desarrolla el concepto de que los pastores que no están calificados no solo se afectan a sí mismos, sino que también afectan mucho a las iglesias locales. Allí expresa:

> Gran parte de la debilidad y de los caprichos de nuestras iglesias hoy en día se dan directamente porque hemos fracasado en exigir que los pastores

de las iglesias cumplan con el estándar de Dios para
el oficio. Si queremos que nuestras iglesias estén
espiritualmente en forma, necesitamos exigir que
nuestros pastores estén espiritualmente en forma.[10]

Aunque Strauch escribe para una audiencia norteamericana,
sus palabras son particularmente atinadas para América Latina.
Hoy en día tenemos muy pocos filtros para que alguien llegue
a ser pastor. Como hemos dicho ya en reiteradas ocasiones,
cualquiera que quiere «abrir una iglesia» alquila un lugar y se
autodenomina pastor. Otros «abren la iglesia» porque han terminado peleados con la iglesia donde estaban. ¿Quién puede dar
certeza de que tal persona está calificada para ocupar un puesto
ministerial? ¿Bajo qué criterio pastorean o enseñan? Esto ha
resultado en el gran caos evangélico en que nos encontramos
en América Latina, donde hay miles y miles de iglesias que no
conocen su doctrina, que no tienen una visión clara y donde, en
muchos casos, el pastor no tiene la experiencia ni la sabiduría
necesaria, ni tampoco a quien rendir cuentas o acudir en medio
de una duda o dificultad.

Sé que esta introducción pinta una imagen muy negativa del
pastor. Esa es precisamente la razón por la que he escrito este
capítulo. Muchos que se han nombrado pastor no reflejan lo
que la Biblia describe como el ministerio pastoral. La Palabra
de Dios no guarda silencio en este tema, sino que nos guía a
entender los requisitos del ministerio pastoral.

---

[10] Alexander Strauch, *Biblical Eldership* [Liderazgo bíblico de ancianos], (Colorado Springs: Lewis y Roth Publishers, 2003), edición Kindle, Loc. 1047.

¿Anciano? ¿Pastor? ¿Obispo?

Una pregunta que siempre surge cuando hablamos del liderazgo de la iglesia se relaciona con el título de los encargados. En la Biblia encontramos tres palabras asociadas a los que tienen la responsabilidad de dirigir, enseñar y guiar a la iglesia. Estas tres palabras son anciano, obispo y pastor. Las dos primeras, anciano y obispo, aparecen casi siempre como sustantivos. El último, pastor, casi siempre aparece como verbo (pastorear). Les dejo algunos ejemplos:

1 Timoteo 3:1
Se dice, y es verdad, que, si alguno desea ser obispo, a noble función aspira.

Tito 1:6-7
El **anciano** debe ser intachable […]. El **obispo** tiene a su cargo la obra de Dios, y por lo tanto debe ser intachable… [Énfasis añadido]

Hechos 20:17,28
… mandó llamar a los **ancianos** de la iglesia de Éfeso. […] Tengan cuidado de sí mismos y de todo el rebaño sobre el cual el Espíritu Santo los ha puesto como para **pastorear** la iglesia de Dios… [Énfasis añadido]

1 Pedro 5:1-2
A los **ancianos** que están entre ustedes, […] **cuiden** como **pastores** [esto es la palabra *episkopeo* u

«obispar»] como pastores el rebaño de Dios que
está a su cargo… [Énfasis añadido]

Es sumamente importante que entendamos que estos pasajes
no nos hablan de tres diferentes niveles de liderazgo en la iglesia,
sino de uno solo. Esto se debe a que Pablo usa los términos de
una forma intercambiable. «Pastorear» y «obispar» (administrar,
supervisar) es lo que hacen los ancianos, los pastores y los obis-
pos. Entonces, en este sentido no es tan importante si lo llamamos pastor, obispo o anciano, porque bíblicamente son lo mismo.
A lo largo del libro, usaré el término más común: pastor. En la
actualidad la iglesia ha adoptado este último término porque
es el que mejor describe la labor que lleva a cabo un ministro.

¿Qué hago si no tengo una iglesia madre?

Como ya hemos dicho, lo ideal en la plantación de iglesias es
que todo equipo plantador tenga una iglesia saludable que los
envíe y que los haya evaluado, capacitado y enviado. Sin embargo,
sabemos que en muchos lugares es difícil encontrar una iglesia
saludable y ortodoxa. De hecho, para muchas personas, esa es
precisamente la razón por la que sienten el llamado a plantar una
iglesia. Muchos ven la necesidad que existe de establecer más
iglesias con claridad en el evangelio, que sean saludables en su
liderazgo y sanas en su doctrina, y por eso se proponen plantar
una iglesia. Entonces, ¿qué debería hacer alguien que cree tener
el llamado a plantar, pero que no tiene una iglesia que lo envíe?

Mi recomendación es que se unan a una red o denominación.
Aunque no haya una iglesia madre cerca, hay iglesias a lo largo

de América Latina que estarían dispuestas a funcionar como la iglesia madre. Quizá no implique apoyo económico, pero deberían proveer la supervisión espiritual que la nueva plantación requiere. Al mismo tiempo, muchas redes y denominaciones ya tienen muy buenos procesos establecidos para evaluar al plantador o al equipo y asegurar así la salud de la nueva plantación.

Además, recomiendo que te evalúes según todo lo que está escrito a continuación en este capítulo. Que no tengas una iglesia madre no significa que no tengas que ser calificado o ser evaluado. Estos requisitos son para todo el que quiera pastorear una iglesia, no son solo para los que serán evaluados por otra iglesia.

¿Qué características debe tener el plantador?

Si eres una iglesia interesada en enviar a un nuevo plantador para formar un equipo que será enviado a plantar una nueva iglesia, ¿qué características deberías buscar? Si estás interesado en la plantación a pesar de no tener una iglesia madre, ¿qué características deberías tener?

Es sumamente importante establecer que, en cuanto a calificación, el plantador no puede ser menos que un anciano de la iglesia local. Entendemos que los ancianos son los líderes de una iglesia local, sin importar cuán joven sea la iglesia. Si alguien está interesado en plantar una iglesia, debería reunir los requisitos para ser un anciano.

Además de los requisitos para ser un anciano, la plantación requiere que el pastor-plantador tenga ciertas habilidades o dones específicos para plantar de una nueva iglesia, que se sumarían a los necesarios para pastorear una iglesia ya establecida. Entonces, para hacerlo sencillo, el pastor que va a dirigir un proceso de plantación (el pastor-plantador) debe ser un hombre calificado, un hombre capaz y un hombre de equipo.

1. Un hombre calificado

Los requisitos para un pastor-plantador los encontramos en 1 Timoteo 3 y en Tito 1. Pablo da este listado tanto a Timoteo como a Tito para que ellos puedan nombrar hombres fieles que puedan guiar a las iglesias. Timoteo y Tito eran hombres a quienes Pablo había puesto como encargados en ciertas regiones con el fin de cuidar de la iglesia y establecer el liderazgo necesario y cuidadosamente seleccionado para que hicieran el trabajo del ministerio. Este listado da por sentado algunos conceptos que es importante mencionar antes de ver los requisitos que nos da Pablo. Principalmente, concluye en que el hombre no sea un neófito en la fe. Es decir, debe tener un amplio trasfondo y la experiencia de algún tiempo caminando con Dios. Alguien que tiene ese trasfondo y experiencia lo demostrará de varias maneras.

A. Claridad del evangelio

Podría pensarse que esto es obvio. Sin embargo, en América Latina, no se puede dar por sentado. Estamos saturados de evangelios falsos. América Latina no necesita más iglesias que estén confundidas en cuanto al evangelio. Es triste afirmarlo, pero es una realidad: muchas de las iglesias que están siendo plantadas no tienen un entendimiento claro del evangelio. Muchas nacen con buenas estrategias, programas, buena publicidad y buena producción, pero terminan entregando el mismo mensaje humanista de mejoramiento de la autoestima, con un evangelio centrado en el ser humano, en su éxito y en su prosperidad bajo el sol. Necesitamos con urgencia clarificar el evangelio y el primero que debe comprender claramente el evangelio es el pastor-plantador. Pablo le dice a Timoteo en los últimos versículos de su carta que guarde lo que le fue encomendado (1 Tim. 6:20). Se refiere al evangelio, al mensaje de la vida, muerte y resurrección de Cristo, que se ha dado a la iglesia para que lo proclame.

Conocer el evangelio y sus implicancias es una necesidad para el pastor-plantador, ya que él es quien principalmente predicará el evangelio en la reunión semanal. Mark Dever en su libro *La Iglesia deliberante* dice lo siguiente:

> Asegúrate de que las personas conozcan a nuestro santo Creador y a nuestro justo Juez; que todos hemos pecado contra Él, y estamos expuestos a Su justa ira; que Él envió a Cristo a morir la muerte que merecíamos por nuestros pecados; que la muerte de Cristo y Su resurrección es la única manera de ser reconciliados con el único Dios verdadero, y que debemos responder a estas buenas noticias arrepintiéndonos de nuestros pecados y creyendo en el evangelio, para que seamos perdonados por Dios, reconciliados con Él, y salvados de la ira que viene. Asegúrate de que las personas conozcan que deben perseverar en un estilo de vida de arrepentimiento y fe, mostrando un estilo de vida cada vez más amoro-

so y santo que pruebe que somos Sus discípulos
(Juan 15:8; comp. Mat. 7:15-23; 1 Tes. 3:12-13;
1 Juan 3:14; 4:8).[11]

Sin embargo, cuando hablo de claridad en el evangelio, no solo me refiero a la habilidad de poder comunicar el evangelio teológicamente. **Me refiero a un estilo de vida que refleje sus verdades.** Si el evangelio nos lleva a un estilo de vida de arrepentimiento y fe, ¿cómo se refleja esto en la vida del pastor-plantador? ¿Entiende el plantador cuánto depende de la gracia de Dios? ¿Su identidad la encuentra en el evangelio? ¿Ha identificado el pastor-plantador cuáles son los ídolos de su corazón?

La plantación de iglesias saca a luz muchos diferentes ídolos en la vida del pastor-plantador. Es probable que un plantador que no tenga un entendimiento claro del evangelio termine siendo manejado y dirigido por su propia idolatría y, principalmente, por la fuerza que encuentra en sí mismo. Definirá su éxito y su valor por los fracasos y éxitos del ministerio. Paul Tripp nos lo dice mejor:

> Cuando olvidas el evangelio, empiezas a buscar en tus situaciones, ubicaciones y relaciones del ministerio lo que ya se te ha dado en Cristo. Empiezas a esperar encontrar tu seguridad, esperanza, sanidad, significado y propósito en el ministerio. Estas cosas ya son tuyas en Cristo.[12]

---

[11] Mark Dever y Paul Alexander, *La iglesia deliberante*, (Alamance: Publicaciones Faro de Gracia, 2009).

[12] Paul David Tripp, *Dangerous Calling*, (Wheaton: Crossway, 2012), 99.

El plantador tendrá que aprender a lo largo de la plantación que diariamente tiene que volver al evangelio. Que solo es por medio del evangelio que podrá combatir su pecado. Solo por medio del evangelio puede entender su identidad. Habrá muchos momentos en que el plantador se sentirá débil, solo, frustrado y hasta enojado. Es entonces cuando se necesita mayor claridad y sometimiento al evangelio. Porque el mismo evangelio le predica la verdad de que el plantador no es la esperanza para la iglesia, sino solo Cristo y la cruz. El plantador no debería plantar una iglesia hasta no entender claramente el evangelio en su mente, en su corazón y haberlo experimentado y probado en su propia vida.

Si estás evaluando a un plantador, es recomendable que empieces con esta sencilla pregunta: «¿Qué es el evangelio?», y luego sigas con: «¿Cómo afecta tu vida de lunes a sábado?». Además, se le puede preguntar: ¿Cómo se diferencia, en términos prácticos, una iglesia que predica el evangelio de una iglesia que no predica el evangelio?

B. Camina con el Señor

Además de entender el evangelio, el pastor-plantador definitivamente debe tener relación y crecimiento con Dios. Esto significa que camina diariamente con Dios al estudiar Su Palabra, meditar en ella, al tener una vida de oración y practicar las disciplinas espirituales. La piedad personal, o mejor dicho la vida devocional y espiritual del pastor-plantador, es lo que lo va a sostener diariamente en su labor. Las fuerzas humanas no serán suficientes para resistir los desafíos y retos de la plantación de iglesias. Pablo le sigue aconsejando a su discípulo Timoteo, y le dice en 1 Timoteo 4:16 que tenga «cuidado de sí mismo». El pastor-plantador tiene que ser alguien que no solo demuestra capacidades y habilidades, sino que también demuestra una piedad profunda y sincera.

Déjame ser muy sincero. Si te abocas a plantar una iglesia enfrentarás todo tipo de desafíos, retos y aun amenazas. La crítica nunca faltará al plantar una iglesia, especialmente en América Latina. Un plantador estará expuesto a las fuertes opiniones de muchos que vienen de trasfondos eclesiásticos diferentes y que no pensarán igual en cuanto a la forma de plantar la iglesia. Esas opiniones críticas de seguro permearán en algunos de los primeros integrantes de la iglesia. En el mismo sentido, ya sabemos de la lamentable condición de desunión que existe entre las iglesias en América Latina. Por eso es que debes estar preparado cuando recibas críticas desde otras iglesias, cuando te miren como su competencia y hasta prediquen en contra de ti o de tu iglesia. Súmale a todo esto las dificultades económicas, las decisiones rápidas y de último momento, las iniciativas fracasadas, la gente que ya deja de asistir, los casos pastorales y muchas otras cosas más que se deberán enfrentar. Si, como pastor-plantador, no te fortaleces diariamente en la presencia de Dios, si no caminas con Él, si no encuentras tu identidad, tu energía y tu gozo en Él, todos los desafíos y retos serán demasiados y no lograrás ver una iglesia plantada que sea conforme al corazón de Dios.

Eugene Peterson, un autor que ha escrito mucho sobre el rol pastoral, nos llama a detenernos deliberadamente en medio de la carrera diaria con el fin de estar en silencio con Dios. El pastor-plantador de seguro se verá tentado a trabajar cada hora del día y sentirá el peso y la presión que trae consigo el plantar una nueva iglesia. Este peso y presión forman parte de los desafíos y las amenazas que uno enfrentará sin lugar a dudas.

Creemos, con plena fe, que la iglesia es lo que Cristo edifica. El pastor-plantador tiene que aprender a ser fiel al Señor, a seguirlo, a vivir en intimidad con Él, a disfrutar de Su Presencia y del hacer discípulos, confiando en que Dios levantará la obra porque no es nuestra, sino que es Suya. Estas son las palabras sabias del pastor Peterson:

> La suposición de la espiritualidad es que Dios siempre está obrando algo antes de que yo lo sepa. Entonces, la tarea no es intentar hacer que Dios haga lo que es necesario, sino estar consciente de lo que Dios está haciendo para que yo pueda responder y deleitarme en ello.[13]

Esto es lo que todo hombre que cree tener un llamado a la plantación de iglesias debe fomentar desde ya en su vida. Y no lo hace porque plantará, sino porque es cristiano y se debe al Señor porque «separados de mí no pueden ustedes hacer nada» (Juan 15:5). Antes de que plantes una iglesia, te suplico, aprende bien a caminar en profundidad e intimidad con Dios. Es la santidad y la piedad del hombre lo que lo califica para plantar una iglesia, y no necesariamente su habilidad. Su habilidad es algo importante, pero, si carece de habilidades, eso no necesariamente lo descalifica. La falta de santidad sí lo hace.

C. Cumple con los requisitos de 1 Timoteo 3 y Tito 1

Los requisitos que nos da Pablo realmente son muy sencillos. La

---

[13] Eugene Peterson, *Contemplative Pastor*, (Grand Rapids: Eerdmans, 1993), edición Kindle, Loc. 47.

persona que Pablo describe no es un gran superhéroe espiritual. Como ya mencionamos, Pablo da por sentado que se trata de un hombre que tiene claro el evangelio y que hace tiempo camina con el Señor. Partiendo de esos dos conceptos, Pablo nos da un listado que es una demostración y un reflejo del testimonio externo del anciano. Según Alexander Strauch, este listado consta de dos categorías. Habla de la moral del anciano y de sus habilidades. Debido a algunos de los requisitos del listado es que he agregado una última categoría que es la vida misionera del anciano.

En la primera categoría, encontramos cuestiones referentes a la moralidad del anciano. Comienza con ser irreprochable. Desde mi perspectiva, creo que las demás características explican lo que significa ser irreprochable.

Un obispo debe ser:

- marido de una sola mujer,
- sobrio,
- prudente,
- de conducta decorosa,
- hospitalario (misión),
- apto para enseñar (habilidad),
- no dado a la bebida,
- no pendenciero,
- sino amable,
- no contencioso,
- no avaricioso.
- Que gobierne bien su casa, teniendo a sus hijos sujetos con toda dignidad (habilidad);

- No debe ser un recién convertido,
- Debe gozar también de una buena reputación entre los de afuera de la iglesia (misión).

Como se puede ver, muchos de estos conceptos son difíciles de medir. ¿Cómo sabemos si alguien es prudente o sobrio? Creo que, como muchos de estos son difíciles de evaluar, hay quienes encuentran la excusa o la razón para no evaluar a los pastores con este listado y son muy pocos los que sí lo hacen. La dificultad de evaluación de estos requisitos no es razón para no evaluar; más bien, es razón para evaluar de manera profunda y cercana. Solo se sabrá si alguien es prudente, sobrio, no avaro, al poder ver de cerca los detalles de su vida. En realidad, antes de plantar una iglesia, o simplemente antes de ser pastor en una iglesia local, la persona debería abrir toda su vida delante de otros pastores que puedan avalar que cumple con los requisitos.

Lo que hace este listado es hablar acerca de la integridad del pastor. No se trata de una doble moral porque eso sería hipocresía, sino de que el pastor sea honesto, transparente, que sea lo que dice ser. Esto se refleja en que es fiel a su esposa, es respetable entre la gente de afuera, ejerce prudencia en su hablar y actuar, no es esclavo del materialismo o los placeres como el dinero o el vino. Este listado habla de un cristiano probado y maduro, que con corazón sincero es obediente a Dios.

En segundo lugar, sí hay ciertas habilidades que la Biblia exige del anciano. Según 1 Timoteo 3, se trata de la habilidad para enseñar y para defender su fe. En este punto, no es absolutamente necesario que todo anciano tenga la misma capacidad para predicar, pero todo anciano debe saber cómo explicar y aplicar las verdades del evangelio a la vida cotidiana de los miembros. Esto se puede dar de múltiples formas como, por ejemplo, en clases de capacitación, consejería, cursos especiales, etc. Lo importante es que el anciano tenga la habilidad para enseñar la Biblia de una manera informativa y transformadora, que lleve al rebaño a conocer y aplicar la verdad.

También Pablo menciona habilidades como la mayordomía y la administración. Estos conceptos son sencillos, pero muchos los ignoran o los han pasado por alto. Pablo también dice que debe gobernar bien su casa porque, si no sabe gobernar su casa, no sabrá cómo manejar la iglesia. El énfasis está en la manera en que el pastor gobierna su casa porque eso nos dará una muestra de cómo gobernaría la iglesia.

- Si el anciano no sabe cómo manejar las finanzas de su hogar, no debe manejar las finanzas de la iglesia.
- Si el anciano no sabe cómo pastorear bien a su familia, no debería pastorear la iglesia.
- Si el anciano no sabe cómo enseñarles la Biblia a sus niños, no debería enseñar en la iglesia.
- Si el anciano no sabe cómo resolver un conflicto en su hogar, no podrá hacerlo en la iglesia.
- Si el anciano no es paciente con su familia en su hogar, no lo será en la iglesia.
- Si el anciano es egocéntrico y domina su hogar para sus propios fines, así lo hará con la iglesia.
- Si el anciano es avaro en su propio hogar, así lo será con la iglesia.

Este listado podría seguir y seguir. El punto es que la iglesia es la familia de Dios y, en ese sentido, la familia del anciano será una pequeña representación de cómo se desenvolverá como líder de la familia de Dios. Una de las mejores pruebas para ver si alguien cumple con los requisitos para ser anciano es hablar con su esposa y sus hijos. Ellos son la representación de cómo el hombre guiará y manejará la iglesia.

Tercero, vemos que el anciano debe tener espíritu misionero. El anciano de una iglesia local no solo gobierna la iglesia, maneja sus finanzas, pastorea el rebaño y predica los domingos. Para calificar como anciano, el hombre tiene que haber demostrado cierto patrón misionero, es decir, tiene que estar constantemente buscando relaciones significativas con gente que no comparte su fe cristiana y, en medio de esos encuentros, compartir el evangelio. Primero, Pablo dice que es hospitalario. Es evidente que esto no significa explícitamente que deba abrir su hogar para gente que no pertenece a la iglesia, pero creo que es algo que es implícito si alguien es hospitalario. Podríamos preguntarnos: ¿Conoce a sus vecinos? ¿Ha compartido comida con sus vecinos? ¿Con cuánta frecuencia viene gente a su casa? Esto refleja lo que dice Jeff Vanderstelt en su libro *Saturate* [Saturar]:

> Tenemos que capacitar a la gente para que viva cotidianamente poniendo en práctica el evangelio, demostrando cómo seguir a Jesús en las cosas cotidianas.[14]

---

[14] Jeff Vanderstelt, *Saturate* [Saturar], (Wheaton: Crossway, 2015), 170.

Que un anciano sea hospitalario es exactamente eso, que viva su cristianismo todos los días y no solo cuando esté actuando en su rol de pastor en la iglesia. ¿Cómo aprovecha su vida cotidiana para reflejar y lucir el evangelio de Jesucristo frente a sus vecinos, amigos y familia?

Pero también Pablo habla de que el anciano debe tener una buena reputación entre los de afuera. Pareciera que esto es algo que simplemente pasamos por alto o no entendemos a cabalidad. Solo el tiempo nos permite realmente conocer la integridad y reputación de alguien. Para tener una buena reputación tiene que haber mucha interacción que pueda comprobar tal reputación. Es decir, Pablo da por sentado que el anciano deberá tener muchas relaciones significativas y transparentes con gente fuera de la iglesia. Solo así la gente de afuera de la iglesia podrá aprobar el carácter del anciano. Para esto, el anciano no puede solamente relacionarse con su vecino al saludarlo por las mañanas cuando sale para el trabajo. No puede tener solamente una relación superficial con sus colaboradores en el trabajo. No, todas las relaciones que tiene con «los de afuera» deben ser tan significativas que se pueda llegar a comprobar su reputación.

D. Un hombre llamado

Si no reúnes los requisitos mencionados arriba, no debes plantar en este momento. Es así de claro. Para plantar es necesario tanto el llamado como la calificación. Muchos dicen tener un llamado, pero no reúnen los requisitos. Eso significa que tal vez puedan plantar en algún momento, pero no mientras no estén calificados para hacerlo. Y es precisamente este proceso de evaluación lo que una iglesia madre, una red o denominación deberían hacer.

Pablo mismo dice que para ser anciano se debe aspirar «al cargo de obispo». Otra vez, en este pasaje vemos cómo los términos anciano y obispo son intercambiables. Una vez más, ambos términos se refieren al mismo puesto pastoral. En esa frase está contenido el concepto del llamado. La primera pregunta en términos del llamado es: «¿Quieres ser anciano de una iglesia local? Pero, en segundo lugar, y tal vez más importante: «¿Por qué quieres ser anciano de una iglesia local?». A continuación, establezco una serie de preguntas de evaluación personal que todo aspirante a plantador debería responder para sí mismo. Igualmente, si eres pastor de una iglesia que quiere plantar otra iglesia, al identificar un candidato potencial para ser el pastor-plantador de esa iglesia, considera las siguientes preguntas.

- ¿Qué motivación tiene este plantador?
- ¿Lo hace por obligación?
- ¿Por dinero?
- ¿Por renombre?
- ¿Por poder?
- ¿Por qué no le gusta el estilo de las otras iglesias?
- ¿Qué es lo que podría hacer en la plantación que no puedo hacer en la iglesia madre?

Hoy en día encontramos a muchas personas que quieren plantar una iglesia porque no les gustan las otras. Quieren plantar una iglesia porque se cansaron del estilo de las otras iglesias o porque creen que lo pueden hacer mejor. Otros plantan iglesias porque creen tener más de la verdad que otros. La motivación con que alguien planta una iglesia nos revela mucho en cuanto a si tiene o no un verdadero llamado. También nos demuestra si realmente tiene claridad del evangelio.

Para hablar del llamado, creo que el consejo antiguo sigue siendo bueno. Es un consejo que se le ha atribuido a Charles Spurgeon, un pastor famoso de Londres del siglo XIX, pero creo que a ciencia cierta no se conoce la fuente original. El consejo es el siguiente: «Si eres feliz haciendo cualquier otra cosa que no sea predicar [o plantar una iglesia], ¡hazlo!». Suena a algo que diría Spurgeon, ya que él mismo se encargó de entrenar a muchos hombres para el ministerio pastoral. Lo cierto es que el ministerio es muy desafiante. Solo los que viven con una constante inquietud en su ser que no les permite ser felices en ninguna otra actividad son los que verdaderamente han sido llamados.

Además, si no sales de una iglesia madre, es absolutamente necesario que hables con pastores de otras iglesias saludables. Busca hombres maduros en su fe y maduros en su ministerio que te puedan asesorar y evaluar para confirmar tu llamado. Este es el patrón que vemos en el Nuevo Testamento: los líderes de la iglesia local confirman y envían a otros para nuevas iniciativas eclesiásticas.

2. Un hombre capaz

Además de las calificaciones de 1 Timoteo 3 y Tito 1, es muy importante entender que plantar una nueva iglesia requiere dones distintos que solo tienen algunos ancianos o pastores. Hay un nivel especial de emprendimiento y estrategia que se necesita al plantar una nueva iglesia. Cuando Pablo utiliza las palabras de una manera intercambiable, no significa que no tengan un aspecto de su significado que sea un tanto distinto. Una de las palabras que Pablo utiliza es «obispo» (*episkopos*). Esta palabra tiene una connotación de supervisión o administración. Tal vez la mejor palabra que explica el concepto es liderazgo. Ahora, creo que en nuestros días se ha abusado por completo de la palabra liderazgo, pero, en este caso, quisiera referirme al significado más básico de la palabra. Un pastor que quiere plantar una iglesia no solo debe tener claridad en sus creencias y poder manejar bien la Palabra de Dios, sino que también debe tener dones de liderazgo, administración y supervisión. Don Carson, en la revista teológica *Themelios*, habla de este mismo concepto. Expresa:

> Más allá de lo importante y central que sea el ministerio de la Palabra de Dios, el pastor, anciano u obispo dedicará tiempo y energía a comunicar la visión, a pensar en los pasos necesarios para alcanzarla, a preparar los equipos y las estructuras necesarias para cumplir con el ministerio y entrenar a otros, edificándolos, pensando en múltiples maneras en las que puede enseñarse el evangelio en diversos niveles, a varios grupos en la iglesia, en cómo ampliar el evangelismo fiel y la plantación de iglesias, en cómo captar al mundo que lo rodea para que sean creyentes fieles, y mucho más.[15]

Esto es de suma importancia porque existe una dicotomía falsa entre lo que consideramos sagrado y secular en el ministerio.

---

[15] D. A. Carson, «Some Reflections on Pastoral Leadership». *Themelios* 40.2 (agosto de 2015): 195, http://tgc-documents.s3.amazonaws.com/themelios/Themelios40-2.pdf#page=3.

Por eso es que, muchas veces, pensamos que el pastor solo debe dedicarse a asuntos «espirituales» como la oración y la predicación de la Palabra, mientras que los asuntos como el manejo de las finanzas, la planificación, la preparación de procesos y otros similares son solo para los laicos. Pensar de esa manera nos hace abandonar el rol importante de liderazgo que debe desempeñar el pastor.

En muchas redes de plantación se refieren a estas habilidades como la aptitud de emprendedor. En la red de iglesias a la cual pertenezco (*Acts 29*), hablamos de las competencias que demuestran que se cuenta con aptitud de emprendedor. Scott Thomas las desarrolla así:[16]

1. Ha demostrado éxito en el pasado al lanzar nuevas iniciativas.
2. Es un visionario innovador y estratégico.
3. Es altamente energético al lanzar nuevas iniciativas.
4. Demuestra habilidad para hacer participar a otros en nuevas iniciativas.
5. Evidencia ser un autoiniciador.
6. Está dispuesto a trabajar intensamente durante un largo período.

En este listado creo que encontramos tres elementos adicionales a los requisitos de un anciano, que un pastor-plantador debe tener.

---

[16] Scott Thomas, «Introduction to Entrepreneurial Aptitude», Acts 29 (blog), 3 de agosto de 2010, http://www.acts29.com/introduction-to-entrepreneurial-aptitude/.

A. Innovador

Cuando pensamos en un innovador, pensamos en alguien que está lanzando algo nuevo, que no se ha hecho anteriormente. No es que la iglesia como tal no se haya hecho antes porque es evidente que hemos tenido iglesias locales por siglos. Sin embargo, cada plantación es una iglesia nueva. Pablo dedica gran parte del tiempo en sus cartas a los problemas particulares que enfrentaban las distintas iglesias. Esto nos demuestra cómo cada iglesia que Pablo plantó era distinta y lidiaba con problemas distintos. Cuando asesoramos a plantadores, hablamos de cómo cada plantación es una innovación porque nadie en la historia del mundo ha plantado esa iglesia particular. Jamás se ha dado la intersección de circunstancias que giran alrededor de esa plantación: esas personas, con esas iniciativas, con esos recursos, en ese lugar específico.

El contexto y las dimensiones de cada plantación son totalmente distintos en cada una y, por consiguiente, se necesita un innovador que tenga habilidad en emprendimiento, para poder desarrollar el plan de plantación de una iglesia totalmente nueva. En este sentido, no podemos tener un plan de plantación de iglesias que sea universal o de talla única. Quizá haya elementos que se comparten, pero la aplicación de esos elementos será diferente en cada contexto.

Por todo lo que hemos visto, es muy importante que el pastor-plantador sea alguien con la capacidad de entender su contexto, sus personas, sus recursos, que pueda desarrollar formas y maneras de comunicar el evangelio y hacer iglesia en ese contexto, con esas personas y con esos recursos. Se necesita, entonces, un innovador que sepa emprender.

B. Estratega

Aunque es importante que sea innovador, también debe ser estratega. Me refiero a que el pastor-plantador debe tener la habilidad de ver hacia dónde quieren llegar y debe saber como desarrollar los pasos, los planes, los procesos necesarios y las personas idóneas para poder ayudar a la iglesia a llegar a ese punto. Tiene que ser como un arquitecto. No me refiero literalmente a la profesión, sino a la estrategia que utiliza un arquitecto. El arquitecto piensa en el futuro y en el presente. Está muy consciente de los recursos que tiene en este momento, en los pasos que está dando el proyecto en este momento, y también se asegura de que todos den los pasos necesarios para avanzar hacia la meta.

El arquitecto es la persona que diseña los planos de un edificio. Tiene que pensar en todas las dimensiones y en todos los elementos. También tiene que pensar en la región, asegurándose de que los edificios que se están construyendo sean un aporte positivo y no algo destructivo. También tiene que pensar en costos, en lo razonable y lo posible para lograr ejecutar la visión que tiene.

Quiero aclarar que no me refiero al edificio donde se reúne la iglesia. Claro, tal vez tengas que pensar también en eso. Me refiero a todo el proceso de planificación y la estrategia de la plantación. La palabra arquitecto viene de una combinación de dos palabras en griego que significan «constructor principal». El pastor-plantador debe ser el constructor principal de la plantación. Es necesario que vea el momento presente y también el futuro, y que sepa cómo llevar la plantación del punto A hacia el punto Z, sin sobrecargar la plantación en el punto A y sin sacrificar la eficacia de la plantación en el punto Z. Se necesita lo que podríamos llamar, usando la analogía que acabamos de usar, un balance arquitectónico.

Muchos pastores luchan para intentar establecer cuáles son sus responsabilidades diarias. ¿Deberían trabajar en el presupuesto, planificar nuevos programas, desarrollar su presencia en las redes sociales, asegurar que la visión se esté cumpliendo? O por otro lado, ¿deberían juntarse con la gente, visitar hospitales, discipular a nuevos miembros, estudiar para su próxima prédica? La respuesta es que el pastor-plantador tiene que participar de todo lo que hemos mencionado.

Abraham Kuyper era un teólogo holandés que ayudó a darle mucha claridad a la iglesia holandesa en una época de bastante confusión. Uno de los temas que desarrolló en su pequeño libro sobre la iglesia es la relación entre lo institucional y lo orgánico. Cuando Kuyper habla de esta relación entre lo institucional y lo orgánico, se refiere a pasajes como 1 Corintios 3, donde Pablo habla de sembrar y regar. Pero luego también se refiere a la construcción de un edificio. La imagen que usa Pablo compara la iglesia con un edificio. Pablo mismo se llama el arquitecto experto, quien pone el cimiento correcto y otros edifican después de él.

Aunque no creo que Pablo tenga en mente la institución eclesiástica de manera específica, es seguro que en parte está pensando en ella. Pablo es el que más institucionalizó la iglesia, nombrando ancianos y diáconos, dando pasos para resolver conflictos, animando a Tito y a Timoteo a tratar con las nuevas generaciones e instruyendo en cuestiones de disciplina en la iglesia. En fin, Pablo era un plantador de la semilla y también era un arquitecto que desarrollaba las estrategias necesarias en su contexto.

C. Siervo-líder

Por último, el pastor-plantador debe tener un corazón de siervo-líder. Yo sé que el liderazgo está de moda en América Latina. No me refiero a tener un puesto ni a ser la persona que siempre está en la plataforma. Me refiero a la dignidad, la lealtad y la capacidad de servicio como la de un noble general. Alguien que está dispuesto a sangrar y sudar por el bien de la misión y que podrá llamar a otros a hacerlo también desde su posición de autoridad servicial.

El problema de muchos líderes hoy en día es que quieren ser la autoridad y jamás quieren tener que hacer lo que hacen los miembros comunes de su iglesia. Cuando hablo de liderazgo, me refiero a no solo exigir que otros vivan la plenitud de la vida cristiana, sino también a que el líder sea el primero en vivirlo y demostrar cómo se vive de esa manera. Al hablar del líder no me refiero simplemente a características normales que asociamos con el liderazgo —que por supuesto son importantes—, sino más bien a una credibilidad que nace del entendimiento que uno tiene del evangelio y de la misión que surge de ese mismo evangelio. Así, puede llamar a otros a seguirlo en la profundización del evangelio y a perseguir la misma misión. Con pasión, con honestidad y con transparencia, puede inspirar y motivar a otros a amar mejor a Cristo, a amar mejor a la iglesia de Cristo y a amar mejor la misión de Cristo.

3. Un hombre de equipo

Hasta aquí hemos dicho que el pastor-plantador tiene que ser un cristiano muy maduro que además tiene que enseñar, planificar, liderar, innovar, ser hospitalario, ser misionero... en pocas palabras, ¡tiene que ser un todólogo! No, no tiene que ser un todólogo. En parte, creo que es importante presentar todo lo que debería ser un pastor-plantador para que otros puedan ver que es imposible que esa persona lo sea todo.

Como ya lo he mencionado en varias oportunidades, la Palabra de Dios es clara en afirmar que, en toda iglesia, ya sea con mucha antigüedad o que recién comienza, se debería contar con una pluralidad de pastores. Este es el modelo que vemos en el Nuevo Testamento. He hablado con demasiados plantadores que me han comunicado lo mismo: «No debería haberme ido a plantar solo». Es uno de los lamentos más comunes de los nuevos plantadores.

Según vemos en el Nuevo Testamento, también es mi convicción que debería haber paridad entre estos pastores, es decir, que ellos son iguales en su autoridad dentro de la iglesia. Lo ideal con una nueva plantación es que no tenga un solo pastor-plantador, sino que tenga un equipo de pastores (dos o más) que cumplan todos los requisitos desglosados anteriormente. Sin embargo, existen diferentes modelos en ese sentido. A veces, hay un hombre que tiene más experiencia que los otros en el equipo, entonces se lo denomina el plantador principal. En algunos casos, hay un pastor-plantador que tendrá mayor responsabilidad porque su labor principal será la enseñanza (1 Tim. 5:17) o porque quizás será el único que recibirá un salario de la iglesia. No significa que tenga más autoridad, sino que asumirá más responsabilidad dentro de la organización.

Por otra parte, hay otros que sí ejercen completa paridad entre los pastores. No hay uno nombrado como el plantador principal, sino que todos comparten todos los aspectos del ministerio. Este modelo es el que hemos adoptado en nuestra iglesia y nos ha traído grandes beneficios. Al considerarlos todos iguales, entonces todos los pastores también son ovejas. Nosotros no creemos que alguien pueda ser pastor sin ser también pastoreado. Esto permite que todos no solo ejerzamos autoridad en la iglesia, sino que también practiquemos la sumisión los unos para con los otros. También ha significado que todos podemos obrar mejor dentro de nuestras fortalezas y depender de los otros en nuestras debilidades.

En términos prácticos, a lo largo del libro me refiero al «pastor-plantador». Espero que entiendan que no me refiero a que hay solo uno, sino que me refiero a todos los que son pastores de esa nueva plantación. También entiendo que hay casos donde no es posible tener un equipo de pastores al principio. En el capítulo de equipos daré algunos consejos al respecto.

No quisiera dejar de recalcar la importancia de que el pastor-plantador también esté rodeado de otros pastores plantadores. Es fundamental que haya un trabajo en equipo al levantar una nueva obra. Que haya plenitud de dones, gente que pueda innovar, que pueda construir, gente que pueda inspirar y motivar a otros. Jeramie Rinne, en su libro *Los ancianos de la iglesia*, comenta: «La pluralidad también permite que una iglesia acceda a los diversos dones que hay entre los ancianos, de tal forma que cada uno aporte sus fortalezas. Aunque todos los ancianos tienen las mismas responsabilidades, cada uno contribuye con una serie de talentos y experiencias».[17]

Pero más importante que lo anterior es lo siguiente: el pas-

---

[17] Jeramie Rinne, *Los ancianos de la iglesia*, (Washington D. C.: 9Marks, 2016), 107.

tor-plantador necesita a otros a su alrededor porque todos tenemos un corazón engañoso. Fácilmente el poder, el éxito y el control nos llegan a dominar. Necesitamos desesperadamente a otros hombres fieles y maduros que nos puedan ayudar a mantener nuestra vida en equilibrio y en orden, que nos puedan ayudar a identificar ídolos y a luchar contra ellos, que nos puedan animar cuando caigamos en desánimo, que nos puedan corregir cuando fallemos y que puedan aplicar el evangelio a nuestro corazón todos los días.

Conclusión

Hay muchos que dicen querer plantar una iglesia. La mayoría de los hombres que quieren plantar una iglesia no se han hecho las preguntas difíciles respecto a si ellos realmente son quienes deberían hacerlo. Para que realmente veamos iglesias saludables plantadas en América Latina, tenemos que comenzar por tener líderes saludables. Ese líder saludable es un hombre calificado, un hombre capaz, un hombre de equipo y un hombre llamado.

En mi opinión, si no tienes una de esas cuatro características, no deberías plantar una iglesia en este momento.

CAPÍTULO 5

¿Quién está en tu equipo?

Aunque todos sabemos que el fútbol es un deporte único, yo desconocía la razón. Recuerdo haber oído por allí que dos economistas compararon el fútbol con otros deportes. Querían descubrir cuál era el impacto que tiene el equipo en el deporte. Llegaron a la conclusión de que, en la mayoría de los deportes, el equipo es tan bueno como el mejor jugador. Sin embargo, en el fútbol el equipo es tan bueno como su jugador más débil. Es decir, no podrá superarse a menos de que su jugador más débil se supere. Esto implica que, en el fútbol, el equipo importa más que el individuo. Lo cierto es que hay pocos ejemplos como el fútbol que nos demuestren la importancia de un buen equipo. Ni Lionel Messi ni Cristiano Ronaldo podrían ganar una copa si no estuvieran rodeados de otros jugadores espectaculares con los que forman un gran equipo.

Es curioso que no dudemos de la necesidad de tener un buen equipo en numerosos contextos, pero que nos cueste entender su necesidad en la vida de la iglesia. Conocemos las historias de plantadores apasionados con el evangelio que se lanzan a la tarea totalmente solos y terminan agotados, física y emocionalmente, o fracasados espiritualmente. Lo que ellos no tomaron en cuenta es que Dios diseñó la iglesia y la plantación de iglesias para depender de un equipo, como en el fútbol, no como en otros deportes individualistas.

Quisiera que pienses por un momento en la siguiente pregunta. ¿Qué puedes hacer solo y qué no? Sin duda que hay muchas cosas que requieren de otras personas para realizarse. Volviendo a los deportes, la mayoría de ellos requieren de otras personas. Muchos de nuestros quehaceres cotidianos también requieren de otras personas. ¡Imagina si intentaras mudarte de una casa a otra sin la ayuda de un buen grupo de amigos fuertes! ¿Cómo levantarías el sofá y lo subirías por las escaleras? En casi toda nuestra existencia como humanos dependemos de otras personas. Biológicamente, ni nos podemos multiplicar sin otra persona. En lo personal, si no fuera por mi esposa y las personas que viven conmigo, creo que nunca comería comida saludable ¡Yo no sé nada de cocina, solo de hambre!

Aunque seamos conscientes de lo interdependientes que somos, muchos no hemos aplicado esa misma necesidad de interdependencia a nuestra vida cristiana. El estilo de vida individualista con el que vivimos tiende a marcar gran parte de nuestro cristianismo. Un estudio interesante que podrías hacer en tu tiempo libre es el de los pasajes mencionados en el capítulo dos que usan la frase «los unos a los otros». Luego de que yo lo hice, me di cuenta que, en muchos casos, nuestro cristianismo refleja un individualismo contrario a lo que dice la Palabra de Dios. Es decir, muchos prefieren vivir su vida cristiana a solas, sin que otras personas participen de su crecimiento espiritual y que también puedan amonestarlos y confrontarlos.

Este problema del individualismo se puede ver en iglesias de cualquier tamaño o tiempo, ya sea en las pequeñas o grandes, y también en las que han existido por años o que recién están siendo plantadas. En muchas iglesias, nuestros programas, nuestros mensajes, nuestra forma de adorar, nuestra forma de practicar las disciplinas espirituales gira totalmente en torno a un individuo que pareciera vivir en una isla desierta. Esta tendencia hacia el individuo forma parte de la cultura y la realidad contemporáneas que también permea las iglesias y, por consiguiente, sus plantaciones.

No tenemos el espacio para tratar el tema del individualismo, pero lo que quisiera recalcar es que solos no podemos ni debemos plantar ni pastorear iglesias. En la lista de actividades que nunca podremos hacer en solitario, deberíamos incluir sembrar y pastorear nuevas comunidades de fe.

Equipos, el patrón del Nuevo Testamento

Todo el Nuevo Testamento muestra la enorme importancia de tener a otros cristianos a nuestro alrededor, sin importar el lugar o lo que nos encontremos haciendo. Donde sea que te encuentres, siempre necesitarás a tu lado a otros cristianos. Ya lo dijimos en el primer capítulo: la comunidad bíblica es un proyecto de transformación personal, y tu transformación personal depende de la comunidad bíblica. No puedes vivir la vida cristiana en solitario como un Robinson Crusoe o un Llanero Solitario.

Como hemos dicho, Jesucristo también envió de a dos a Sus discípulos para que llevaran a cabo la misión que les había encomendado. Jesús lo hizo en dos ocasiones, que encontramos en el libro de Lucas. Primero, Jesús envía a los doce en Lucas 9, y luego a los 70 también en equipos de dos en Lucas 10. De hecho, J. D. Payne, que ha escrito mucho sobre este tema, en su libro *Discovering Church Planting* [Descubramos la plantación de iglesias] dice: «Los equipos de plantación deberían ser el modelo normativo para la plantación global de iglesias».[18]

También vemos, en todo el libro de los Hechos de los Apóstoles (que está en plural), que siempre son grupos de dos o más personas los que son enviados a nuevos lugares para predicar el evangelio y fundar nuevas iglesias. Y esto no era nuevo porque Jesús mismo envió a Sus discípulos en misión en grupos pares (Mar. 6:7). Pablo nunca viajó solo. Llevó a Bernabé, a Silas, a Timoteo y a Tito en sus diferentes viajes. También mientras viajaba, tuvo interacción con otros como Apolos, Pedro y Sóstenes. En la mayoría de las cartas escritas a iglesias, Pablo menciona a otras personas en el saludo inicial o en la despedida final. De hecho, si contamos todos los colaboradores personales que acompañaron a Pablo durante su ministerio, ¡llegan casi a 40 personas![19] El trabajo ministerial y misionero de Pablo era un trabajo en equipo. Aunque hablamos de lo impresionante que es Pablo como misionero, lo cierto es que jamás trabajó solo. Como Messi o Ronaldo, Pablo era el que metía los goles, pero siempre recibía los pases de sus compañeros de milicia, como él mismo los llamaba.

---

[18] J. D. Payne, *Discovering Church Planting* [Descubramos la plantación de iglesias], (Colorado Springs: Authentic Publishing, 2009), edición Kindle, Loc. 2336.

[19] David W. Shenk y Ervin R. Stutzman, *Creating Communities of the Kingdom: New Testament Models of Church Planting*, (Scottsdale: Herald Press, 1988), edición Kindle, Loc. 565.

¿Cuáles son los beneficios de plantar en equipo?

1. Reflejamos lo que es la iglesia.

Como vimos en el primer capítulo, la comunidad cristiana es un instrumento evangelístico. Hay ciertos aspectos de la iglesia que no se pueden enseñar en teoría, sino que se muestran al ver cómo los viven otros cristianos. David Shenk y Ervin Stutzman comentan: «El equipo que hace ministerio ya es una iglesia, aunque sea una iglesia pequeña. Al obrar juntos en arrepentimiento y armonía le mostramos a la gente la naturaleza de la iglesia que desean formar».[20] Un par de versículos que nos ayudan a reflexionar bíblicamente sobre esto son Juan 13:35 y Juan 17:21. Allí se demuestra que el amor y la unidad entre los cristianos tienen poder evangelístico. Cuando la iglesia experimente la plenitud de las consecuencias de vivir el evangelio en comunidad, esa vitalidad respaldará el evangelio que están predicando. No solo predicarán sobre el arrepentimiento, sino que practicarán esto en sus relaciones entre ellos. No solo predican sobre el perdón, sino que en sus relaciones se perdonan.

2. Hay diversidad de dones espirituales

No podemos tampoco olvidar el tema de los dones espirituales. Cuando reúnes a un equipo plantador, tienes una gran variedad de cristianos con dones que serán utilizados con el mismo fin: hacer discípulos, trabajar juntos para que maduren y que también se multipliquen. Aunque los dones espirituales han sido establecidos por el Señor para, en primer lugar, edificar a la iglesia,

---

[20] *Ibid.*, edición Kindle, Loc. 493-494.

muchos también tienen un propósito evangelístico. Según Ben Sawatsky: «Las iglesias plantadas por un equipo de obreros serán más fuertes que las que han sido plantadas por un solo plantador simplemente porque tendrán un rango más amplio de dones representados en el equipo plantador».[21]

3. No se trata de una sola persona

Cristo es el único personaje que importa en la iglesia, porque Él es tanto el sacrificio que ha reunido a la Iglesia, como la Cabeza de la Iglesia reunida. Todas las otras personas están a un mismo nivel secundario bajo el Señorío de Cristo. Plantar con un equipo nos permite demostrar de una forma visible que ninguno de nosotros es el protagonista de lo que está sucediendo.

En casos donde hay un solo personaje que hace todo el trabajo, toda la predicación, toda la planificación y toda la ejecución, es muy fácil atribuirle a esa persona todo el crédito si es exitosa y, claro, toda la culpa si fracasa. De hecho, todos conocemos ministerios que son construidos sobre los hombros de una sola personalidad. Cuando esa persona ya no está, cuesta que el ministerio siga adelante, porque todo descansaba sobre ella.

Sin embargo, cuando desde el inicio plantamos con un equipo, damos a entender muy claramente que esto no depende de una sola persona. Muchos son los que participan, y depende de los dones de muchas personas. Esta es precisamente la imagen que

---

[21] Ben Sawatsky, *Urban Mission*, 3, n.° 3, (noviembre de 1985), citado en J. D. Payne, *Discovering Church Planting* [Descubramos la plantación de iglesias], (Colorado Springs: Authentic Publishing, 2009), edición Kindle, Loc. 2359.

tenemos en 1 Corintios 12 y Efesios 4 de un cuerpo funcionando en unidad. Cristo, la cabeza, es glorificado y honrado cuando el cuerpo funciona en unidad.

¿Cómo seleccionamos el equipo?

Mi convicción es que las iglesias plantan nuevas iglesias. El modelo más saludable para la plantación de nuevas iglesias es que una iglesia madre envíe a un pastor o pastores plantadores, junto con un equipo de personas calificadas y capacitadas para iniciar una nueva obra en algún otro lugar, ya sea en la misma ciudad, dentro del mismo país o en cualquier otro lugar del mundo.

Si estás en una iglesia saludable y tienes la convicción de que el Señor te está llamando a plantar una iglesia, lo más sano es hacérselo saber a tu pastor o tus pastores, para que ellos consideren la posibilidad de evaluarte para ver si cumples con los requisitos; y, si los cumples, entrenarte y capacitarte para enviarte junto a otras personas capaces para iniciar una nueva obra.

El patrón bíblico ideal es que una iglesia madre envíe al equipo plantador y entre las razones para hacerlo también hay algunas que son muy prácticas. Una iglesia madre puede proveer gente capacitada para que sea parte del equipo plantador. La gran ventaja de salir de una iglesia saludable, que tiene una visión bíblica para plantar iglesias, es que no tendrás que empezar de cero en la preparación del equipo plantador. ¡Ellos vendrán preparados! Como dicen Ed Stetzer y Daniel Im: «El plantador habitualmente descubre que las familias [que salen de la iglesia madre] son creyentes sólidos que pueden ayudar de inmediato en el proceso de desarrollo».[22] Es muy probable que en una iglesia madre saludable haya cristianos maduros que ya conozcan la Palabra, que tengan claro el evangelio y que ya estén viviendo en comunidad y en misión.

Lo que verán a continuación es un proceso sobre cómo se puede seleccionar a los miembros de un equipo plantador. Este proceso no es el único que se puede realizar, pero creo que es saludable y ayudará a seleccionar a personas idóneas y preparadas para la plantación de una nueva iglesia.

Paso 1: Oración

Es sumamente fácil ser autosuficientes y querer hacer las cosas a nuestra manera. Casi sin darnos cuenta, podríamos caer en hacer que nuestra propia sabiduría o estrategia guíe el proceso de plantación. Podría ser que mi estrategia no estuviera muy equivocada, pero conozco mi corazón lo suficiente como para saber que me gusta confiar en mi propio entendimiento y no en el Señor. Somos muy rápidos para pensar en quiénes tocan tal o cual instrumento, quiénes son buenos para enseñar clases de niños, y terminamos armando el equipo perfecto según nuestro criterio. Si lo piensan bien, lo que hacemos es volvernos señores de la obra y le quitamos el señorío a Jesucristo. La oración debería marcar todo el proceso, desde el principio de la plantación hasta que la iglesia se encuentra establecida y aún más allá. La oración es nuestra mayor herramienta tanto en la formación de nuevas iglesias como en el proceso de su desarrollo y madurez.

---

[22] Ed Stetzer y Daniel Im, *Planting Missional Churches: Your Guide to Starting Churches that Multiply*, (Nashville: B&H Publishing Group, 2016), edición Kindle, Loc. 3297.

La tentación constante es depender de mi propio entendimiento y no depender del Señor. Incluir la oración en el proceso nos recuerda cuánto dependemos de Él para la sabiduría y el discernimiento necesarios para el proceso de plantación y, por supuesto, para toda la vida de la iglesia y el desarrollo de cada una de nuestras vidas.

Paso 2: Invitaciones

Generalmente, una nueva plantación se llevará a cabo en un nuevo lugar, como, por ejemplo, un sector de la ciudad. Si estamos orando y pensando en la plantación de iglesias, puede ser que ya hayamos identificado sectores que tienen una alta necesidad para una iglesia saludable. Si es así, es probable que también tengamos gente que asista a la iglesia madre y que viva en ese sector. Esas personas ya conocen el sector, entienden su cultura, conocen los obstáculos y las fortalezas del lugar, y por eso podrían ser de gran bendición para una nueva plantación en ese sector. Sé que podría sonar algo meramente pragmático, pero no deja de ser una buena idea que, con el apoyo del pastor-plantador, los líderes de la iglesia madre identifiquen a todas las personas que viven en ese nuevo sector. Esto no significa que todos irán a la nueva iglesia, solo que es un punto de inicio. A partir de saber quiénes viven en el sector, se podría invitar a esas personas al tercer paso del que hablaremos en unos momentos.

Hay otras personas que quizás no viven en el sector, pero Dios ha puesto en sus corazones un llamado a participar en la plantación de una nueva iglesia. No queremos cerrar la puerta a esas personas solo porque no vivan en el sector donde se está pensando plantar. De hecho, puede ser que algunas de ellas estén dispuestas a mudarse a la localidad donde se llevará a cabo la plantación. En realidad, el lugar donde residen las personas es de menor importancia. Mientras demuestren madurez espiritual y ya estén haciendo discípulos, deberían considerarse como buenos candidatos para ser miembros de un equipo plantador.

Paso 3: Noche de visión

Es recomendable que la iglesia madre ofrezca una reunión especial a la que yo denomino «noche de visión». Allí el pastor-plantador y los pastores de la iglesia madre plantearán la visión para la nueva plantación. La idea principal es que todos los que viven en el nuevo sector y todos los otros interesados sean motivados a empezar a orar para ver si Dios los está llamando a formar parte del equipo plantador.

En nuestro caso, este paso ocurrió casi un año antes de que inauguráramos los servicios públicos de nuestra plantación. Nos juntamos en mi casa con un grupo de entre 25 y 30 personas. Esas personas eran, en parte, de nuestra iglesia madre y, por otra parte, eran personas a quienes estábamos ya discipulando en grupos de estudio que teníamos en la misma zona. Esa noche preparamos comida juntos y, luego, junto con los que formarían parte del equipo pastoral de nuestra naciente iglesia, empezamos a explicar lo que el Señor había puesto en nuestro corazón con respecto a una nueva iglesia. Durante un tiempo, les explicamos cuál era la motivación de plantar una nueva iglesia, cuál era el plan que habíamos concebido para plantar una nueva iglesia, y cómo es que las personas presentes podrían ser parte de ese precioso proceso.

Paso 4: Aplicación

Luego de tener esa «noche de visión», se puede seguir con una visita y un proceso de postulación para aquellos que mostraron interés en formar parte del equipo. Para el pastor-plantador es muy difícil rechazar a alguien que quiere ser parte de ese proceso. Y por eso entiendo perfectamente que existe la tentación de querer llevarse a cualquier persona que esté dispuesta a colaborar. Sin embargo, no solo es muy importante asegurarse de que la gente quiera participar, sino también de que en verdad califiquen para participar en este proceso.

Lo anterior no quiere decir que necesariamente haya un estándar objetivo en función del cual todos deban ser evaluados, pero sí que debemos tener una idea de la persona idónea que podría participar en la plantación. Más adelante hablaremos un poco más sobre la calidad de la persona que debe participar en un equipo plantador. He recalcado todo esto porque tener un proceso de postulación realmente protege no solo al pastor-plantador, sino también a todo el equipo plantador.

Un proceso de postulación le permite al pastor-plantador tener una respuesta contundente cuando haya que decirle «no» a un postulante. Un proceso de postulación también demostrará realmente si es que el candidato tiene el compromiso de seguir a pesar de las dificultades. A veces, el simple hecho de tener que llenar un formulario desanima a aquellas personas que finalmente no estarán verdaderamente comprometidas con el proceso.

Este proceso de postulación debería incluir preguntas muy sencillas sobre su entendimiento del evangelio y de la iglesia. Sería muy bueno conocer cómo es que llegaron a conocer al Señor y cuáles han sido sus experiencias en otras iglesias. También se debe preguntar sobre su trasfondo familiar, ¿están casados? ¿divorciados? ¿tienen hijos? ¿sus familias conocen al Señor? No se debe olvidar incluir cosas muy prácticas como su nivel de participación personal en el evangelismo y su motivación para participar en la plantación. Entre las preguntas también se pueden hacer algunas que tengan que ver con sus dones espirituales, su experiencia en el servicio cristiano, y cómo ellos mismos están siendo discipulados y haciendo discípulos.

Este proceso de postulación es una buena oportunidad para asegurarse de que las personas estén de acuerdo con la filosofía ministerial, la doctrina, misión y visión de la plantación, o aún con la *química* interpersonal que tendrán con el pastor-plantador y los demás en el equipo plantador. Recomiendo que este proceso de postulación sea escrito en base a las cualidades que serán explicadas más adelante en este capítulo.

El pastor-plantador y la iglesia madre deberían procurar tener un panorama muy completo de la vida personal y espiritual de los integrantes de una nueva plantación. En fin, lo cierto es que el compromiso de ser parte de un equipo plantador no puede ser tomado a la ligera y, por eso, un proceso de postulación permite que el pastor-plantador pueda escoger mejor a quienes serán parte del equipo.

Paso 5: Entrevistas

Después de recibir los formularios de postulación, se inicia la ardua labor de entrevistar a las personas y así resolver cualquier duda que surja de la lectura del formulario. Estas entrevistas se deberían llevar a cabo con la presencia del pastor-plantador y el pastor de la iglesia madre. Ambos ayudarán, cada uno desde su propia perspectiva, a corroborar el conocimiento que ya tienen de los postulantes con la información que tienen en el formulario. Lo que se busca, como ya lo dejamos entrever, es que en una nueva plantación no haya sorpresas de parte del equipo plantador.

Hay muchos otros obstáculos y dificultades en el proceso de plantación de una iglesia como para tener que estar resolviendo conflictos o dilemas en el equipo plantador. Esta es una carga innecesaria que se puede evitar a través de la evaluación de los postulantes. Si elegimos bien a las personas que saldrán de la iglesia madre, ellos tendrán un mayor enfoque en la misión de hacer discípulos y desarrollar la nueva plantación.

Es indudable que esto tendrá un costo significativo en la iglesia madre. Es precisamente por eso que me encanta ver a iglesias que están dispuestas a asumir el riesgo y no dudan en multiplicarse. Al mismo tiempo, creo que el costo de enviar gente y recursos jamás reemplaza la bendición de ver discípulos e iglesias multiplicadas.

Conozco una iglesia que, después de orar y platicar bastante, decidió que enviaría al 10 % de sus miembros y el 10 % de sus ofrendas con la nueva plantación. No creo que esto sea siempre algo prudente, pero fue lo que le dio una idea clara a esa iglesia con respecto a cuánto podrían sacrificar para lograr la multiplicación de iglesias. Lo cierto es que enviarían buenos líderes. Eso es inevitable. Enviarían gente que ofrendaba y que sostenía a su propia iglesia. Otra vez, eso es inevitable. Es evidente que también el número de asistentes disminuiría por un tiempo debido a los que se irían a la nueva plantación. Una vez más, esto es inevitable. Todo lo anterior implica el costo inevitable que, por amor a la Gran Comisión, la iglesia madre sembrará con lágrimas en la nueva plantación, pero que luego cosechará con regocijo. ¡Cuán precioso es ver lo que se gana al enviar! Lo que parece ser una pérdida para una iglesia local es una enorme ganancia para el reino de Cristo.

¿Qué tipo de equipo?

Lo que se busca reunir es dos equipos en particular. Un equipo pastoral que cumpla con todo lo que hablamos en el capítulo anterior y un equipo plantador, cuyos miembros serán los primeros en ayudar a ejecutar la plantación y convertirla en una iglesia.

Equipo pastoral

El núcleo central del equipo plantador será el cuerpo pastoral de la nueva plantación. Este equipo es el que requerirá de nuestra mayor atención. Todos sabemos que hay diferentes posturas en cuanto al gobierno de la iglesia local. En el pueblo de Dios hay algunas iglesias que son más congregacionales en su toma de decisiones, y otras que dependen más de sus líderes. Sin embargo, todos los modelos concuerdan en que, bíblicamente, es necesario tener pluralidad en el pastorado.

Alexander Strauch dice: «El Nuevo Testamento nos provee evidencia concluyente de que la tarea pastoral de las iglesias apostólicas era un trabajo en equipo, no la responsabilidad de una sola persona».[23] De hecho, en las iglesias plantadas por Pablo se establecía un liderazgo plural de pastores casi de inmediato.

Sin embargo, creo que es importante aclarar que en el Nuevo

---

[23] Alexander Strauch, *Biblical Eldership* [El anciano bíblico], (Colorado Springs: Lewis y Roth Publishers, 2003), edición Kindle, Loc. 458 de 459.

Testamento cuando se refiere al anciano de una iglesia, no se refiere a alguien que simplemente pertenece a una junta donde se aprueban asuntos relacionados con el presupuesto, decisiones legales o administrativas. Como ya hemos mencionado, el anciano es el pastor y viceversa. Entonces, creo que es imperativo que una nueva plantación tenga desde su comienzo un camino establecido hacia esa pluralidad bíblica. Mi sugerencia es que sería mejor esperar a lanzar una plantación hasta que esa pluralidad esté ya desarrollada.

Nuestra experiencia ha sido que la pluralidad y la paridad entre el equipo pastoral nos ayuda a lo largo de las dificultades del proceso. En primer lugar, no hay uno solo que tenga toda la carga sobre sus hombros, sino que hay varios hombres que están llevando la responsabilidad de plantar y pastorear la iglesia. En segundo lugar, estos pastores pueden soñar juntos, orar juntos, trabajar juntos, llorar juntos y celebrar juntos. En tercer lugar, cuando hay varios pastores, ellos pueden compartir la enseñanza, evangelizar más, distribuir el discipulado; en fin, trabajar con un equipo pastoral trae un sinnúmero de beneficios.

Este equipo forma el ADN de la nueva plantación y ellos modelan la relación que deberían tener todos los demás cristianos. He oído a muchos plantadores que se arrepintieron de haber ido solos como el único pastor, aunque hubiera otras personas que no eran pastores que habían ido con ellos. Estos hombres se sintieron demasiado solos, sentían que solo ellos entendían lo que implicaba plantar una iglesia, que solo ellos cargaban la bandera de la visión, solo ellos evangelizaban, solo ellos predicaban, solo ellos oraban. A algunos les parecía que las personas simplemente buscaban pertenecer a una nueva iglesia, pero que no necesariamente querían ser parte del proceso de plantar una iglesia.

Lo anterior no significa que siempre sea así cuando alguien se va como el único pastor. Pero lo que hemos mencionado es precisamente parte de la razón por la que hemos hablado de no solo tener un equipo pastoral, sino también realizar una tarea de evaluación de todo el equipo plantador. Queremos asegurarnos de que, aun si no hay otros hombres que puedan pararse al lado del plantador y ayudar a llevar la carga pastoral, lo que sí tiene que haber es un buen equipo plantador que entienda su tarea y la visión de plantar una nueva iglesia. Sin embargo, donde sea posible, es muy recomendable tener un equipo de pastores.

Para nosotros, esto no solo era una convicción bíblica y teológica, sino también una decisión que habíamos tomado en base al contexto en que nos encontrábamos. En América Latina, tendemos a sufrir de mucha verticalidad jerárquica, mucho caudillismo y abuso de autoridad en las iglesias locales. El corazón humano no responde bien cuando tiene el poder total y, tristemente, hay muchos pastores que lo consideran una prerrogativa y no saben el daño que les causa y que causan a la obra de Cristo al detentar un poder absoluto. Ese nivel de autoridad dictatorial los lleva a tomar decisiones caprichosas, que alimentan su deseo de controlarlo todo o su temor de perder el poder. En todo hombre que está en alguna posición de liderazgo, existe el potencial de ser ese tipo de líder que acabamos de mencionar porque todos seguimos luchando con la carne.

La pluralidad y la paridad entre el equipo pastoral en una nueva plantación permite que haya rendición de cuentas para garantizar que ninguno de los pastores esté plantando o pastoreando si es que ha perdido la visión o si es que ha ido alimentando motivaciones pecaminosas. A nosotros también nos ha ayudado para dar a conocer de una manera clara que nuestra iglesia no depende de un solo hombre. Esto facilita que podemos pararnos frente a nuestra iglesia y decir con toda confianza que Cristo es la cabeza de la Iglesia y que nosotros somos un equipo de pastores que servimos bajo Su autoridad.

Nada de esto implica que no deba existir una jerarquía entre los pastores. En nuestra iglesia nos hemos organizado sobre la base de las fortalezas de cada uno. Hay un pastor que tiene más influencia en temas de alabanza, otros en predicación, otros en desarrollo de liderazgo, y todo lo anterior sobre la base de los dones y las habilidades que cada uno de ellos posee. En otras iglesias hay uno que es el «primero entre iguales» debido a sus dones o dotes de liderazgo o influencia. El punto principal que quisiera recalcar es que cada persona que sea nombrada pastor pueda tener cerca de él a otros hombres que tengan la total libertad de cuestionarlo, llamarle la atención, aconsejarlo, amonestarlo, y todo lo demás que necesita cualquier otro cristiano para seguir viviendo una vida de piedad y crecimiento espiritual hasta llegar a la semejanza a Cristo.

Si ya estás en un proceso de plantación sin tener a otros pastores, lo que acabo de exponer no significara que tendrás que detener el proceso que ya has empezado, sino que tu meta debería ser entrenar y equipar a otros hombres que puedan estar a tu lado. Esto significa que deberán llegar a tener también la libertad para cuestionarte, proponer nuevas ideas o debatir las tuyas. Deberán poder examinar tu vida constantemente y tener la libertad de hablarte cuando vean algo que no encaja con lo que la Palabra de Dios demanda de ti. Este proceso de rendición de cuentas permitirá que puedas vivir el evangelio en plenitud y que puedas llegar a ser el hombre que el Señor tenía en Su corazón y que la iglesia pueda crecer sanamente bajo el liderazgo de siervos sanos y dispuestos a vivir en santidad.

Equipo plantador

El equipo plantador es un equipo de personas que han sido llamadas por Dios para ser capacitadas por el equipo pastoral y juntos salir a proclamar el mensaje del evangelio, haciendo discípulos, con el fin trabajar para que esos nuevos discípulos maduren, se multipliquen y juntos pongan en práctica todo lo que demanda la Palabra de Dios para la iglesia.

En esta definición, encontramos varios aspectos por considerar. Primero, el equipo plantador está compuesto por gente a quien Dios ha llamado. Debemos tener mucho cuidado y prudencia al invitar a los miembros a participar en algo nuevo. Si eres una iglesia madre que quiere plantar iglesias, tienes la responsabilidad de evaluar al anciano plantador, pero también al equipo entero que quiere ir a colaborar.

Las personas que tenemos en mente serán aquellas que están dispuestas a aprender y ser capacitadas por el equipo pastoral. Aunque hayan sido llamados, es importante que estén dispuestas a sujetarse a un proceso de entrenamiento que debería incluir varios aspectos importantes de los que hablaremos en el próximo capítulo.

Finalmente, estas personas deberían estar dispuestas a hacer discípulos y a ser iglesia juntos. Una vez más, el punto no es simplemente reunirse, sino también repartirse por la comunidad llevando el mensaje del evangelio a los vecinos, las familias, las empresas, los colegios, etc. Son personas que entienden que plantar una iglesia significa vivir una vida misionera con el fin de reunir a personas que confiesen su fe en Cristo por primera vez.

¿Qué cualidades deberían tener los integrantes del equipo plantador?

J. D. Payne tiene un libro entero dedicado a este tema titulado *The Barnabas Factors* [Los factores Bernabé]. Él ha identificado ocho aspectos que deberían tener aquellos que quieren formar parte de un equipo de plantación. Los llama los ocho factores de Bernabé, teniendo en mente al compañero de Pablo. Recomiendo de todo corazón que se evalúe a cada integrante según este listado. Allí nos dice: «Las manifestaciones saludables de estas prácticas se deben encontrar en cada integrante del equipo, sin importar cuáles sean sus dones personales».[24] Los factores que identifica son los siguientes:

1. *Camina con el Señor*
2. *Mantiene un carácter sobresaliente*
3. *Sirve ya en la iglesia local*
4. *Se mantiene fiel al llamado*
5. *Comparte el evangelio con regularidad*
6. *Desarrolla a otros líderes*
7. *Anima a otros con palabras y obras*
8. *Reacciona correctamente ante conflictos*[25]

---

[24] J. D. Payne, *Apostolic Church Planting: Birthing New Churches from New Believers*, (Downers Grove: InterVarsity Press, 2015), 31.
[25] J. D. Payne, *The Barnabas Factors: Eight Essential Practices of Church Planting*

Tal vez estás pensando: «¡Pero esas personas son la minoría en nuestra iglesia!». Ese es justamente el punto que quiero enfatizar. Enviar gente a plantar una iglesia implicará un gran sacrificio. Al mismo tiempo, la responsabilidad de la iglesia madre es capacitar y formar a la gente que cumple con estos factores.

¿Qué hacemos si no hay una iglesia madre?

Todo este material da por sentado, hasta este momento, que hay una iglesia madre saludable. Sin embargo, como lo hemos reiterado en varias oportunidades, es triste reconocerlo, pero no todos están en un lugar donde hay una iglesia saludable que los pueda enviar. Esto no significa que deberían resignarse y que no deberían plantar, pero sí significa que el proceso será más largo y, en muchos casos, más difícil. Aún así, va a ser posible armar un buen equipo para la nueva plantación. Los equipos podrían formarse de las siguientes maneras:

Evangelismo

Aunque no sea lo más común en América Latina hoy en día, sí es posible empezar sin otras personas. Si alguien tiene un llamado a plantar una iglesia, debería estar evangelizando aún si no hay una iglesia madre que lo puede apoyar con integrantes para su equipo plantador. Esto significa que, si no hay una iglesia madre, debería haber gente que conoce el evangelio por el evangelismo del pastor-plantador. Si hay personas que ya han profesado la fe en Cristo, se podría iniciar un estudio

---

Team Members [Los factores Bernabé], (Publicación del autor, 2012).

bíblico en una de las casas para dar cierto entrenamiento sobre qué es la iglesia, planteando la visión y la necesidad de una iglesia local saludable. Un pastor-plantador sin iglesia madre podría formar un equipo plantador a partir de este grupo de recién convertidos.

Otros cristianos interesados y necesitados

A veces, cuando alguien siente el llamado de plantar una nueva iglesia, hay cierta urgencia porque no hay iglesias saludables en el sector. Sin embargo, creemos que Dios es soberano y siempre está obrando por el bien de Su evangelio antes de que nosotros nos demos cuenta. Muchas veces, se sienten como los únicos que empiezan a despertar a la urgencia de iglesias saludables, pero usualmente eso no es cierto. A menudo hay otros en el mismo sector que también están llegando a las mismas conclusiones y que anhelan una iglesia saludable en la zona. Empieza a orar para que Dios te conecte con otras personas que también vean la urgencia de una nueva iglesia que sea saludable.

En nuestro caso, antes de que plantáramos nuestra iglesia, ya tenía un grupo de hombres jóvenes que venía a mi casa. Eran hombres que estaban desesperados debido a las falsas enseñanzas de las iglesias que los rodeaban. Me habían expresado su interés de formar parte de una iglesia saludable, pero no sabían por dónde empezar. Llegaron al estudio en mi casa sin saber que luchábamos con los mismos anhelos de ver una iglesia saludable. Yo no había invitado a esos hombres a mi casa para que formen parte de nuestra iglesia. Yo solo los invite para estudiar la Biblia juntos, pero al darnos cuenta de que anhelábamos lo mismo en cuanto a una iglesia saludable, era más que evidente que ellos debían ser parte de la nueva iglesia. Este es un simple ejemplo de cómo Dios obra antes de que nosotros nos demos cuenta. Gracias a Dios, la mayoría llegó a formar parte de los primeros miembros en nuestra iglesia.

Mi papá también plantó iglesias en México durante diez años. Él siempre cuenta la historia de que al principio no sabían cómo iban a iniciar la primera iglesia. No tenían contactos porque no conocían a nadie. Entonces lo que hicieron fue simplemente empezar a orar y tocar puertas. Mientras evangelizaba se topó con un hombre que le contó que había tres mujeres mayores que habían estado orando para que alguien viniera a plantar una iglesia. Mis padres iniciaron un estudio bíblico con esas tres mujeres y este siguió creciendo poco a poco hasta poder ser una iglesia formal y autosustentable. Dios estaba obrando en estas tres mujeres antes de que mi papá las conociera, demostrando una vez más que Él obra aún cuando no nos damos cuenta.

Un grupo de amigos

Lo más natural sería contar con los propios amigos del pastor-plantador. Voy a dar por sentado que tienes amigos que tienen claro el evangelio y quieren ver a Cristo exaltado en su localidad o región. No creo que sea descabellado pensar que todo el que quiera plantar una iglesia ya esté discipulando y teniendo influencia sobre otras personas. Con los amigos y los discípulos se podría armar una «noche de visión», en donde compartas lo que Dios ha puesto en tu corazón y los invites a considerar si es que Dios los está llamando a formar parte de un equipo plantador.

Si algunos de ellos responden positivamente, antes de que

se unan a tu equipo te invitaría a que consideres las siguientes advertencias. Primero, si ya son parte de una iglesia saludable, asegúrate de que se vayan bien de su iglesia actual y con la bendición de los pastores. Les aconsejaría que sean sinceros con sus pastores en cuanto a su llamado a hacer discípulos en otra parte de la ciudad. No deberían irse si no tienen la bendición de sus pastores actuales. Si sus pastores no están de acuerdo, entonces deberían quedarse en la iglesia para seguir madurando, creciendo en la fe y sirviendo al Señor en su iglesia local. Al mismo tiempo, podría decir que, si sus pastores no les dan la bendición, eso podría demostrar que no les tienen la suficiente confianza para formar parte de este proceso. El punto clave es que participen en la plantación porque Dios los ha llamado y porque sus iglesias actuales los han enviado, y no simplemente porque quieren apoyar a su amigo en un nuevo proyecto.

Segundo, la tentación va a ser intentar buscar a la gente más talentosa. J. D. Payne usa una frase que me gusta mucho. Dice: «Planta la iglesia que es, no la iglesia que quisieras tener». El consejo es el siguiente: permite que el Espíritu reúna a las personas correctas para que estén a tu lado y discipúlalas, equípalas. No vayas en búsqueda de personas que puedan satisfacer tu agenda en los ministerios, programas o eventos futuros que tendría la iglesia.

Tercero, si los amigos a quienes estás invitando a considerar el llamado de Dios no son parte de una iglesia saludable, deberían buscar la forma más sana para salir de allí. Creo que es muy importante porque su primer compromiso es con su iglesia actual. Esto significará que se deben reunir con el pastor, o por lo menos con un líder de la iglesia para explicar los motivos por los que dejarán de congregarse allí. De seguro va a implicar confrontar algunos errores doctrinales o algún pecado existente en la iglesia o sus autoridades. El mejor consejo ante esa situación es seguir los pasos de Mateo 18. Si la iglesia actual no quisiera hacer los cambios necesarios, ellos serán libres para irse y formar parte del equipo plantador. Sin embargo, si la iglesia sí quiere hacer los cambios necesarios, una vez más su primer compromiso debería ser con su iglesia actual; deberían mantenerse allí y ayudarlos a llevar a cabo los cambios necesarios.

Conclusión

Algunos quizás dejaron de leer este capítulo porque hice referencia a Lionel Messi. Pero recuerden que también mencioné a Cristiano Ronaldo. Ambos son jugadores excepcionales que nos dejan perplejos con su capacidad de juego. Más de una vez hemos visto cómo, de repente, llegan a tomar el control del juego, anotan un gol sorpresivo y cambian el rumbo del encuentro. Pero eso no sucede en todos los partidos. En su gran mayoría, ellos realmente necesitan de todo su equipo para obtener la victoria. En la plantación de iglesias no existen los Lionel Messi y ya hemos dejado en claro que aun él mismo nunca sale solo a la cancha para jugar el partido por su cuenta. No hay ninguno en una plantación que se considere una estrella porque tiene todas las habilidades, todo el conocimiento, toda la preparación, para lanzarse a la tarea solitaria de plantar una iglesia.

Tal vez en países donde es ilegal ser cristiano encontraremos a algunas personas que van solas, pero aun allí no es recomendable. Nosotros tenemos la gran bendición de vivir en países donde somos libres para proclamar el evangelio. Aprovechémoslo y nunca olvidemos que no tenemos y no debemos ir solos a plantar una iglesia.

De hecho, yo lo diría aún más fuerte. En nuestro contexto, es peligroso para nuestro propio corazón ir o enviar a alguien a plantar solo. Necesitamos tener gente a nuestro alrededor que nos pueda apoyar, confrontar, ayudar, animar y exhortar. Dios ha diseñado la iglesia para que nadie viva como una isla y para que nadie tenga todas las respuestas, toda la información, todos los dones y todo lo necesario para plantar. Él nos ha hecho para que dependamos de otros, y plantar una nueva iglesia nos da la oportunidad de ejemplificar lo que significa como iglesia ser el cuerpo de Cristo.

VISIÓN

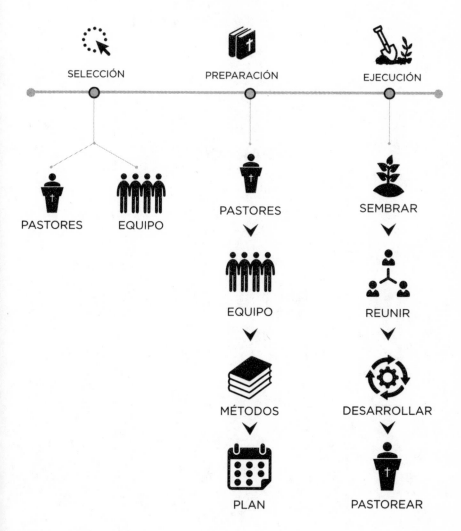

SELECCIÓN

PASTORES   EQUIPO

PREPARACIÓN

PASTORES
∨
EQUIPO
∨
MÉTODOS
∨
PLAN

EJECUCIÓN

SEMBRAR
∨
REUNIR
∨
DESARROLLAR
∨
PASTOREAR

PREPARACIÓN

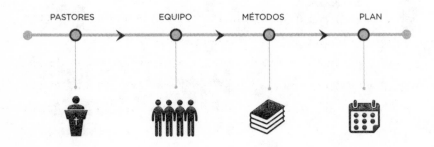

| PASTORES | EQUIPO | MÉTODOS | PLAN |

SECCIÓN 3

CAPÍTULO 6

¿Cómo preparamos al pastor-plantador?

Una de las mayores alegrías de la vida pastoral es participar en los procesos de una pareja que está planificando su boda. Aunque tal vez sea una labor ardua, es también una labor muy fructífera. Una de las frases muy usadas en la consejería prematrimonial es «No te prepares solamente para la boda, prepárate para el matrimonio» porque no se trata de una ceremonia o una celebración, sino de la preparación para toda una vida en común.

Aunque hay muchas diferencias entre la plantación de una iglesia y un matrimonio, también hay muchas similitudes que nos pueden ayudar como ejemplos que clarifiquen lo que puede implicar una plantación. Por ejemplo, antes de casarse, muchas parejas hablan de una forma muy romántica sobre su novio o novia. Cuantas veces hemos escuchado decir a un novio enamorado frases como estas: «Ella es muy bonita, siempre dice las cosas bonitas, todo lo que hace es tan bonito, y será maravilloso vivir toda nuestra vida juntos». Los novios viven en tal mundo de ensueño que solo piensan en los viajes que harán, en las noches que pasarán solos mirando una película, en las risas que compartirán, en la deliciosa comida que comerán juntos, en la casa que compartirán, etc. Los novios tienden a pensar que, desde el día de su boda en adelante, la vida juntos será un completo e interminable éxtasis de felicidad.

Por eso siempre es difícil decirles que no todo será así de bonito y fácil. Claro, no se trata de arruinarles sus sueños, pero parte de la labor de la consejería prematrimonial es romper algunas de las expectativas falsas con el fin de que puedan tener una visión un poco más realista del matrimonio. Es difícil explicarles a los novios que su futura esposa no siempre olerá a rosas y que, a veces, su enamorado esposo dejará los pantalones tirados en cualquier parte, pero es una conversación necesaria que les evitará muchos problemas y sinsabores en el futuro.

Como sucede con el matrimonio, así también, muchos cristianos tienden a idealizar bastante la plantación de iglesias. Quizás el pensamiento recurrente más común es que ellos al fin tendrán una iglesia como siempre la han querido o que la plantación será un glorioso proceso de grandes momentos memorables. Finalmente, será un viaje de mucho gozo y mucho fruto interminable. Otros, al imaginar su propio actuar en su futura iglesia, piensan que no cometerán los mismos errores que han visto en el pasado o que no repetirán lo que les han visto hacer a otros pastores o líderes. Muchos, al igual que en el matrimonio, pasan mucho tiempo pensando en el día de la inauguración de la iglesia, en el edificio, los diseños, los adornos, la música, la prédica, pero pasan muy poco tiempo preparándose para el largo viaje que viene después de la inauguración.

Calcular el costo

No podemos dejar de dar gracias a Dios por las iglesias que han sido bien plantadas y que ahora crecen vigorosamente en toda nuestra región. Sin embargo, como ya hemos mencionado varias veces, gran parte de América Latina ha sido víctima de iglesias plantadas sin que se prepare adecuadamente al pastor-plantador. Lo más lamentable es que se ha querido justificar esa falta de preparación tergiversando y abusando de muchos conceptos espirituales. Por ejemplo, con la excusa de que ellos siguen al Espíritu Santo, hay algunos que simplemente se lanzan a la tarea sin tener la más mínima preparación adecuada. Lo peor de todo es que, cuando se les habla de su falta de preparación, dan a entender que aun la misma palabra «preparación» es una mala palabra. Sin embargo, la preparación previa al lanzamiento de cualquier iniciativa es muy bíblica. En Lucas 14:28-30, Jesús se encuentra hablando específicamente del costo de seguirlo y dice lo siguiente:

> Supongamos que alguno de ustedes quiere cons-
> truir una torre. ¿Acaso no se sienta primero a cal-
> cular el costo, para ver si tiene suficiente dinero
> para terminarla? Si echa los cimientos y no puede
> terminarla, todos los que la vean comenzarán a
> burlarse de él, y dirán: "Este hombre ya no pudo
> terminar lo que comenzó a construir".

Ahora, tal vez me digas: «No tomes el pasaje fuera de con-texto», pero no creo que lo esté haciendo y te voy a decir mis razones. Es evidente que este pasaje se refiere específicamente a seguir a Jesús en el discipulado. Sin embargo, al aceptar el cargo de pastor-plantador, eso es específicamente lo que haces: aceptas el reto de ser discipulado y de seguir mejor a Jesús en el ámbito de la plantación de iglesias. En consecuencia, una de las herramientas que Jesús usará para conformarte a Su imagen es la misma iglesia que estarás plantando. Aunque te cueste mucho, seguro que proveerá un mayor fruto de santificación en tu vida. Sin embargo, no debes dejar de considerar los costos.

Pero, por otra parte, nosotros vemos claramente que Jesús está utilizando esta analogía porque es una experiencia común de la realidad humana que todos podemos entender. Antes de arriesgarte a emprender una nueva iniciativa, debes considerar el costo. Y puedo asegurarte, por experiencia propia, que plantar una iglesia tiene un costo muy alto. Tiene un costo emocional, un costo familiar y un costo espiritual. Y tristemente muy pocos entienden lo que les puede llegar a costar la plantación de iglesias, tanto al plantador y a su equipo como a la iglesia madre que los envía.

Cumplir con la gran comisión también tiene un costo para la iglesia madre. Sin embargo, lo que pierde la iglesia al preparar y enviar a pastores plantadores lo gana al participar en la extensión de lo que Dios está haciendo por toda la ciudad, el país y el mundo. Actuar de esa manera plantea un gran desafío para lo que típicamente se considera como éxito ministerial. En la iglesia Summit de Carolina del Norte en Estados Unidos, dicen: «Medimos nuestro éxito por nuestra capacidad para enviar, no por nuestra asistencia». Si queremos enviar a muchos, es evidente que debemos contar con una gran asistencia en la iglesia madre, pero la diferencia radica en que el objetivo no es tener mucha gente en nuestros edificios, sino preparar a muchos para que salgan de nuestros edificios y sean enviados a otros lugares para hacer discípulos.

Recuerdo la primera vez que alquilamos un lugar para reunirnos cuando comenzamos con nuestra iglesia. Era un lugar muy grande para nuestro pequeño equipo plantador. Realmente no queríamos alquilar un lugar tan grande, pero el precio era tan bueno que no podíamos dejarlo pasar. Recuerdo claramente que, hablando entre nuestro equipo pastoral, dijimos que nuestro fin no era llenar ese inmenso lugar, sino vaciarlo. Por supuesto, no teníamos ningún problema con que llegaran muchos, pero el fin no era la multiplicación de la asistencia, sino cumplir con la Gran Comisión y enviar a muchas personas a hacer discípulos por diferentes lugares.

Muchas iglesias no se acostumbran a enviar a su gente, especialmente a enviar pastores o gente capacitada para ser pastores en otros lugares. La lógica es que, si alguien ha recibido una buena preparación, entonces esa persona es un muy buen recurso que debería quedarse sirviendo en la iglesia madre. Pero la lógica del evangelio es que para multiplicar iglesias saludables tenemos la obligación de enviar a nuestros mejores siervos. Las nuevas iglesias son tan importantes dentro de la Gran Comisión que no nos podemos acostumbrar a enviar a cualquier persona, por más dispuesta que esté.

También sé que es sumamente difícil para los que somos pastores pensar en enviar a nuestras mejores personas o entregar de nuestros más preciados recursos. En el mismo sentido, tendemos a sentir que jamás podremos encontrar personas que se comprometerán con el ministerio y que estarán dispuestas a aprender y a ser formadas para la obra, o que hay muy pocas personas así. Por eso, cuando las encontramos y dedicamos mucho tiempo y esfuerzo en su formación, no resulta fácil enviarlas.

Entonces, si eres pastor y decides que la iglesia participe en la plantación de iglesias, tienes que entender que estás asumiendo un costo que tendrán que pagar. Tendrás que comprometer tu iglesia en enviar a las mejores personas. Tendrás que fomentar que la iglesia sea generosa hasta el dolor. ¿Acaso no hemos sido llamados a esto? Muchos de los principios ordenados por nuestro Señor Jesucristo van en contra de los que propugna la cultura religiosa. La cultura religiosa nos dice: «Controla a tu personal; no les des la oportunidad de ir a plantar una nueva iglesia porque necesitas a los mejores en medio tuyo para desarrollar tu propia iglesia». La cultura religiosa nos dice: «No gastes tu dinero en una nueva plantación. Con ese dinero podrías comprar un nuevo equipo de sonido o implementar un nuevo programa para la iglesia». Sin embargo, Cristo nos dice: «El que encuentre su vida, la perderá, y el que la pierda por mi causa, la encontrará» (Mat. 10:39). Y también nos recuerda: «Así que los últimos serán primeros, y los primeros, últimos» (Mat. 20:16).

Sé que esos versículos no se refieren específicamente a la plantación de iglesias. Lo cierto es que la actitud de querer guardar lo mío solo para mi renombre o el de mi iglesia, solo para el crecimiento de mi iglesia y de sus finanzas, es una actitud contraria a la que deberíamos tener como siervos de Dios y simples mayordomos de Su obra. Pedro mismo dice que no debemos pastorear por obligación ni por control del dinero (1 Ped. 5:1-4). Quisiera aclarar que no les estoy diciendo esto para obligarlos a participar en la plantación de iglesias. Pero sí creo que una iglesia saludable será conocida por su generosidad, especialmente, cuando tiene como fin cumplir con la Gran Comisión.

Costo para el pastor-plantador

En mi vida he hecho muchas cosas muy difíciles. Una de las más difíciles fue correr el Maratón de Chicago en 2011. Eso requirió mucho sacrificio en tiempo de preparación y de gasto de energía. Recuerdo que durante toda una semana fue para mí como si tuviera un segundo trabajo a medio tiempo. Cada mañana entregaba por lo menos una hora para correr y a veces mucho más tiempo. Los fines de semana tenía que correr por lo menos dos o tres horas para asegurarme de estar en forma para correr el maratón.

Por más difícil que haya sido correr ese maratón, creo que, en mi vida, plantar una iglesia ha superado ampliamente cualquier otro desafío. Plantar iglesias ha tenido un alto costo emocional, físico y hasta ha tenido un costo alto para toda mi familia. Hubo días en que llegaba a acostarme en la noche y pensaba en todo lo que hubiera podido alcanzar, pero que no lo había alcanzado debido a otros cientos de detalles que tenían que ser atendidos. Como dije anteriormente, al plantar una iglesia estamos innovando, siempre entrando en terrenos inhóspitos. Todos los detalles, los procesos y los sistemas que tiene una iglesia establecida no existen todavía en una plantación. Tampoco existen líderes experimentados, un ejército de diáconos y menos grupos pequeños bien establecidos. El edificio, los contratos, el personal, las series de predicación, el historial de enseñanza, nada de eso existe todavía. Al pastor-plantador y a su equipo les toca hacer absolutamente todo eso, sumado a lo más agotador, la tarea pastoral.

Cuando plantemos iglesias, tendremos que trabajar con mucha gente que por primera vez comenzará a entender el evangelio. Esto significa que la mayoría de los que lleguen a nuestras iglesias, aunque algunos tengan algún trasfondo cristiano, no se han ocupado realmente por entender y enfrentar la realidad de su pecado con el evangelio. Si en el primer año, por ejemplo, llegan 100 personas que nunca antes habían escuchado cabalmente el evangelio verdadero, uno puede dar por sentado que ese año estará lleno de mucho trabajo pastoral.

Junto con todo lo anterior, el pastor-plantador no podrá olvidar su ministerio principal: atender y guiar a su familia. Plantar una iglesia puede tener un costo muy alto para la familia. Es importante que toda la familia este consciente de las demandas del ministerio y que estén de acuerdo en la tarea que se viene por delante. En particular, es necesario que la esposa del pastor-plantador comprenda y concuerde con su esposo sobre su llamado pastoral y la carga de trabajo que tendrá que afrontar.

Si las cosas no se hacen bien, en oración y disciplina, y con la debida organización, podría ser desastroso para la iglesia y la familia pastoral. Por ejemplo, las consecuencias serán funestas si el pastor-plantador no sabe cómo manejar su tiempo y priorizar a su familia. La familia del pastor se desmorona cuando los pastores no toman en cuenta la cantidad de tiempo que la plantación les requerirá o si, por pasión y amor al ministerio, no protegen el tiempo de atención y cuidado de su propia familia.

Este desequilibrio se puede dar porque algunos plantadores se lanzan a la tarea sin ningún equipo de apoyo o de rendición de cuentas. En otros casos, la familia ha participado con el pastor-plantador en otros ministerios, pero jamás en una plantación. Entonces, suelen creer que ya están preparados porque piensan que todo será igual a las tareas que el pastor realizaba en el otro ministerio. Para los que piensan así, no les tengo muy buenas noticias: las demandas de la plantación de una iglesia no se comparan con las demandas de un ministerio ya desarrollado. No es que sean más difíciles, simplemente son diferentes. Sin embargo, sea cual sea el ministerio en que te encuentres o si estás pensando en una plantación futura, atender a la familia es una de las formas de preparación más importantes para cualquier tarea ministerial que quieras desarrollar.

En los próximos párrafos quisiera hablarles de cómo se puede preparar al pastor-plantador o al equipo de pastores que será enviado a plantar.

1. Preparación espiritual

En primer lugar, el pastor-plantador debe tener una vida de piedad constante delante de Dios, teniendo como fundamento el desarrollo firme de sus propias disciplinas espirituales. Pero, para ser aún más específico, lo más importante es que el pastor-plantador tenga claro el evangelio en dos áreas fundamentales de su vida. Debe tener su identidad fundada en el evangelio. Los primeros años de una plantación presentan una gran amenaza para la identidad del pastor-plantador. Es fácil terminar definiendo todo lo que pastor-plantador es según el éxito o el fracaso de la plantación. Por eso, tiene que entender que su valor, su significado y su identidad no vienen de la plantación, ni de su éxito o de su fracaso. El plantador sigue siendo un gran pecador que por gracia ha sido adoptado por el Dios poderoso del mundo.

Lo anterior lo vemos ejemplificado en la vida de Pablo. Él mismo dice que es el primero de los pecadores (1 Tim. 1:15) y que considera todos sus logros como basura comparados con el conocimiento de Cristo (Fil. 3). Pablo siempre recordaba lo que era en Cristo, y no permitía que ni siquiera el ministerio, con sus éxitos y fracasos, lo definiera. Esto lo vemos muy claramente en las cartas que escribe a los corintios. En Corinto, había personas que estaban dudando de su apostolado. De allí que Pablo les responda sin jactarse en sus logros, sino en sus debilidades. Él mismo dice: «Si me veo obligado a jactarme, me jactaré de mi debilidad» (2 Cor. 11:30). Él lo pone aun más claro en el próximo capítulo, donde dice: «Por lo tanto, gustosamente haré más bien alarde de mis debilidades, para que permanezca sobre mí el poder de Cristo. Por eso me regocijo en debilidades, insultos, privaciones, persecuciones y dificultades que sufro por Cristo; porque cuando soy débil, entonces soy fuerte (2 Cor. 12:9-10). ¿Qué es lo que Pablo está afirmando? Pues que encontró su fortaleza, su identidad, su significado en Cristo, aún cuando el ministerio se le presentaba con todo tipo de desafíos, de altos y bajos, de éxitos y fracasos.

En todo ministerio siempre habrá crítica, pero lo habrá mucho más en la plantación de iglesias. Esto se debe a que habrá personas que vendrán de otras iglesias porque están buscando algo nuevo, y muchos de ellos tendrán opiniones fuertes sobre tu predicación y liderazgo. Tal vez se deba a que compararán todo con lo que conocen, han visto o desean en otras iglesias, o porque quizás te compararán con su pastor anterior o alguno que conocen por las redes sociales. Puede ser que la gente critique tu matrimonio, la forma en que se comportan tus niños, tu organización y hasta cómo manejas tu calendario.

A pesar de todas esas dificultades que acabo de mencionar, la mayoría de nosotros no tendremos que vivir lo que Pablo vivió durante su ministerio. Pero a pesar de todas las penalidades que atravesó, estuvo siempre dispuesto a reconocer sus debilidades, no porque se avergonzara de ellas o por falsa humildad. Todo lo contrario. Se gozaba en aquellas cosas que mostraban su debilidad, porque allí es donde Cristo se podría manifestar con fuerza. Él entendía que su significado e importancia siempre estaban ligados a lo que Cristo había hecho y seguía haciendo en su propia vida. Si entiendes que tu importancia y tu significado vienen de Cristo, no de la opinión de la gente ni del «éxito» de la nueva plantación, entonces podrías vislumbrar que tendrás, Dios mediante, muchos años más en el ministerio.

En segundo lugar, debes tener claro que es el mismo evangelio el que permite que exista un impacto ministerial, o sea, el fruto espiritual que se espera que la iglesia produzca. No son las habilidades del plantador las que logran plantar la iglesia. Lo que nos lleva a la transformación de almas que se reúnen para adorar juntas a Dios y vivir la misión es el poder del evangelio. Este es el punto principal de lo que Pablo dice en 1 Corintios 1–2 al decir que la palabra de la cruz predicada es el poder de Dios. En 1 Corintios 2:1-5, Pablo además añade:

> Yo mismo, hermanos, cuando fui a anunciarles el testimonio de Dios, no lo hice con gran elocuencia y sabiduría. Me propuse más bien, estando entre ustedes, no saber de cosa alguna, excepto de Jesucristo, y de este crucificado. Es más, me presenté ante ustedes con tanta debilidad que temblaba de miedo. No les hablé ni les prediqué con palabras sabias y elocuentes sino con demostración del poder del Es-

píritu, para que la fe de ustedes no dependiera de la sabiduría humana sino del poder de Dios.

La preparación espiritual implica tener claro que el único responsable de todo impacto de la nueva iglesia es el mensaje que se predica y no el pastor-plantador o sus habilidades. Esta claridad te protegerá tanto del orgullo como de la duda sobre tu capacidad personal. A esto también se refiere Pablo en 1 Corintios 3 cuando habla de que algunos siembran y otros riegan, pero, al final, solo es Dios quien da el crecimiento.

Por eso es que las disciplinas espirituales son tan importantes en la vida de todo cristiano, incluyendo a un pastor-plantador. La plantación de una nueva iglesia tiende a ser una actividad que ocupará mucho de nuestro tiempo. Si no tienes tus disciplinas espirituales bien definidas antes de la plantación, será muy difícil encontrar tiempo para ellas después de que hayas iniciado el proceso. Si recordamos a la naciente iglesia de Jerusalén, observaremos que los apóstoles nombraron hombres que apoyaban en Hechos 6, para que ellos pudiesen dedicarse a la Palabra y la oración, tanto las tareas ministeriales, como en todo aquello que fuera necesario para poder mantener una vida de piedad que les permitiera seguir siendo útiles en el ministerio.

2. Preparación bíblica y teológica

El pastor-plantador deberá ser un estudiante avanzado de la Palabra, por lo que debería saber bien cómo estudiar un texto dentro de su contexto y cómo preparar clases y sermones que exponen el significado del texto bíblico de forma fiel y relevante, aplicándola a su propio contexto. Pablo le dice a Timoteo:

«Esfuérzate por presentarte a Dios aprobado, como obrero que no tiene de qué avergonzarse y que interpreta rectamente la palabra de verdad» (2 Tim. 2:15). Tenemos una gran responsabilidad delante de Dios en la forma en que enseñamos Su Palabra. Nuestra aprobación delante de Dios depende, en parte, de nuestra precisión al compartir la palabra de verdad.

Hoy en día, hay muchos hombres que se paran a enseñar en nombre de Dios, pero que tienen muy poco manejo de las Escrituras. Enfrentarnos a la tarea de enseñar al pueblo de Dios debería generar un temor santo, especialmente a los que predican la Palabra. Santiago nos advierte que no procuremos hacernos maestros porque seremos juzgados con mayor fuerza por parte del Señor (Sant. 3:1).

La iglesia madre debería proveerle al pastor-plantador oportunidades para predicar y pastorear antes de salir a plantar. No es bueno tener novatos en el pastorado ni tampoco novatos en la predicación plantando iglesias. Esto no significa que tiene que ser un hombre con muchísimos años de experiencia, pero por lo menos debe contar con algunos años de experiencia pastoral y que haya tenido la oportunidad de ganar experiencia en la predicación de la Palabra.

Libros como *De parte de Dios y delante de Dios* de Sugel Michelén o *Predicación expositiva* de David Helm son altamente recomendados para profundizar en la importancia de una correcta preparación como predicadores delante del Señor. También se pueden recomendar otros clásicos como *La predicación y los predicadores* de Martyn Lloyd-Jones o *La predicación: Puente entre dos mundos*, de John Stott.

No creo que todo pastor-plantador tenga que estudiar teología en un seminario o un instituto. Sin embargo, si puede hacerlo, no hay excusa para que no lo haga. Una buena preparación teológica formal permite que el graduado pueda tener una base teológica ordenada y comprobada. Todo pastor-plantador tiene el deber de poder comunicar eficazmente sus posturas sobre las doctrinas principales y defender esas posturas desde una cosmovisión bíblica.

Uno de los datos preocupantes de América Latina es que ha experimentado un crecimiento en el número de iglesias, pero que muchas de ellas tienen pastores sin ningún entrenamiento teológico y sin ningún sistema para rendición de cuentas. Tristemente, muchos pastores pareciera que pueden decir lo que quieren, aunque lo que digan esté fuera de la fe histórica y bíblica, y lo peor es que no existe nadie que los pueda cuestionar o pedirles cuentas de sus enseñanzas. Necesitamos urgentemente más pastores que hayan sido formados teológicamente, aunque no sea en instituciones teológicas formales. Aquí es donde la iglesia madre debe jugar un papel muy importante en capacitar teológicamente a su congregación y, por ende, al pastor-plantador.

Por ejemplo, en nuestra iglesia colaboramos con una Escuela de Plantadores. Entre nosotros y otra iglesia hermana proveemos entrenamiento teológico y práctico en plantación a hombres que han expresado interés en plantar en el futuro. Esto nos asegura que, si en algún momento tenemos la oportunidad de enviarlos a plantar, ellos estarán capacitados teológicamente al momento de salir a la obra. En mi opinión, esta es una de las razones principales por las que alguien debe pertenecer a una denominación o a una red de plantación que evalúe a los plantadores antes de permitirles salir a plantar. Una denominación o una red puede evaluar el conocimiento bíblico y teológico que tiene un pastor-plantador y puede proveer un sistema de enseñanza y un grupo de maestros capacitados que ayuden en la tarea de formación teológica y práctica de los plantadores.

En términos personales, me atrevo a aconsejarte que, si no has leído una teología sistemática como la de Wayne Grudem u otros libros similares como *Enseñanzas que transformaron el mundo* de Miguel Núñez, entonces deberías hacerlo ya como parte de tu preparación personal. Si sueñas con plantar, debes reconocer también la responsabilidad que esto trae consigo. Recuerda que serás responsable de discipular a un grupo de personas que descansarán en tu conocimiento de las Escrituras. Por lo tanto, el deseo de plantar debería estar acompañado de un sentido de responsabilidad que nos obligue a aprender cada día más de la Palabra de Dios.

3. Preparación emocional

Tal vez no te has dado cuenta, pero plantar iglesias fue difícil también para el apóstol Pablo al inicio de la iglesia cristiana. Por ejemplo, él llegó a tener un gran conflicto con Bernabé en cuanto a llevar a Juan Marcos, uno de sus colaboradores, mientras planeaban su segundo viaje misionero para ir a visitar las iglesias plantadas. Y conflictos como ese y otros más no cesaron con el paso del tiempo. En su última carta, ya al final de su vida y ministerio, en los últimos versículos de 2 Timoteo 4, vemos cómo Pablo había sido abandonado por algunos de sus colaboradores más cercanos y otros le habían hecho mucho daño. La plantación de iglesias es algo sumamente difícil no solo en lo espiritual, sino también en lo emocional.

Es muy probable que el pastor-plantador llegue a sentirse muy solo, especialmente si no está plantando con un equipo de otros pastores. Por eso, si son parte de una red o denominación o si solo están saliendo de una iglesia madre, igual es recomendable que el pastor-plantador tenga un entrenador o mentor. Esta persona cercana lo acompañará a lo largo del proceso de plantación y caminará con él, reuniéndose con frecuencia y dándole la oportunidad para que conversen sus dudas y aciertos. Esto le ayudará a tener otra voz de experiencia que lo puede guiar en un proceso que podría llegar a ser muy desgastante en lo espiritual y en lo emocional.

Como lo hemos dicho, un pastor-plantador también debe estar listo para recibir mucha crítica desde diferentes frentes. Habrá personas que no entienden lo que estás haciendo y cuestionarán si es válido. Otros que comienzan a integrarse en la plantación y que vienen de otras iglesias tendrán sus propias opiniones con respecto a cómo se deberían hacer las cosas. Es probable que algunos se vayan de la plantación enojados por diferentes razones, y esperamos que no sea por culpa del pastor-plantador. Una vez más, debemos siempre recordar y afirmar que necesitamos encontrar nuestro gozo en nuestra identidad en Cristo y no en la opinión de la gente.

Lo que intento decir es que el pastor-plantador va a vivir con niveles de estrés y frustración muy altos porque la plantación requiere de un esfuerzo muy grande. Quisiera reiterar que esto no solo afecta en forma personal al pastor-plantador, sino que tiene también un efecto rebote en el matrimonio y su familia. Por eso es que, desde antes de plantar, se deberían definir los tiempos familiares y de descanso. Debido a la experiencia que tenemos en este sentido, podríamos recomendar que se considere un tiempo de descanso que sea por lo menos de 24 horas cada semana, un fin de semana cada tres meses y dos o tres semanas completas cada año.

4. Preparación física

Es interesante ver cómo Pablo le recomienda a Timoteo que tome un poco de vino, y no solo agua producto de sus enfermedades estomacales (1 Tim. 5:23). Sabemos que Pablo no estaba simplemente recomendando que tomara alcohol, sino que evitara tomar un agua que, en aquellos tiempos, por falta de higiene, tendía a estar llena de bacterias. En cierto sentido, podemos ver cómo Pablo se preocupaba de que sus discípulos se cuidarán no solo espiritualmente, sino también físicamente.

La preparación física está muy ligada a la preparación emocional, especialmente, en el tema del descanso. La realidad es que el pastor-plantador va a estar muy ocupado haciendo muchas cosas en los primeros años de una plantación. Tendrá su horario lleno de consejerías, reuniones de administración y liderazgo, capacitación de líderes, planificación de servicios, predicación, etc. Esto será exponencialmente mayor si no tiene a otros pastores que participan de la plantación.

Llevar un ritmo tan fuerte de trabajo afectará tu estado físico. Por eso es que el ejercicio deberá ser una prioridad para cualquier pastor, mucho más para un pastor-plantador. Yo no soy médico y no pretendo que mis consejos de salud tengan el peso de un doctor en medicina. Sin embargo, si algo sé, es que muchos pastores no saben cómo cuidarse físicamente o simplemente eso no está entre sus prioridades. Este cuidado no solo implica ejercicio, sino también una dieta balanceada. Seamos sinceros, el ministerio pastoral incluye mucha comida. Tal vez vayas a comer a la casa de la gente, tal vez salgas a tomar un café o invites gente a tu casa. Es muy fácil comer mucho más de la cuenta o comer demasiada comida chatarra. Un régimen de ejercicio y disciplina en tu dieta ayudará bastante a proveer la energía y la salud con la que el pastor podrá ser más efectivo en su trabajo.

Las horas que duermes también tienen un enorme impacto en tu habilidad para procesar información, en tus emociones, en tu humor y en tu perspectiva de las cosas en general. Un ritmo saludable de acostarte y levantarte a la misma hora cada día, durmiendo por lo menos siete horas cada noche es esencial para mantener tu energía en niveles saludables.

5. Preparación organizacional

Yo sé que la tarea de plantación es una tarea espiritual, pero para los cristianos, lo espiritual inunda e informa todo lo que hacemos. De allí que la tarea espiritual también requiera de cierta aptitud organizativa. Algunas personas llegan teniendo ciertos dones administrativos bien desarrollados, otras necesitan aprender del tema y desarrollarlo en sus propias vidas porque el pastor-plantador siempre deberá tomar decisiones organizativas. Por eso es imperativo que, por lo menos, el pastor conozca algunos aspectos básicos sobre el manejo de una organización.

Lo anterior incluiría al menos algunos conocimientos básicos sobre cómo preparar un presupuesto anual, desarrollar una planificación estratégica, dirigir reuniones y preparar una visión a largo plazo. Como dijimos, ninguna de estas habilidades están desconectadas de tu teología o de la realidad espiritual. Más bien, estos procesos deberían hacer que tu teología, o mejor dicho tu eclesiología, adquiriera una forma específica, como ponerles huesos y piel a tus ideas respecto de lo que es una iglesia.

Es importante que el pastor-plantador encuentre y equipe líderes capaces que puedan apoyarlo en la mayoría de estos procesos. En el Nuevo Testamento, esos líderes eran conocidos como diáconos. Ellos eran los que apoyaban en los temas administrativos del servicio a la iglesia para que los pastores pudieran dedicarse a la predicación y la oración (Hech. 6).

Aquí también la iglesia madre provee una gran ventaja. Una iglesia ya establecida, en teoría, tiene todos estos procesos ya desarrollados. Entonces, como parte de su misma generosidad, podría compartir sus procesos, formatos y sistemas que ya tiene desarrollados. Si ya tienen un presupuesto, podrían prestar por lo menos el formato y adecuarlo a la nueva plantación. Si ya tienen un sistema para saber quiénes están en la iglesia, su información de contacto, también podrían brindarle este sistema a la nueva plantación.

6. Preparación económica

Este tema es tal vez el más sensible. Muchos pastores plantadores piensan íntimamente, ¿cómo pagaré mis gastos personales mientras se levanta la iglesia? No hay duda de que es un tema que podría generar mucho estrés. Es demasiado difícil preocuparse por la plantación de iglesias, y mucho más cuando estamos pensando en cómo proveer para nuestras familias.

En las primeras fases de desarrollo de la plantación se debería definir cómo el pastor-plantador generará su propio ingreso.

La mejor opción para algunos es ser un pastor biocupacional. Esto implica mucho esfuerzo en lo personal, pero no conlleva la carga económica del salario pastoral sobre la nueva plantación. Considero que esa es una de las mejores maneras en América Latina para sostener al pastor-plantador. Si tienes un trabajo que te da tiempo para pastorear y plantar, pues te recomiendo que no dejes ese trabajo en el corto plazo.

En otros casos, es posible que el pastor-plantador reciba un salario de la iglesia madre por un tiempo determinado. Esa fue nuestra experiencia. Uno de nuestros pastores, que antes era pastor en la iglesia madre, recibió seis meses de salario de la iglesia madre que nos envió. Esta fue una enorme bendición y una forma muy útil para permitir que el pastor-plantador se enfoque con libertad en la tarea de hacer discípulos.

También es posible que el pastor-plantador recaude fondos de otras iglesias dentro de su denominación o de una red de plantadores que lo puedan apoyar hasta que la misma iglesia pueda proveer su salario. Una vez más, esto se debe hacer con suma transparencia y en común acuerdo entre las partes.

Si se toma la decisión de pagar un salario al pastor-plantador o a otros pastores contratados, todo el equipo de pastores es el que debería definir el salario, junto con el apoyo de algunas otras voces externas. Pueden ser de los diáconos que ayudan en el manejo de las finanzas o, si no tienen diáconos todavía, puede ser de un comité especialmente constituido o del apoyo y consejo de otros pastores en la región. Este mismo equipo debe revisar el presupuesto, los gastos y asegurarse de que lo que el pastor recibe es un pago justo de acuerdo a sus necesidades. Un buen punto de partida para definir un salario justo para el pastor es de acuerdo al ingreso promedio de los miembros de la iglesia. Esto asegura transparencia y cierta igualdad con la membresía a la que se está sirviendo.

Para mí es importante recalcar que uno debe estar dispuesto a sacrificarse por la visión y por la salud de la iglesia. De allí que no puedo dejar de señalar el caso de que llegue gente a la iglesia que, por una razón u otra, ofrenda mucho. Si no somos cuidadosos, a veces podemos poner más atención a las sugerencias de estas personas para quedar bien con ellas y no poner en peligro ese ingreso sustantivo en la plantación. Por eso debemos afirmar que solo Dios es nuestro proveedor y es, en primer lugar, a quien rendimos cuentas. Por amor al Señor, a esos hermanos y a la nueva iglesia es que no podemos permitir que alguien más sienta que tiene el derecho de tomar ciertas decisiones de la iglesia solo porque están entregando buenas cantidades de dinero a la plantación. Esto debemos afirmarlo continuamente y debemos evitar que se convierta en un problema en la plantación.

Además, déjenme mencionar algunos aspectos prácticos con respecto a la economía. Las finanzas del pastor y las finanzas de la iglesia deberían estar totalmente separadas. Se debería hacer todo lo posible para evitar recibir ofrendas que vayan a nombre del pastor. En el mejor de los casos, el pastor-plantador no debería participar directamente en la administración del dinero de la iglesia, aunque a veces eso es inevitable, debería ser siempre de forma temporal. Si no se puede evitar que el pastor-plantador maneje el dinero, debe tomar los recaudos necesarios para formar un equipo que apoye con las finanzas de la nueva iglesia, asegurándose de que haya transparencia y rendición de cuentas en la forma en que se recibe, se gasta y se distribuye el dinero de la iglesia.

Por falta de preparación o cuidado, muchos plantadores cometen graves errores económicos y financieros. Muchos no saben cómo manejar sus propias finanzas y, por ende, no sabrán cómo manejar las finanzas de la iglesia. Como ya hemos dicho, las finanzas de la iglesia no le pertenecen al pastor. Los miembros del equipo pastoral simplemente son mayordomos de lo que Dios ha provisto para Su iglesia.

Cuando una iglesia madre envía a un grupo a levantar otra iglesia, a veces significa que la iglesia madre está apoyando económicamente a la nueva plantación. Esto es de gran bendición, pero debería existir algún plan de autosustentabilidad en el futuro próximo. La iglesia plantada debería tener como meta sostenerse a sí misma lo antes posible. Es recomendable que esto se consiga dentro de los primeros tres a cinco años de la plantación. Esto, sin lugar a dudas, permitirá que crezcan con mayor agilidad en el futuro.

Para lograrlo en el tiempo establecido, es necesario que se lleve un buen control de las finanzas, asegurándose de que no haya gastos innecesarios y que todo esté bien presupuestado y organizados los ingresos y los egresos. Además de llevar un buen control financiero, también se debe cultivar la generosidad en la congregación. No queremos que la gente simplemente dé por obligación o solo para beneficiarse ellos mismos con la iglesia, sino que, a través de la predicación constante del evangelio, el Espíritu Santo vaya aplicando las verdades del evangelio a todas las áreas de la vida de los miembros, incluyendo sus finanzas.

Conclusión

No cabe duda de que se podría escribir un libro entero sobre este tema particular que hemos tratado en este capítulo. Sin embargo, esta información les puede servir a las iglesias que desean plantar una nueva iglesia para poder identificar las áreas que requieren mayor atención y poder iniciar el entrenamiento con la persona identificada para ser pastor-plantador de una nueva iglesia. Queremos enviarlo bien para que la obra que el pastor-plantador levante pueda ser una obra fructífera por mucho tiempo. Parte de lo que hará que la obra sea fructífera es procurar que el pastor-plantador no salga solo. De eso nos ocuparemos en el próximo capítulo.

CAPÍTULO 7

¿Cómo se prepara al equipo?

Pertenezco a la red *Acts 29*, una organización que se ocupa exclusivamente de la plantación de iglesias. Sí, yo sé que el libro de Hechos (*Acts*, en inglés) solo tiene 28 capítulos. El nombre de la red quiere decir que la plantación de iglesias es algo que sigue adelante y no termina con el libro de Hechos. Una de las cosas que mejor hace la red es evaluar a los candidatos para plantar iglesias. Tiene un formulario muy detallado que cada candidato debe llenar con sumo cuidado. Este formulario incluye preguntas doctrinales, personales, sobre teología pastoral, sobre su testimonio personal y vida cristiana, sus luchas, etc. Luego de haber llenado el formulario, se tiene una entrevista telefónica y, al final, se tiene una reunión para una evaluación definitiva. Esta evaluación tiene una duración de tres o cuatro horas con dos o tres pastores que pertenecen a la red *Acts 29*.

Recuerdo que los días anteriores a esa reunión final de evaluación, yo casi no dormía. No tenía nada que esconder, pero el simple hecho de tener a tres hombres haciéndome todo tipo de preguntas, o peor, haciéndole todo tipo de pregunta a mi esposa, me ponía tan nervioso que me costaba conciliar el sueño. En vez de trabajar, o a veces en vez de dormir, pasaba el tiempo preparándome mentalmente. Iba preparando respuestas a las diferentes preguntas que suponía podrían hacerme. Me puse a estudiar temas teológicos y de plantación para asegurarme de que los dominaba con precisión.

Finalmente llego el día de nuestra evaluación. Recuerdo como si fuera hoy que entramos en la oficina donde nos iban a evaluar y todo estaba muy silencioso. Sentí una gran tranquilidad, porque Dios me había dado una profunda paz. Pero también me sentía muy sereno, porque sentía que me había preparado a conciencia.

Creo que todos entendemos la presión que se siente al tener que prepararse para algo grande y difícil, ya sea un examen que determinará si obtenemos o no un grado académico, una entrevista que pueda llevarnos a obtener nuestro trabajo soñado, o toda la investigación que hacemos los papás y las mamás antes de que nazca nuestro primer bebé. No hay duda de que las cosas difíciles requieren una preparación intensa para poder lograrlas.

Participar en un equipo plantador es también una tarea difícil que no difiere mucho de los ejemplos presentados. Ya hemos dicho que la plantación de iglesias es algo difícil. Lo es para el anciano plantador como también para aquel que solo es un miembro más del equipo plantador. Plantar iglesias es un gran reto para todos y, por eso, requiere de una preparación profunda de todo el equipo. Ya hemos hablado de cómo deberíamos preparar al anciano o a los ancianos para la plantación. Entonces, ¿qué se debería hacer para preparar al equipo plantador para la tarea de plantación? Lo primero y más importante que debemos reconocer es lo siguiente: un equipo saludable formará una iglesia saludable. Esto es especialmente cierto con el equipo de pastores, ya que ellos tienen la responsabilidad de cuidar la salud de la nueva plantación.

Cuando hablo de la preparación del equipo plantador, me refiero específicamente al tiempo previo a la formalización de las reuniones públicas de la iglesia. Este es un tiempo en el que el equipo plantador se reúne con regularidad con el fin de prepararse antes de que se inauguren los servicios formales de la nueva iglesia. Es recomendable que este tiempo se adecúe a las necesidades del equipo. Mi recomendación es que el tiempo de preparación sea de, por lo menos, seis meses. En muchos casos podría ser más, en otros casos podría ser menos; lo importante es poder satisfacer las necesidades del equipo para que esté bien preparado para la obra que se presentará en el futuro.

Orar juntos

No hay nada que tenga más valor que el tiempo que el equipo plantador pasa en oración conjunta. Tendemos a pensar en un equipo por las cosas que tienen que hacer y la agenda que deberán cumplir. Aun en el mundo evangélico contemporáneo se vive con mucho pragmatismo. Nos enfocamos en las estrategias y en los modelos que suponemos pueden ayudar a que una iglesia crezca. Pero no habrá fructificación si el Señor no interviene soberanamente. Por eso afirmamos que la oración es fundamental, porque, antes de la estrategia, debemos poner al equipo y a cada uno de sus miembros a entera disposición del Señor. Luego de consagrar la vida del equipo en oración, también oraremos buscando abarcar muchas diferentes áreas. Este tiempo de oración trae grandes beneficios al equipo plantador. Otra vez, un equipo saludable que ora formará una iglesia saludable.

Todos creen con firmeza que la iglesia debería orar junta. Por eso, si anhelamos que esto suceda en nuestra futura iglesia, deberíamos comenzar orando con el equipo plantador. No se trata de orar solo por la plantación, sino de que todos juntos oremos por diversas cosas, incluyendo la nueva plantación.

1. Orar por necesidades individuales

Ser parte de un equipo plantador implica, como hemos dicho varias veces, que juntos somos la iglesia. De allí que debamos orar los unos por los otros. En las reuniones del equipo plantador, podemos usar parte del tiempo para compartir peticiones y orar, ya sea en grupos más pequeños o todos juntos. Estas peticiones se pueden escribir en algún lugar y se pueden enviar al grupo para que todos puedan orar por ellas y podamos glorificar al Señor al ver cómo Él va respondiendo a nuestras peticiones.

Esta es una excelente oportunidad para mostrarnos vulnerables delante del equipo plantador. No debemos temer al abrirnos con nuestros hermanos y hermanas, sino que, por el contrario, debemos abrirles nuestros corazones, compartir con ellos nuestras cargas y orar por ellos. Esto produce una profunda unidad en el cuerpo, aunque sé también que muchos han quedado dolidos porque se abrieron con hermanos que no supieron tratar con respeto e intimidad lo que se les confiaba. Mi opinión es que esto sucederá mucho menos cuando todos tengan claro el evangelio, algo a lo que llegaremos en un momento.

2. Orar por la nueva iglesia

No deja de sorprenderme lo que Jesús pide en Juan 17:20. No solo ora por Sus discípulos que están con Él, sino que también extiende

Su oración en el tiempo y dice: «No ruego solo por estos. Ruego también por los que han de creer en mí por el mensaje de ellos...». Cristo oró por la futura iglesia. Creo que este paso de oración es trascendente porque nos ayuda a tener en mente que el fin no está en este grupito de personas del equipo plantador, sino que es ver ese equipo reproducido en más personas que se integrarán a la iglesia, que crecerán y que se volverán parte de la vida de la iglesia.

3. Orar por oportunidades para evangelizar

También es imperativo que el equipo plantador ore para que Dios les dé oportunidades para proclamar el evangelio. Esto incluye orar para que Dios envíe obreros, pero, en este caso, los obreros están todos reunidos pidiendo que Dios los envíe a ellos mismos y que los use, porque sabemos que la cosecha será abundante. Cuando evangelizamos, plantamos la semilla, pero solo Dios dará el crecimiento. Entonces, no solo oramos por las oportunidades, sino también por el fruto que darán esas oportunidades provistas por Dios.

4. Orar para que Dios dé el crecimiento

Creemos que solo Dios es quien da el crecimiento de la nueva iglesia. Él es quien salva y reúne a la iglesia. Cristo mismo es quien edifica a Su iglesia. En ese sentido, no hay ninguna razón para que el equipo plantador no ore pidiendo que Dios produzca el crecimiento que todos anhelamos. Mejor dicho, este paso de oración no es opcional; es nuestro deber orar para que Dios dé el crecimiento. Nuestra tarea es la formación de discípulos y por eso tenemos que pedir que Dios lo haga, porque solo Él lo puede hacer.

5. Orar para que Cristo sea exaltado y no la iglesia plantada

Con cuánta facilidad podemos enfocarnos totalmente en la plantación de nuestra iglesia y olvidarnos de la meta principal de la iglesia que se está plantando. Nuestro anhelo y ese objetivo principal que perseguimos es que el nombre de Jesucristo sea exaltado por medio de la proclamación del evangelio. Creo que es muy saludable que el equipo plantador ore para que Cristo sea glorificado, y también que afirmen claramente en oración que están dispuestos a que eso suceda aun si la iglesia falla. Tener en cuenta siempre quién es el que merece toda gloria y honor nos evitará caer en un grave problema que vemos en muchos nuevos plantadores que se sienten indispensables en la misión divina o que esperan ser honrados por la tarea que realizan. Dios es el que edifica Su Iglesia, Él es el que defiende Su evangelio y es el que llama a los pecadores a arrepentirse y a honrar a Cristo. Si quieres que eso suceda a través de tu nueva plantación deberías revisar tus motivaciones y te exhortaría a que vuelvas a ponerte a los pies de Cristo, quien merece toda honra, gloria y honor por los siglos de los siglos.

Beneficios

Orar juntos es de gran beneficio para la nueva iglesia. **Primero,** le provee al equipo plantador un enfoque correcto. Plantar una iglesia es una tarea espiritual; no es simplemente desarrollar una estrategia o un programa para llenar un salón con gente religiosa. Lo que anhelamos es ser testigos de la transformación que solo Dios puede realizar en la vida de hombres y mujeres pecadores. Orar juntos nos aleja de un pragmatismo vacío que solo busca armar reuniones y pone nuestro enfoque en lo espiritual, en hacer discípulos a través de una dependencia absoluta en el Señor y Su obrar.

Segundo, produce mayor unidad. David Mathis, en un artículo en *Desiring God* dice: «Orar juntos es una de las cosas más significativas que podemos hacer para cultivar la unidad en la iglesia».[26] De hecho, vemos que antes de que Pedro predicara y naciera la iglesia primitiva, los cristianos todos estaban orando juntos. Lucas nos dice: «Todos, en un mismo espíritu, se dedicaban a la oración…» (Hech. 1:14). Este debería ser el espíritu del equipo plantador. Debemos creer que este momento es igual de histórico que el que vivieron los primeros discípulos de los que se habla en Hechos, y que ellos establecieron un gran precedente al estar orando juntos antes de que naciera la iglesia.

Tercero, orar juntos nos da mayor poder. Jesús mismo dice: «Además les digo que si dos de ustedes en la tierra se ponen de acuerdo sobre cualquier cosa que pidan, les será concedida por mi Padre que está en el cielo» (Mat. 18:19). Algo poderoso sucede cuando las personas se juntan en oración con el mismo sentir y parecer, colocando a los pies de Jesucristo sus personas, sus necesidades y sus peticiones.

Cuarto, logramos conocernos mejor. Sobre este punto hablaremos a continuación. Orar juntos tiene un poder particular y único. Cuando nos juntamos con otras personas para acercarnos al trono de Dios, logramos verlas y entenderlas mejor. Sabemos que Dios es el Dios de la verdad y creemos que, cuando estamos juntos en Su presencia, logramos entendernos y conocernos mejor.

---

[26] David Mathis, «Nine Profits of Praying with Company», *Desiring God* (blog), 20 de enero de 2015, http://www.desiringgod.org/articles/nine-profits-of-praying-with-company.

Comer juntos

En una iglesia donde tuve la oportunidad de trabajar, el Pastor Ejecutivo siempre nos decía: «Somos un equipo, no una familia». Con esa frase quería enfatizar que todos tenían un papel que cumplir y que, si no lo cumplíamos, entonces deberíamos evaluar si seguíamos siendo parte del equipo.

Esa frase me incomodaba porque ignoraba una de las metáforas principales utilizada en referencia a la iglesia del Nuevo Testamento. Pablo habla de que nosotros hemos sido adoptados por el mismo Padre (Ef. 1:5). Por esa razón, el Nuevo Testamento se refiere a otros cristianos como nuestros hermanos y hermanas en la fe. La iglesia ES una familia antes que cualquier otro tipo de comunidad u organización. Plantar una iglesia es plantar una familia.

Para entrenar al equipo plantador es necesario que entendamos que, desde el momento que empezamos a reunirnos, ya estamos desarrollando el ADN de la iglesia. Desde el momento en que se empieza a reunir el equipo plantador ya hay una iglesia, aunque pequeña y a la espera de que se unan más convertidos. Entonces, los valores que se fomentan en ese equipo plantador seguirán siendo sus valores en el futuro. Otra vez, un equipo saludable formará una iglesia saludable.

¿Por qué enfatizo lo anterior? Porque una de las cosas más importantes que puedes hacer con tu equipo plantador es simplemente pasar tiempo juntos. En nuestra iglesia nos referimos a ese tiempo como «tiempo para comer juntos», ya que usualmente cuando nos juntamos con otros hermanos de nuestra iglesia hay comida de por medio. A modo de broma les digo que no creo que seríamos buenos cristianos si no comiéramos cuando nos juntamos.

Las primeras etapas de una plantación tienden a ser muy informales. Esto hace que algunos traten de acelerar esas etapas para poder llegar a ser una iglesia «más formal». Ya en las primeras reuniones se busca que todos estén sentados en filas como las de un teatro, con reuniones en un lugar alquilado, escuchando prédicas de 50 minutos, adorando con un grupo de alabanza con múltiples instrumentos, promocionando formalmente los cultos y teniendo un cronograma con los programas y sus horarios tradicionales, etc. Déjenme aclararles primero que nada de eso es malo. Pero olvidamos la naturaleza de la iglesia al lanzarnos primero a hacer solo esas cosas. Aunque decimos ser familia, en nuestros métodos y actividades no promovemos ni practicamos esa relación familiar. Terminamos, por el contrario, siendo promotores de reuniones y cultos en vez de una familia reunida por el evangelio, que vive en plenitud esa relación en la comunión de unos con otros. En los primeros años de una plantación, tenemos una gran oportunidad para fomentar un sentido familiar que se debe volver parte esencial de la cultura de la iglesia.

Tiempo

En nuestra iglesia, comer juntos, como ya lo he mencionado, es un concepto que abarca más que compartir algunos alimentos. Implica simplemente estar juntos. Esto suele suceder cuando salimos a ver una película, a jugar fútbol, cuando nos juntamos informalmente después del trabajo, nos vamos a un restaurante o realizamos cualquier otra actividad informal conjunta. Lo que quisiera enfatizar es que nos esforzamos por pasar tiempo juntos. Y sin lugar a dudas, ¡nos encanta incluir la comida!

Cuando se pierde el gozo de la comunión entre los hermanos, lo primero que se puede observar es que se tiende a pensar que el estar juntos es un desperdicio de tiempo. Pasamos de ser hermanos de una misma familia a pensar que somos empleados de una organización y, por eso, pensamos en todas las cosas «productivas» que podríamos estar haciendo en vez de estar simplemente juntos. Podríamos estar evangelizando, escribiendo un blog, grabando un podcast o incluso orando. Presentamos estas opciones como válidas y verdaderamente cristianas, y llegamos a sentirnos muy espirituales al rechazar un simple tiempo de comunión juntos por actividades más productivas.

El problema con lo anterior es que las personas de la Biblia vivían una realidad bastante diferente. Simplemente pasaban mucho tiempo juntos. Esto significa que quizá la productividad, como la definimos hoy, no era tan importante para ellos o que consideraban que estar juntos era algo muy productivo que estaba a la par de esas otras tareas que tampoco podemos dejar de hacer.

Esto primero lo vemos reflejado en el ministerio de Jesús. Él siempre invitaba a la gente a que viniera y estuviera con Él. Cuando se acercaba con Sus discípulos, los invitaba a venir y seguirlo. En el evangelio se nos dice que: «Designó a doce a quienes nombró apóstoles, para que lo acompañaran y para enviarlos a predicar» (Mar. 3:14). Este ritmo de estar juntos y luego salir a proclamar el evangelio es algo que vemos desde el principio. Lo primero que se nos dice es que los designó para que «lo acompañaran». El tiempo compartido con Sus discípulos era muy importante para Jesús. Durante esos tres años de ministerio público de Jesús, los discípulos pasaron casi cada momento juntos.

Comían juntos, viajaban juntos, dormían en los mismos lugares. De hecho, hay muy pocos momentos en los evangelios donde Jesús está sin Sus discípulos. Muchos pasajes de los evangelios reflejan Sus enseñanzas a ellos mientras pasaban tiempo juntos.

Vemos también que estos mismos discípulos continuaron con la costumbre después del nacimiento de la iglesia el día de Pentecostés. Lucas nos dice: «No dejaban de reunirse en el templo ni un solo día. De casa en casa partían el pan y compartían la comida con alegría y generosidad» (Hech. 2:46). Este es un buen versículo que comprueba que es bíblico ir a comer juntos después de la iglesia. Pero más allá de un mandamiento, lo cierto es que estos discípulos se amaban. Por eso les gustaba pasar tiempo juntos. Les gustaba comer juntos. Lo hacían con alegría y sencillez de corazón.

Es sumamente importante llevar a cabo este paso unificador con el equipo plantador. Cuando la nueva iglesia comience a ofrecer servicios dominicales, habrá mucho trabajo por hacer, muchos detalles que atender y personas que pastorear. Si no se ha fomentado el valor de pasar tiempo juntos desde el mismo comienzo con el equipo plantador, será sumamente difícil, si no imposible, adquirir esta práctica después de lanzar oficialmente las reuniones semanales.

Comida

¡Pero no quisiera que tomen en poco el tema de la comida! Es alrededor de una mesa, mientras compartimos una comida, que podemos compartir y hasta hacernos las preguntas que jamás nos haríamos durante los pocos minutos que tenemos libres para vernos durante las reuniones. Mientras comemos, podemos escuchar nuestras historias de cómo Dios nos ha formado poco a poco. Es durante la degustación de una buena comida con nuestros hermanos que podemos escuchar sobre nuestros anhelos más profundos, nuestros dolores más impactantes, donde aprendemos a escucharnos y animarnos. Esto debe también fomentarse y empezar con el anciano plantador y los otros ancianos. No debemos olvidar que uno de los requisitos de ser anciano es ser hospitalario. Si los ancianos de una iglesia local no saben cómo reunir gente alrededor de una mesa para hablar y conocerse, será muy difícil que el resto de la iglesia lo haga.

Como familia, nuestra meta personal es juntarnos con una familia de la iglesia en nuestra casa por lo menos una noche a la semana. No siempre lo logramos. A veces solo salimos a tomar un café con alguien o nos reunimos en algún lugar para almorzar. Sin embargo, comer juntos nos da la oportunidad de desacelerar la vida, escucharnos mutuamente y conocernos más.

También creo que es imperativo que todo el equipo plantador coma junto de vez en cuando. Aunque suene raro, usar los pocos recursos que tiene una nueva plantación para comprar comida para todos es una muy buena inversión. Pasar tiempo juntos comiendo es lo que hacen las familias, ¿por qué entonces no lo haría la iglesia? Ya vimos que este era un patrón de la iglesia primitiva. Cada día ellos pasaban tiempo compartiendo el pan en sus hogares.

Sacrificio

Fomentar este sentido de familia implica más que simplemente estar juntos. Se tiene que mantener ese espíritu familiar en todo lo que se hace como iglesia. Debemos tratarnos como familia, no solo decir que lo somos. No solo debemos fomentar compañerismo, ya que queremos ver relaciones más profundas que las de meros compañeros. Los lazos de una familia son tan profundos que uno tiene que velar por las necesidades de los demás. No solo porque eso hace una familia, sino también porque la Biblia lo demanda de la iglesia que se reconoce como familia.

Dios nos dio la oportunidad de practicar esto con alguien que habíamos contratado en las primeras etapas de la iglesia. Era un joven a quien Dios había capacitado para el ministerio y que estaba buscando sus primeras oportunidades para trabajar en una iglesia. El problema era que vivía muy lejos, por lo que la única opción era que se mudara más cerca. No podíamos pagarle lo suficiente para que alquilara un lugar, entonces lo invitamos a quedarse en nuestra casa durante seis meses. Aunque no fue un sacrificio muy grande, este simple ejemplo nos permitió llamar a los hermanos a sacrificarse por los demás, así como nosotros lo estábamos haciendo con ese sencillo acto compasivo.

Conflicto

Tal vez estés pensando: «Bueno, todo muy lindo, pero suena utópico. Suena muy idealista. Ya conoces a los cristianos. Es gente que tiene opiniones fuertes, que juzga. Seguro que antes de pasar mucho tiempo juntos, ya empezaremos a experimentar conflictos».

¡Claro que habrá conflicto! Y aún así creo que la Palabra de Dios respalda todo lo que les he dicho. Pablo da por sentado que la gente pasará mucho tiempo junta y, en medio de ese tiempo, tendrán muchos conflictos. Creo que uno de los mejores testimonios para el mundo es que vean a los cristianos, que conocen el evangelio, resolver sus conflictos de forma bíblica que exalta a Cristo y Su evangelio.

Todo el que ha sido parte de una familia sabe que habrá conflicto. Pero en la mayoría de los casos, estaríamos dispuestos a soportar ese conflicto, nos ocuparíamos de él y hasta lo toleraríamos porque la persona que tiene el conflicto con nosotros es familia. Estamos comprometidos con ellos porque se trata de nuestro hermano, nuestro padre, nuestra madre, en fin, se trata de nuestra propia familia.

La iglesia no es diferente. Otra vez tengo que afirmar que plantar una iglesia es plantar una familia. Y dentro de una familia vamos a fallar; los líderes van a fallar y los miembros van a fallar. Todos vamos a fallar. Es muy probable que, tarde o temprano, quizás sin quererlo, nos ofendamos o nos faltemos el respeto. Vivir en relación con otros seres humanos implica que esto SUCEDERÁ de una manera u otra. Y es por eso que nuestra esperanza no está puesta en ninguno de nosotros. Todos vamos a fallar; Cristo es el único que no falla, y por eso ponemos nuestros ojos en Él, y no en los unos y los otros.

Noten lo que dice Pablo en Efesios 4:31-32:

> Abandonen toda amargura, ira y enojo, gritos y calumnias, y toda forma de malicia. Más bien, sean bondadosos y compasivos unos con otros, y perdónense mutuamente, así como Dios los perdonó a ustedes en Cristo.

La salud de una comunidad no tiene que ver con tenerla libre de conflictos, tiene que ver con la forma en que se relacionan aun cuando hay conflicto. Vivir en comunidad no es una gran aventura donde siempre nos gozamos y pasamos el tiempo riendo y comiendo. Por supuesto, eso sucederá porque forma parte de la vida de la iglesia. Pero también vivir en comunidad es comprometernos a permanecer juntos en las buenas y en las malas. Es comprometernos por el bien de las otras personas a amar y dar misericordia, a dar el beneficio de la duda, a no juzgar al otro, a hablar la verdad en amor, a dejar el chisme a un lado y a respondernos mutuamente con gracia y amor en medio del conflicto.

En la medida en que el equipo plantador aprende a comer en conjunto, a pasar tiempo junto, a sacrificarse por los demás y a resolver sus conflictos, sus miembros se volverán más y más familia. Esa es la parte difícil de una iglesia que es familia. Tenemos que aprender a ser y a vivir de acuerdo con lo que somos. Ya somos familia, ahora tenemos que vivirlo.

Crecer juntos

Imagino que muchos han pensado que, con toda seguridad, el equipo plantador tendrá que incluir algún proceso formativo. ¡Claro! Los miembros del equipo plantador tienen que crecer juntos. La Palabra de Dios nos llama a participar íntimamente en el crecimiento espiritual los unos de los otros. La relación que tenemos con Jesús no es una relación privada. Hay ciertas cosas que todos los integrantes de un equipo plantador deberían tener claras, y una de ellas es la responsabilidad del equipo pastoral de equipar al equipo plantador.

Evangelio

Podría sonar extraño repetir que alguien que quiere formar parte de un equipo plantador no tenga claro el evangelio, pero creo que así son las cosas en nuestro tiempo. Cuando hablo de la claridad del evangelio, no me refiero tanto a su contenido como a su alcance. ¿Para qué parte de la vida cristiana es relevante el evangelio? Muchas personas todavía ven el evangelio como la entrada a la fe cristiana y nada más. Creen que la muerte de Cristo en la cruz fue para que ellos entraran al cielo y, luego, en el resto de la vida cristiana, hay que esforzarse y portarse bien.

Este no es el lugar para elaborar toda una teología de la centralidad del evangelio, pero a esto nos referiremos al hablar de tener claro el evangelio. Antes de que el equipo plantador se lance al proceso de iniciar las reuniones de la iglesia, es imperativo que tengan un entendimiento claro de que toda la vida se centra en el evangelio. Tim Keller dice en *Iglesia centrada*:

> El evangelio no es solo el ABC, sino de la A a la Z de la vida cristiana. Es inexacto pensar que el evangelio es lo que salva a los que no son cristianos, y que los cristianos maduran al tratar duramente de vivir de acuerdo con los principios bíblicos. Es más preciso decir que somos salvos por creer en el evangelio y luego somos transformados en cada esfera de nuestras mentes, corazones y vidas al creer en el evangelio más y más profundamente a medida que la vida transcurre (ver Rom. 12: 1-2; Fil. 1:6; 3:13-14).[27]

---

[27] Timothy Keller, *Iglesia centrada: Cómo ejercer un ministerio equilibrado y centrado en el evangelio en la ciudad* [Center Church], (Grand Rapids: Zondervan, 2012), edición Kindle, Loc. 1337 de 1341.

En otra parte del libro, dice lo siguiente: «La Escritura enseña que el evangelio crea una forma de vida completa y afecta literalmente a todo lo que nos compete. Es un poder (Rom. 1:16-17) que crea nueva vida en nosotros (Col. 1:5-6; 1 Ped. 1:23-25)».[28]

El evangelio es el poder de Dios para la vida cristiana. Uno de los versículos más conocidos es Romanos 1:16: «A la verdad, no me avergüenzo del evangelio, pues es poder de Dios para la salvación de todos los que creen: de los judíos primeramente, pero también de los gentiles». Pablo no se avergüenza del evangelio porque es el poder de Dios para la salvación. ¿Qué quiere decir cuando usa la palabra salvación? No se está refiriendo solamente a la justificación (aunque es una parte esencial de la salvación), sino al orden completo de nuestra salvación, desde la elección hasta la glorificación.

El evangelio, aplicado por el Espíritu Santo es lo que cumple la Palabra de Dios en la elección, habilita la expiación del pecado, da poder para la regeneración, la justificación y la santificación, y asegura que experimentaremos la glorificación. Toda la vida cristiana está centrada en el evangelio. La realidad es que el evangelio es la tierra en la cual crece la vida cristiana.

Al hablar de estos temas, es de suma importancia que los que pertenecen al equipo plantador entiendan claramente el alcance del evangelio para su vida porque **un equipo saludable formará una iglesia saludable.** Cuando entendemos que el evangelio es para toda la vida, este entendimiento debería cambiar la manera

---

[28] Timothy Keller, *Iglesia centrada: Cómo ejercer un ministerio equilibrado y centrado en el evangelio en la ciudad* [Center Church], (Grand Rapids: Zondervan, 2012), edición Kindle, Loc. 1280 de 1282.

en que hablamos de nuestro pecado y de la santidad. El pecado es algo de lo cual constantemente nos estamos arrepintiendo, sin vergüenza porque somos pecadores, y la santidad es lo que todos procuramos alcanzar, no por nuestra fuerza, sino por la muerte de Cristo aplicada a nuestros corazones por el Espíritu Santo. Cuando el equipo plantador entiende y vive estos conceptos del evangelio, la iglesia será modelada por ese ejemplo y los vivirá de la misma manera.

Aquí tenemos algunos buenos recursos que se podrían utilizar para preparar al equipo en estos temas. En particular, el primer recurso en este listado sería un muy buen estudio para realizar juntos como equipo.

1. *Una vida centrada en el evangelio*, de Will Walker.
2. *Redención*, de Matt Chandler.
3. *Dios pródigo*, de Tim Keller.

Iglesia

Así como en la ilustración que usamos en un capítulo anterior en la que mostrábamos que muchos novios llegan al altar con una idea equivocada o tergiversada del matrimonio, así también sabemos de algunos que se lanzan a plantar una iglesia sin saber qué es en realidad la iglesia. Y me refiero principalmente, como hemos dicho, a la iglesia y su naturaleza de familia y comunidad. Yo creo que todos tienen claro que la iglesia tiene reuniones donde se predica, se canta, se ofrenda, donde hay programas diversos para todas las edades, etc. Sin embargo, para muchos su entendimiento de la iglesia termina allí. No tiene mucho sentido abundar en detalles en esto, porque los temas principales que se deben entender son los que vimos en el primer capítulo.

Lo que sí debemos tener claro es que la iglesia se edifica sobre Cristo y que todos se sujetan primero a Su liderazgo. En particular, debemos entender el rol de los ancianos de la iglesia bajo la autoridad de Cristo y qué es lo que Él demanda de ellos según la Palabra. Ellos son pastores debajo del Gran Pastor, Cristo y son mayordomos de la novia de Cristo. No son jefes ni gerentes, sino siervos, los primeros en obedecer todo lo que demanda la Palabra de Dios. Su llamado trae consigo e implica las grandes responsabilidades de enseñar, exhortar, animar y proteger el rebaño.

Se debe entender también qué significa vivir en comunidad. Con esto, como ya lo dijimos, no solo nos referimos a un bonito compañerismo. Pablo da por sentado en sus cartas que las iglesias a las que escribe pasarán mucho tiempo juntas. Tanto que habrá conflictos, se tendrán que perdonar y tolerar mutuamente. Tendrán que confrontarse en su pecado, exhortarse en su desánimo, reír juntos y llorar juntos. El punto principal es que la iglesia es el lugar diseñado por Dios para ayudar al crecimiento de cada individuo en una vida de comunidad. Como ya hemos dicho, la comunidad bíblica es un proyecto de transformación personal, y la transformación personal depende de la comunidad bíblica.

Aquí tenemos otros buenos recursos para apoyar en la preparación sobre estos temas al equipo.

1. *9 marcas de una iglesia saludable*, de Mark Dever.
2. *Instrumentos en las manos del Redentor*, de Paul Tripp.
3. *Iglesia centrada*, de Tim Keller.

Misión

También queremos asegurar que el equipo plantador tenga clara la misión de la iglesia desde el principio. La misión no es plantar la iglesia. La misión es hacer discípulos. Al hacer discípulos y reunir a esos discípulos, entonces se plantará la iglesia. Hoy en día muchos entrenan al equipo para plantar la iglesia en vez de prepararlos para hacer discípulos. No me gusta decirlo, pero podríamos decir que se entrena a un equipo de plantación solo para saber cómo realizar servicios de una iglesia en vez de hacer discípulos. Mucha gente sabe cómo ser el mejor ujier, cómo tocar la música perfecta, armar el sonido, tener tranquilos a los niños, poner las mejores luces, divertir a los jóvenes, etc. Muchos equipos que plantan iglesias son entrenados para armar eventos más que para hacer discípulos. Esto no debe ser así, mis hermanos.

No tengo ningún problema con que haya gente capacitada en luces, sonido y todo lo que acabo de mencionar. Esto se vuelve un problema para mí cuando esas cosas se convierten en la misión principal de la iglesia. Por eso es que siempre necesitamos regresar y recordar una y otra vez lo que es básico y esencial en una iglesia. Entrenar al equipo plantador en la misión de la iglesia tiene como eje el hacer discípulos. Esto significa que tenemos que capacitar a nuestros equipos para que proclamen el evangelio, tanto al inconverso como al cristiano. Esta es la tarea principal de los líderes de la iglesia para siempre.

Pablo nos dice en la carta a los Efesios que Dios dio a los líderes de la iglesia: «a fin de capacitar al pueblo de Dios para la obra de servicio, para edificar el cuerpo de Cristo. De este modo, todos llegaremos a la unidad de la fe y del conocimiento del Hijo de Dios, a una humanidad perfecta que se conforme a la plena estatura de Cristo» (Ef. 4:12-13).

El pastor-plantador y su equipo de ancianos tiene como fin equipar al pueblo para llevar a cabo la obra del ministerio. ¿Cuál es la obra del ministerio? ¡Hacer discípulos! En este sentido, se debe entrenar al equipo plantador para saber comunicar el evangelio a otros. De este punto hablaremos más adelante. El asunto es que plantar una iglesia no es iniciar un servicio o alquilar un salón, sino hacer discípulos.

Algunos recursos que puedan ayudar en este proceso:

1. *El plan maestro de la evangelización*, de Roberto Coleman.
2. *The Trellis and the Vine*, de Tony Payne y Colin Marshall.

Conclusión

Quiero repetir la frase que hemos usado una y otra vez en este capítulo, **un equipo saludable formará una iglesia saludable.** Todo pastor-plantador tiene que tener esta frase grabada en su mente. Nos preparamos para todas las cosas grandes en la vida: para casarnos, para tener bebés, para grandes entrevistas y oportunidades laborales; cuánto más para la plantación de una iglesia. Un equipo solo será saludable si está bien preparado para la tarea que tiene por delante. Invertir en la preparación del equipo plantador será un trabajo arduo, pero con la gran recompensa de ver una iglesia saludable plantada. Muchos pastores plantadores preferirían pasar directamente a los aspectos formales como darles inicio a los servicios dominicales y empezar a evangelizar, discipular y planificar. Muchos queremos empezar pensando en los edificios, los programas, los eventos que tendremos. Y no voy a negar que tarde o temprano llegaremos a todos esos pasos. Sin embargo, su dificultad en el futuro depende bastante de lo que se hizo en el pasado con el equipo plantador. La dificultad de esos pasos en el futuro será mucho menor al tener un equipo bien unido entre sí y preparado para la obra del ministerio.

CAPÍTULO 8

Nuestros métodos predican

Al ser parte de una red de plantación de iglesias, tengo la oportunidad de interactuar con muchos plantadores. También tengo la oportunidad de evaluar a plantadores que están en los primeros pasos y empiezan a considerar la plantación de iglesias como algo que desean desarrollar como parte de su llamado ministerial.

En una de esas evaluaciones sucedió algo que jamás olvidaré. Estábamos hablando con un candidato de nuestra red sobre los ritmos de la pequeña comunidad de no más de 20 personas que él ya había formado en su contexto. Sin embargo, ya tenían mucha programación como si fueran una iglesia mucho más grande y con muchos años de establecida. No se habían formalizado como iglesia; sin embargo, ya tenían servicios dominicales y una reunión de grupo pequeño. A los que estábamos evaluando a este candidato nos pareció un poco extraño que, con un grupo tan pequeño, tuviera una reunión en casa y también un servicio dominical con grupo musical, predicación y todos los otros detalles que implica un servicio. Entonces, le preguntamos: «¿Cuál es la diferencia entre las dos reuniones?». Sin titubear ni un segundo, nos respondió con absoluta seguridad: «La manera en que ponemos las sillas».

Es increíble pensar todo lo que creemos o suponemos de un lugar solo por cómo están dispuestas las cosas. Si hay un gran campo vacío, podemos verlo como un lugar donde se puede jugar fútbol. Si en ese campo hay mesas con manteles blancos, adornadas de una forma muy formal, pensamos que es una boda. La forma más simple en que utilizamos, distribuimos y revestimos los diferentes espacios nos dice mucho sobre lo que va a suceder en ese lugar y cómo es que actuaremos y qué es lo que haremos allí.

En la iglesia tiende a suceder lo mismo. Nuestra metodología no es neutra. Nuestros métodos predican. Nuestros métodos dicen mucho respecto a lo que creemos que debe hacerse en una iglesia, sobre cómo funciona, qué le importa y qué es, finalmente, la iglesia. Formas y acciones muy sencillas pueden predicar un mensaje muy fuerte sobre nuestras convicciones con respecto a la iglesia. Por ejemplo, ¿cómo recogemos la ofrenda? ¿quién la recoge? ¿cuántas canciones se cantan? ¿qué otras actividades tiene la iglesia? ¿quiénes se paran adelante los domingos para hablar desde el púlpito y por qué? ¿qué características tiene el espacio donde se reúne la iglesia? ¿cómo se organiza su calendario?

Recuerdo que, antes de esa evaluación, nosotros mismos habíamos pasado mucho tiempo pensando en nuestro equipo plantador. Por eso nos llamó tanto la atención la respuesta del candidato. Habíamos pasado cinco meses entrenando a un equipo plantador. Sin embargo, durante los primeros dos meses, ya nos habíamos reunido con las sillas en filas. Aunque no planificamos predicar formalmente en esta etapa de la plantación, al final, eso fue lo que sucedió. No habíamos considerado lo que estábamos comunicando al armar el salón de esa manera. Sin saberlo y sin darnos cuenta, lo que estábamos comunicando era que la gente debía llegar y sentarse para escuchar al que exponía la Palabra en ese momento. Lo que estábamos comunicando era que la etapa de preparación del equipo plantador era algo muy parecido a un servicio dominical. Sin embargo, no era eso lo que queríamos hacer. En este período de equipo plantador, nuestro deseo era fomentar más la vida de comunidad, pero eso no se estaba logrando. No sabíamos por qué la gente no se conocía mejor ni tampoco por qué no interactuaba mejor y con mayor entusiasmo durante el tiempo de enseñanza. Queríamos que todos hablaran de sus experiencias con la iglesia y opinaran sobre lo que dice la Biblia en cuanto a la Iglesia y su misión. Pero muchos no querían aportar y se mantenían como observadores pasivos y callados. Finalmente, nos dimos cuenta de que nuestros métodos les habían «predicado» un mensaje de asistencia pasiva en vez de participación comunitaria.

Si te pones a buscar libros en librerías o en línea sobre la plantación de iglesias, encontrarás muchos que tienen como propósito enseñarte cómo reunir un grupo, alquilar un lugar, preparar servicios y hacer que ese grupo crezca. Muchas plantaciones de iglesias han comunicado con sus métodos que una plantación no es más que una reunión dominical con buena música, excelentes programas, o que saben cómo crecer más que las otras iglesias en el sector. Cuando uso la palabra método o metodología, me refiero a la forma o el procedimiento que escogemos para cumplir todas las cosas que una iglesia debe cumplir.

Muchos de esos libros enseñan buenos procesos que pueden ayudar bastante en la reunión de una comunidad local de creyentes. De todas formas, este libro tiene un enfoque sumamente práctico. Al mismo tiempo, muchos de esos libros no demuestran cómo la plantación de una iglesia es una actividad distinta a simplemente reunir un grupo de personas. Claro, hay elementos compartidos; sin embargo, la iglesia en el Nuevo Testamento es mucho más que una reunión de personas que realizan una actividad religiosa.

Creo que parte del problema radica en que algunos están buscando soluciones rápidas para plantar una iglesia. Esto podría deberse a que, quizás, ya se encuentran en el proceso sin una dirección general; se lanzaron sin realmente prepararse como es debido para la tarea. Otros andan buscando una nueva metodología que les ayudará a que su iglesia se multiplique a un nivel nuevo o mayor. Cualquiera sea la razón, muchos no consideran que su metodología tiene más que una función de ejecución práctica. Sin embargo, lo que quisiera aclarar es que nuestra metodología también tiene una poderosa función didáctica, aunque no lo reconozcamos a primera vista.

Es sumamente importante no olvidar esta realidad en las primeras etapas de una plantación. En América Latina, nuestra metodología común en cuanto a la plantación de iglesias es la siguiente: comprar un equipo de sonido, comprar sillas, alquilar un local y comenzar las reuniones tradicionales. Aunque creo que todas esas cosas pueden ser necesarias en algún momento de la vida de la nueva iglesia, la manera en que utilizamos esos medios habla con fuerza sobre lo que creemos en cuanto a la misma naturaleza de la iglesia.

Metodología o predicación

Hoy en día pareciera que existe una batalla entre los que hablan de metodología y los que hablan de predicación o de teología.

Los que hablan de la metodología pareciera que solo quieren que se hagan cosas prácticas y estratégicas. Los que hablan de la predicación pareciera que comunican que lo único de importancia eterna es el mensaje que predicamos y que todo lo demás es secundario. Sinceramente, en mi opinión, creo que ambas partes tienen mucha razón y que estas dos posturas deben considerarse porque vienen a ser como las dos caras de una misma moneda.

Ambas caras de esta supuesta discusión tienen su lado oscuro y pareciera que tienen algo una en contra la otra. Los que hablan mucho de metodología, por ejemplo, pueden llegar a ser totalmente pragmáticos, hasta el punto en que lo único que importa es que la iglesia crezca numéricamente. Algunos solo enfatizan los métodos que apuntan a la felicidad y la comodidad de los feligreses. Estos métodos que se apoyan en las relaciones públicas y que consideran a los miembros como «clientes» terminan generando un mero consumismo en la iglesia local que no es saludable. Por ejemplo, Jamie Buckingham, uno de los exeditores de la revista *Charisma*, dice en un artículo publicado en 1988 sobre la predicación dominical: «He descubierto que la gente está dispuesta a pasar por alto una teología pobre siempre y cuando salgan antes del mediodía».[29] Lo que entiendo que quiso decir es que, si la metodología es buena y satisface las demandas de los asistentes, el mensaje que se predica no importa tanto.

Pero también está el peligro en el otro lado de la moneda. Podría haber un enfoque tan fuerte en nuestra teología y nuestra predicación que haría que nos olvidemos de nuestro contexto y

---

[29] Jamie Buckingham, «Wasted Time», *Charisma and Christian Life* 79, (diciembre de 1988): 98, http://jamiebuckinghamministries.com/wp-content/uploads/2013/11/79-Wasted-Time-web.pdf.

las necesidades reales con que viene la gente o no los tomemos en cuenta por completo. He escuchado a varios pastores decir que la Biblia es el único método que necesitamos. Creen no tener métodos, pero aún no tener métodos es un método. Al final de cuentas, todos los tenemos y los necesitamos. Por eso, lo importante es pensar bíblicamente en ellos.

Lo que estoy tratando de enfatizar es que la división de la metodología y de la predicación genera una falsa dicotomía. Ya lo hemos dicho: lo que hacemos es como una prédica sobre aquello que nos resulta más importante. Si pasamos 35 horas a la semana preparando un sermón, sin visitar a las familias, sin discipular a otras personas, sin hacer ni una sola llamada pastoral, más allá del brillante tema que podamos exponer, lo que realmente estamos predicando es cuánto nos importa el sermón y lo poco importante que es para nosotros la relación pastoral. No hay duda de que nuestra metodología predica más fuerte que muchas de nuestras palabras.

En lo personal, creo que es muy importante que nuestra metodología sea guiada y se sujete a nuestra predicación. No podemos dejar que la metodología cambie el propósito fundamental de la iglesia, que es hacer, madurar y multiplicar discípulos. Cuando nuestros propósitos cambian o dejan de tomarse en cuenta en todo lo que hacemos o dejamos de hacer, nos empezaremos a enfocar en cosas superfluas como en llenar el salón, tener más ofrendas y más edificios o ser más atractivos al auditorio. Si eso empieza a pasar es porque le hemos dado una importancia desproporcionada a la metodología.

Métodos y metas

Nuestros métodos existen, principalmente, con el fin de ayudarnos a establecer el camino y el proceso para lograr nuestra meta. Aunque parezca muy lógico, miren el diagrama que encontramos abajo.

INSTITUCIÓN
Programas, recursos y eventos

MISIÓN
Hacer, madurar, multiplicar discípulos

El punto de abajo es donde estamos nosotros al iniciar una plantación. El punto de arriba es la meta: hacer, madurar y multiplicar discípulos. La línea que conecta los dos es nuestra línea metodológica. Tu línea metodológica es adonde van todas las actividades, iniciativas, recursos y personal de la iglesia. Nuestra tarea como plantadores es poner a trabajar los recursos de la iglesia para formar metodología que cumpla con la meta: hacer discípulos.

El problema es que muchas plantaciones no lo ven así. Aunque muchos dicen que la meta es hacer discípulos, su metodología predica otro mensaje. Para muchos su estrategia se parece más a los dibujos de abajo.

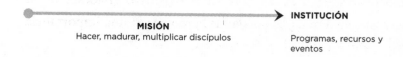

MISIÓN
Hacer, madurar, multiplicar discípulos

INSTITUCIÓN
Programas, recursos y eventos

Sus métodos parecen mostrar que su mayor preocupación es organizar e inaugurar reuniones dominicales. Creen que su labor es organizarlo todo, de tal manera, que todos participen en eventos y programas. Quieren tener los recursos para tener funcionando todos los programas necesarios. Toda la energía de la iglesia va destinada hacia el desarrollo institucional. Aunque dicen desde el púlpito que la meta es hacer discípulos, muchos solo se aprovechan de ese llamado a hacer discípulos para poder alcanzar su verdadera meta que es el crecimiento numérico de la institución. Mike Breen algo que parafraseo de esta manera: «Si haces discípulos siempre terminarás con una iglesia. Pero si tu meta es tener una iglesia, será difícil terminar con discípulos».[30] No hay nada más peligroso para un movimiento de plantación de iglesias que suplantar la misión de hacer discípulos por la edificación de instituciones.

No me malentiendan, por favor. La institución también es necesaria y fue diseñada como parte del plan de Dios. El problema es que no fue diseñada como el fin último para la iglesia. El fin no es nombrar ancianos para jactarnos de nuestro liderazgo. El propósito es que esos ancianos capaciten al pueblo de Dios para hacer Su obra, hacer discípulos. El fin no es tener un edificio, sino tener un espacio físico donde podamos entrenar y capacitar al pueblo de Dios para hacer discípulos donde quiera que ellos estén. El fin no es tener más ofrendas, sino utilizar la mayor cantidad de lo que ingresa para que sirva a la misión de la iglesia: hacer discípulos. En muchos de

---

[30] Mike Breen, «Why the Missional Movement will Fail», *Verge*, (14 de septiembre de 2011), http://www.vergenetwork.org/2011/09/14/mike-breen-why-the-missional-movement-will-fail/.

nuestros casos, como podrán notar, hemos cambiado los fines por los métodos.

Ahora podemos hablar más claramente de nuestras metas como iglesia. Ambas, nuestra predicación y nuestra metodología están sujetas a nuestra misión: hacer discípulos. Cumplir con esa misión es cumplir con nuestro propósito: glorificar a Dios y gozar de Él para siempre. Todo lo que la iglesia hace y predica tiene esta misión y este propósito en mente: hacer discípulos, glorificar y honrar a Dios. Nuestro anhelo más grande como plantadores de iglesias es que Dios sea glorificado y honrado como Rey y Señor por más personas, en más ciudades y en más países del mundo.

¿Cómo elegimos nuestros métodos?

Creamos una falsa dicotomía cuando hablamos de nuestra metodología separada de nuestra teología y viceversa. Nuestra teología, arraigada en la Palabra de Dios, informa y enmarca nuestra metodología. No todos los métodos son aceptables ni se ejecutan de la misma manera. Si no evaluamos nuestra metodología a la luz de la Palabra de Dios, es probable que terminemos con métodos que se opongan a la Palabra de Dios. Siempre deberíamos hacernos primero una pregunta rectora: ¿Qué demanda la Palabra de Dios de la iglesia? Esta pregunta afirma que la Palabra de Dios ya tiene mucho que decir, no solo en cuanto a la naturaleza de la iglesia, sino también con respecto a su función.

Albert Mohler utiliza un sistema que se llama «triaje».[31] El

---

[31] Albert Mohler, «A Call for Theological Triage and Christian Maturity», *Albert Mohler*, (20 de mayo de 2004), http://www.albertmohler.com/2004/05/20/a-call-for-theological-triage-and-christian-maturity-2/.

concepto de «triaje» es en realidad un concepto médico. Ayuda a los médicos a decidir cuáles son las heridas que requieren de atención más urgentes y, como consecuencia, se requiere trabajar en esas heridas según su urgencia. Mohler específicamente aplica este concepto para clasificar nuestra teología respondiendo una simple pregunta: «¿Cuáles de nuestras creencias son las más importantes y cuáles son las de segunda y tercera importancia?». Mohler dice: «Una disciplina de triaje teológico requiere que cristianos determinen una escala de urgencia teológica».

Por ejemplo, Mohler explica que nuestras creencias más urgentes, del primer nivel, son aquellas que unen a todos los cristianos de todos los tiempos. Esto incluye la naturaleza de Jesucristo, la Trinidad, la segunda venida de Jesucristo y otras semejantes. Si alguien no cree estas doctrinas fundamentales, no son entonces parte de la fe cristiana, histórica y ortodoxa.

En el segundo nivel, encontramos temas que tal vez nos dividan como denominaciones o iglesias locales, aunque seguimos siendo hermanos en Cristo. En este nivel encontramos temas como, por ejemplo, el bautismo, que divide a los que creen que los que han confesado fe en Cristo deben ser bautizados y los que creen que los bebés de los creyentes deben ser bautizados para ser incluidos en la familia del pacto. Ambos grupos siguen siendo cristianos, pero estas creencias secundarias los dividen en sus prácticas.

En el último nivel encontramos aquellas creencias en las cuales podemos diferir sin que eso afecte a la comunidad donde nos congregamos. Según Mohler, por ejemplo, encontramos temas del fin de los tiempos o la interpretación de ciertos textos difíciles en los que no estar de acuerdo no tiene mayores repercusiones en la esencia de nuestra fe o práctica eclesiástica.

Les explico todo eso porque creo que el concepto de «triaje» se aplica también a los temas referentes a la metodología de la iglesia. Hay metodologías que son de más urgencia, que son absolutamente necesarias en toda iglesia. Hay otros métodos que la Biblia no exige y que son secundarios.

En el primer nivel del «triaje» podemos encontrar los aspectos que la Biblia demanda de la iglesia. Esto es lo que debe existir en toda iglesia, en todo lugar, en toda época. En este nivel podemos hablar sobre lo que la Biblia demanda de la naturaleza de la iglesia y de su metodología. Por ejemplo, que Jesucristo sea exaltado como supremo Señor de la Iglesia (Col. 1:15-20), la predicación de la Palabra de Dios de una manera relevante para la gente que la escuche (2 Tim. 3:16–4:5), el liderazgo calificado (1 Tim. 3; Tito 2), la reunión regular con el fin de adorar a Dios y exhortarnos los unos a los otros (Heb. 10:24-25), y vivir la misión de la iglesia: hacer discípulos (Mat. 28:18-20).

También en este nivel podemos encontrar cuestiones metodológicas que demanda la Palabra de Dios. Exige que las personas se estén enseñando los unos a los otros (2 Tim. 2:2; Heb. 10:24-25), la oración comunal (1 Tim. 2:1-7), la confesión de pecados los unos a los otros (Sant. 5:16), la confrontación bíblica mutua (Ef. 4:15), el uso de los dones espirituales (Rom. 12:3-8). Realmente no tenemos tiempo para exponer todo lo que la Biblia demanda de la iglesia, pero hay otros muy buenos recursos que nos ayudan con esa información.[32]

---

[32] Ver, por ejemplo, 9 *marcas de una iglesia saludable* por Mark Dever, *Iglesia centrada* por Tim Keller y *Una iglesia conforme al corazón de Dios* por Miguel Núñez.

El problema, como hemos mencionado, es que hemos reducido mucho de lo que demanda la Biblia con respecto a la iglesia a solamente los elementos constitutivos del culto dominical. Suponemos que, mientras cantamos, oramos y predicamos, estamos cumpliendo con lo que la Biblia demanda. Lo lamentable de esa percepción es que, si practicamos solo estas cosas, terminaremos siendo iglesias muy deficientes.

En el segundo nivel encontramos el **contexto**. En muchos asuntos, la Biblia demanda el QUÉ, pero no nos explica el CÓMO. Es en estos temas que debemos observar nuestro contexto. El contexto puede darnos luz sobre la forma en que se aplica lo que la Biblia demanda. Al mismo tiempo, el contexto también es considerado para poder determinar aquellos aspectos en los que la Biblia guarda silencio.

Por ejemplo, la Biblia jamás demanda que una iglesia tenga un edificio. En muchas culturas, las iglesias no pueden tener un edificio. Pero en la Biblia sí se exige que nos reunamos, que nos confrontemos y exhortemos, pero eso se puede llevar a cabo de diferentes maneras y en diferentes oportunidades. Por ejemplo, durante la reunión dominical, en grupos pequeños, en comunidades misionales, en nuestros grupos pequeños, o simplemente facilitando que suceda en forma natural sin importar el lugar en donde nos encontremos. El plantador de iglesias debe tener un buen oído para escuchar su contexto y para oír la Biblia, y asegurarse de que lo que está haciendo no solo sea bíblicamente correcto, sino también contextualmente relevante.

El contexto puede determinar mucho del lenguaje que se usa, de la organización de la estructura de la iglesia, de la ejecución de su misión, de la forma de las reuniones de la iglesia. Pero el contexto no es un valor autónomo, porque debe estar sujeto a la Palabra de Dios y la forma en que la aplicamos. También es importante aclarar que el contexto, no es siempre bueno o deseable. Al evaluar cualquier contexto se debe evaluar aquello que no solo le quita la gloria a Dios, sino también cuáles contextos son manifestaciones particulares de los ídolos de nuestro tiempo. Por eso es importante respondernos las siguientes preguntas al analizar un contexto, ¿Qué nos lleva a amar? ¿Qué nos lleva a valorar? ¿Cómo es que el contexto nos lleva a definir el éxito? ¿Cómo terminará luciendo la familia? Al escuchar y oír la cultura, al estar con la gente y clarificar sus dudas, se aprende más y más sobre cómo el contexto define y requiere el ajuste de la metodología de la iglesia. Pero, como ya lo dijimos, esto es siempre y cuando se haya plasmado en esa metodología contextual lo que la Biblia también demanda de forma universal y eterna como algo fundamental.

Permítanme darles un ejemplo de nuestra propia experiencia. Tuvimos muchas personas bilingües al principio de nuestra plantación. Ellos podían hablar español y también inglés. Sin darnos cuenta, a pesar de estar en un país latinoamericano, hablábamos mucho inglés. Después de varios meses, surgió la duda: «¿Somos una iglesia bilingüe?». Decidimos rotundamente que no lo éramos. Esa fue una decisión que se tomó basada en el contexto. Estamos en un centro urbano de América Latina, donde el idioma mayoritario que habla la población es el español. Deberíamos entonces poder ser la comunidad de Cristo, de tal forma que cualquier persona en nuestro contexto pueda participar, no solo los bilingües. Nuestros métodos predican.

En el último nivel, ya encontramos cuestiones de preferencia. Estas son aquellas cosas en que la Biblia guarda silencio y que el contexto tampoco le da mayor importancia. Por ejemplo, ¿cuál versión de la Biblia se usará?, ¿cuántas canciones se cantarán?, ¿los ujieres recogerán la ofrenda o se colocarán canastas en un lugar fijo, para que la gente puede dar en cualquier momento?, ¿habrá café por las mañanas o no? Mientras no vaya en contra de lo que pide la Palabra de Dios, mientras no ofenda ni ignore al contexto, hay libertad para aplicar nuestra metodología según la preferencia del equipo de liderazgo y lo que sirva mejor a la congregación. Esto no significa que lo hagamos sin pensarlo. Siempre debe haber una reflexión teológica sobre nuestros métodos. Al final, es posible decir que hemos preferido tal o cual acción porque la Biblia nos permite actuar de acuerdo a nuestro entendimiento y conciencia.

¿Por qué importa?
La idolatría y nuestros métodos

Todos conocemos la frase muy famosa de Juan Calvino: «El corazón del hombre es una fábrica de ídolos». Recuerdo que cuando me iniciaba en el ministerio pastoral, oí una de las primeras prédicas en mi vida sobre la idolatría. Sí, es triste que no la haya escuchado antes de estar en el ministerio. El pastor enseñó sobre cómo podemos identificar nuestros ídolos. La siguiente frase me impactó bastante, y uso este concepto hasta el día de hoy para evaluar mi vida. Él nos dijo: «Si quieres saber cuáles son tus ídolos, mira cómo gastas tu dinero, dónde gastas tu tiempo y dónde gastas tu energía». Lo que quiso decir fue que la manera en que vivimos revela lo que amamos más y aquello que más anhelamos. En este sentido, una vez más, los métodos de nuestra vida predican. Si gastamos mucho dinero en películas y no somos muy generosos con otros, estamos predicando que las películas son más importantes que los demás. Si gastamos mucho tiempo en videojuegos y no mucho tiempo con nuestra familia, le estamos predicando un mensaje muy fuerte a nuestra familia respecto al amor que le tenemos.

Sin embargo, este problema de la idolatría no es solo un problema individual, sino que también puede ser institucional. Los métodos que utilizamos en nuestras iglesias revelan y demuestran lo que más amamos y más anhelamos. Cada evento o actividad de la iglesia requiere dinero, tiempo y energía. Los pastores de una iglesia local han sido bendecidos con el privilegio de ser no solo los mayordomos de su propio dinero, tiempo y energía, sino también del dinero, el tiempo y la energía de la comunidad eclesiástica. La forma en que gastan esos recursos predica un mensaje muy fuerte en cuanto a sus valores y prioridades. El uso de los recursos no solo predica respecto a los valores de los pastores, sino que llega a demostrar la idolatría que tienen. Cuando los pastores buscan en la iglesia lo que solo Dios les puede dar o cuando buscan su identidad en el éxito ministerial, dan indicios de que podrían estar usando la iglesia para validarse a sí mismos, reemplazando la gloria de Dios por la imagen de una iglesia exitosa delante de la cual ellos terminan postrándose.

¿Cómo se utiliza el dinero en tu iglesia? Muchas iglesias dejan que el dinero maneje su visión. Si hay mucho dinero, se gozan porque pueden comprar muchas cosas para la iglesia o pueden realizar muchas actividades. Si hay poco dinero, se detiene totalmente la iglesia o pasan mucho tiempo hablando del dinero. ¿Qué mensaje enviamos con el manejo de nuestras finanzas?

Muchas plantaciones ni siquiera han considerado como deberían manejar las finanzas.

Es vergonzoso reconocer que muchos pastores no son buenos siquiera para manejar sus propias finanzas y, como resultado, ese desorden personal también permea el manejo de las finanzas de la iglesia. ¿Cómo se distribuye el dinero de la iglesia? ¿Cuánto dinero se destina para su misión? ¿Cómo se maneja el pago del personal de la iglesia? Muchas iglesias hacen notar lo importante que son para ellas sus instalaciones. Sin embargo, esa valoración de importancia no está impulsada por una convicción bíblica, sino simplemente por el deseo de tener instalaciones impresionantes o simplemente bonitas. Aunque no creo que sea malo tener buenas instalaciones, la forma en que gastamos el dinero en las instalaciones predica un mensaje fuerte. A veces, les predicamos que su comodidad es lo más importante. Otras veces, les comunicamos que las oficinas del personal son lo más importante de la iglesia. Todos estos mensajes implícitos los predicamos a través de la manera en que gastamos el dinero.

¿Qué me dices del tiempo? ¿En qué gasta tiempo tu iglesia? Sinceramente, como pastores, somos bastante malos administradores del tiempo de la gente que es parte de nuestra iglesia. El uso de nuestro tiempo demuestra que no tenemos una visión muy clara para la iglesia. El uso de nuestro tiempo podría demostrar cuán confundidos estamos en cuanto a la misión de la iglesia. Si creemos que la misión es hacer discípulos, pero la mayor parte del tiempo de la iglesia transcurre dentro de las cuatro paredes del edificio, ¿qué mensaje estamos enviando? Si mantenemos un calendario lleno de actividades y más actividades solo para cristianos, ¿qué mensaje estamos enviando sobre los valores y las prioridades de la iglesia? ¿Cómo puede la gente estar en sus barrios, en sus colegios y con sus amigos inconversos, si siempre están en actividades en el edificio de la iglesia?

Muchos miembros de plantaciones vienen porque tienen un corazón muy grande para servir. Son personas dispuestas a dar su tiempo en esa nueva iniciativa y en muchos casos, dedican largas horas a la expansión del evangelio y al discipulado en la nueva comunidad. Sin embargo, muchos pastores desaprovechan el tiempo de los integrantes del equipo de plantación con actividades innecesarias. En su deseo de querer acelerar la institucionalización o equipararse como iglesia madre o iglesias supuestamente exitosas, piden que los integrantes del equipo plantador dediquen muchas horas a levantar ministerios tradicionales, como el de niños, de alabanza, de jóvenes, pero mucho antes de lo necesario. El resultado es calamitoso. Los integrantes del equipo plantador terminan agotados, sin haberse enfocado bien en hacer discípulos como tarea fundamental y primaria. A veces están tan ocupados en asuntos institucionales que nunca tienen tiempo de conocer y compartir con sus vecinos o reunirse para discipular a otros hombres y mujeres en la iglesia. Lo peor de todo es que terminan descuidando a su familia. Si llegamos a esos resultados negativos, lo más seguro es que les hayamos predicado que levantar la institución es más importante que la misión o que solo serán útiles si sirven en los programas institucionales de la iglesia.

Una de las preguntas más comunes que nos hacen los nuevos miembros es: «¿Dónde puedo servir?». Sinceramente, lo que hacemos los domingos en nuestra iglesia es algo muy sencillo, no requiere de mucho personal. Entonces, lo primero que hacemos es preguntarles: «¿Dónde trabajas y en qué comunidad misional estás?». Las comunidades misionales son, para nosotros, los grupos de personas con las cuales vivimos en comunidad y vivimos la misión juntos. Afirmamos que debemos vivir todos los «unos por los otros» en esas comunidades. Lo que buscamos es animar a nuestra gente a ver el uso de sus dones y el servicio a Dios como algo que no tiene que suceder, exclusivamente, en la reunión dominical o en las actividades de la iglesia. Tengo que reconocer que esto último no es muy popular en las iglesias contemporáneas. Muchos predicadores somos culpables de predicar que el uso de los dones tiene que manifestarse dentro de una asignación que el pastor les da para servir dentro del organigrama institucional de la iglesia.

¿Qué me dices de la energía? Sé que este concepto es mucho más abstracto y difícil de medir. Sin embargo, creo que hay algunas maneras de hacerlo. Además de lo que se expone en la prédica, ¿de qué hablas cuando estás frente a la iglesia? Muchos dedicamos gran parte de nuestra energía a la predicación y eso es bueno. Pero también, cada vez que anuncias un evento, un programa, una oportunidad de servicio, estás ofreciendo parte de la energía institucional de la iglesia, dedicándola para que se gaste de una manera particular. Muchas iglesias están llenas de personas que están cansadas porque han gastado mucha energía en muchos eventos que parecían estar desconectados de la misión de la iglesia. Sirven, hacen, están activos, pero no ven cómo su actividad tiene un propósito vinculado a la misión de hacer discípulos. La energía institucional siempre será proporcional a la energía que tiene la gente de la iglesia. ¿Detrás de qué tipos de iniciativas decides poner el nombre de tu iglesia para que gaste esa energía?

Como parte de la misión central de hacer discípulos, en nuestra iglesia hemos decidido dedicar mucha energía institucional al cuidado del huérfano. Esto implica dar espacio en nuestras reuniones para hablar del tema, abrir un grupo que se dedica a este tema en particular y sacrificar a la gente que podría servir en la alabanza, en el ministerio con los niños o en otros lugares, para trabajar en esta iniciativa. Entonces, hemos decidido utilizar nuestra energía institucional para cuidar al huérfano.

Conclusión

Quiero terminar con algunas preguntas adicionales para estimularnos más a pensar en este tema. ¿Qué dicen nuestros métodos sobre la comunidad? Si bien creemos que la iglesia es la comunidad, ¿cómo estamos creando espacios que fomenten un sentido de comunidad? ¿Cómo les estamos enseñando a los miembros a que se rindan cuentas de su vida espiritual? ¿Cómo les estamos enseñando a nuestros miembros a exhortarse bíblicamente? Una de las frases que más hemos utilizado en nuestra iglesia es: «No somos un evento al que asistimos; somos una comunidad a la que pertenecemos». Claro, esa comunidad tiene eventos, pero es mucho más que sus eventos.

¿Qué dicen nuestros métodos sobre el evangelio? Muchas veces, lo que decimos sobre la gracia de Dios y lo que practicamos en cuanto a esa gracia son dos mensajes muy diferentes. ¿Cómo respondemos delante de la confesión de pecado? ¿Cómo tratamos a los que luchan con vicios? ¿Cómo manejamos cuestiones de disciplina? ¿Estamos generando una cultura saturada del evangelio?

¿Qué dicen nuestros métodos sobre los niños? ¿Forman parte integral de la vida de la iglesia? ¿Qué se les enseña y por qué? ¿Participan en ciertos servicios en la iglesia o siempre tienen algo aparte? Por muchos años trabajé en el ministerio juvenil. Entendí con claridad que habíamos entrenado a los jóvenes para que no participen de la vida de la iglesia local. Siempre habían tenido eventos y programas específicamente hechos para ellos y su contexto. Se suponía que no podían poner atención en la prédica porque no era «para ellos». Sin embargo, los jóvenes o los niños convertidos no son «el futuro de la iglesia»; son parte de la iglesia hoy y ahora mismo. ¿Qué mensaje les estamos predicando con nuestros métodos?

Al revisar nuestra metodología tal vez hayamos identificado no solo malos métodos, sino también dioses falsos que están manejando nuestra metodología. Tenemos la oportunidad de arrepentirnos y de ajustar el mensaje que predicamos con nuestra metodología. La predicación es de suma importancia. Entonces, aprovechemos bien nuestros métodos para predicar todo lo que la Biblia demanda de la iglesia, de una manera relevante y apropiada según nuestro contexto.

CAPÍTULO 9

Dibujamos el plano

Todos hemos oído historias jocosas sobre hombres que no son buenos para leer las instrucciones antes de armar un mueble nuevo. Las historias son chistosas porque son muy realistas. Pocas cosas me frustran más que tener que comprar algo que no está armado. Antes de casarnos, salimos con mi esposa a comprar los muebles que tendríamos en nuestro apartamento. Yo ya vivía en el apartamento y, como buen hombre soltero, no sentía que necesitaba muchos muebles. El problema era que mi futura esposa no quería mudarse a un apartamento sin muebles. Por eso, no tuve más remedio que ir a una de esas grandes tiendas de muebles y accesorios del hogar llamada *Ikea*. Esta tienda tiene la particularidad de vender muebles que vienen desarmados en cajas mucho más pequeñas de lo que uno podría imaginar. Lo sorprendente es que dentro de esa cajita pequeña están todas las piezas necesarias para armar un ropero.

¿Pueden creer que cargué en mi auto alrededor de diez muebles nuevos? Bueno, la historia no termina allí porque mi amada futura esposa no se quedó a ayudarme, sino que siguió de largo. Con su partida, empezó una de las noches más largas de mi vida. Por favor, ¿quién no puede armar un mueble con solo ver las piezas? Pues bien, por no querer seguir las instrucciones, tuve

que armar y desarmar, y luego armar de nuevo todos y cada uno
de los muebles. Claro que llegué a terminar, pero demoré mucho
tiempo por creer que solo con mi intuición podría armar todos
los muebles sin seguir las instrucciones. Al final, tengo que decir,
con un poco de vergüenza, que tuve que leer las instrucciones y
con detenimiento.

Sirva esta historia frustrante en mi vida para afirmar que
muchos hacemos lo mismo con la plantación de iglesias. La
idea de dibujar al detalle los planos de una plantación nos parece
aburrido, poco espiritual o hasta ofensivo porque creemos saber
todo lo necesario para levantar una iglesia. Es probable que haya
mucho en lo que seamos diestros y hasta expertos, pero espero
que, a lo largo de este capítulo, mantengas una mente abierta
a la necesidad de seguir cuidadosamente las instrucciones. Lo
presentaré como un proceso que nos ayudará a contextualizar
mejor lo que estamos haciendo a favor de nuestra comunidad.

En el primer capítulo, dimos una definición amplia de lo que
es la iglesia. La iglesia local es nada más y nada menos que la
comunidad local de los que han sido salvos por la obra de Cristo
(Ef. 1:22-23; 5:25) y se reúnen regularmente (Heb. 10:24-25)
para exaltar a Cristo (Col. 1:15-20), oír la predicación de la
Palabra (2 Tim. 3:16-4:5), exhortarse y animarse en la fe (Gál.
6:1-5; Heb. 10:24-25), vivir realizando buenas obras delante del
mundo (Ef. 2:10; Mat. 5:16) y luego salir en misión para hacer
más discípulos (Mat. 28:18-20).

Quisiera además recalcar que la iglesia no es ni el edificio ni la
reunión, sino algo espiritual. El edificio y la reunión no son más
que estructuras que apoyan el crecimiento de la iglesia. La iglesia
es, en esencia, la comunidad de creyentes. Aunque la naturaleza

de la iglesia sea espiritual, eso no se contrapone con la idea de que debamos planificar. Al contrario, deberíamos planificar el proceso de la plantación de la iglesia e ir trazando el camino por el que va a transitar la iglesia en sus diferentes etapas. El Espíritu Santo nos va guiando en todo momento, pero también está presente guiando y dirigiendo nuestra planificación. No hay ningún motivo para creer que el Espíritu Santo solo obra de manera sobrenatural espontánea. Un libro que me ayudó mucho es *Rooted & Grounded* [Arraigado y cimentado], de Abraham Kuiper. Este libro habla de las distintas metáforas para la iglesia que se observan en el Nuevo Testamento. Hay metáforas orgánicas como «cuerpo» o «vid», que muestran que la iglesia tiene una estructura natural. Sin embargo, la Biblia también habla de la iglesia como un edificio. Desde el principio de la iglesia vemos como los mismos apóstoles empezaron a darle estructura al organismo de la nueva iglesia. Kuyper dice: «Del organismo nace la institución, pero también por medio de la institución se alimenta el organismo».[33] Lo cierto es que la institución siempre es necesaria, pero nunca será el fin desarrollar una institución. El fin siempre es la vida del organismo, su crecimiento, su madurez y su fructificación.

A veces tendemos a tener una visión demasiado gerencial de la iglesia y por eso pensamos al revés. En muchos casos de plantación de iglesias, plantamos una institución y esperamos que de esa institución nazca el organismo. Eso es como empezar la casa construyendo primero el techo. Por eso es que, al hablar de

[33] Abraham Kuyper, *Rooted & Grounded: The Church as Organism and Institution* [Arraigado y cimentado], (Grand Rapids: Christian Library Press, 2013), edición Kindle, Loc. 484-485.

la importancia de elaborar un plan de plantación, aun ese plan tiene como propósito poner al organismo primero y la institución en segundo lugar. O para decirlo de otra manera, el plan nunca logrará plantar la iglesia ni hacer que la gente confiese su fe en Cristo. Este tipo de crecimiento es netamente espiritual: solo Dios puede hacer que crezca. El plan nos prepara para el crecimiento que esperamos que Dios provea.

Planos y edificios

Hemos estamos hablando en todos estos capítulos de lo que sucede en una plantación antes de que inauguren formalmente sus reuniones dominicales. Por mi experiencia en plantación de iglesias, sé que estas primeras fases son las que más se pasan por alto y esto trae consigo un enorme peligro. Para mostrarles este peligro voy a usar la ilustración de una construcción, porque muchos en el mundo de la plantación utilizan imágenes de la construcción para pensar en la plantación de una iglesia. No hay mejor ilustración para ayudarnos a ver el peligro que existe cuando pasamos por alto los primeros pasos que ya hemos desglosado de una plantación.

En un sitio de construcción, nadie, en su sano juicio, empieza simplemente a construir el edificio. Si alguien ha empezado así, es más que seguro que cometió muchísimos errores a lo largo de la construcción y corregirlos provocó un gran retraso en la obra. De seguro surgieron obstáculos, pero, si se hubiera dedicado tiempo a medir y evaluar mejor, a conocer mejor la tierra, o entender mejor los alrededores, es muy posible que todo se hubiera empezado a construir de manera diferente.

Sobre la base del ejemplo anterior es que, tal vez, solo la planificación por sí misma no sea completamente adecuada. Es por eso que hemos utilizado la frase **dibujamos el plano** para el título de este capítulo. El plano, o los planos, son el mapa de la construcción para guiar a los albañiles en el trabajo. Les muestra cómo debe quedar aquello en lo que están trabajando. Todo edificio comienza como una idea o una visión de lo que podría ser. Al principio no es tan clara ni detallada, por lo que esa idea se empieza a dibujar. A lo largo del proceso de traslado a la realidad, se van ajustando muchas de las ideas porque no siempre todo sale o se puede hacer exactamente como se pensó en el dibujo. El arquitecto y los ingenieros siempre tendrán que estar en comunicación porque constantemente surgirán obstáculos que exigirán cambios en el plan inicial.

El proceso de plantación es muy parecido al que acabamos de mencionar. Primero comienza como una visión, una idea que nace de una necesidad visible. No solo nace de una necesidad, sino, como bien ya hemos dicho, nace de la comisión que hemos recibido del Señor de hacer discípulos. Esta podría ser la idea inicial del arquitecto. Pero, cuando ya consideramos empezar el proceso de «picar piedra» en cierto sector o comunidad, necesitamos pensar más estratégicamente en cómo debe ser proclamado el evangelio en ese contexto y qué aspecto o forma debería tener la iglesia allí.

Hablar de estrategia también podría sonar muy mundano y no tan espiritual. En realidad, no creo que sea ni lo uno ni lo otro. Todos utilizamos una estrategia y aun no usarla ya es también una estrategia. Al hablar de ella simplemente nos referimos a los pasos concretos y ordenados que tomaremos para proclamar el evangelio y formar una iglesia local en cierto sector o comunidad. Esto no significará que dejaremos a un lado toda nuestra teología y nos convertiremos en meros estrategas. Al contrario, creemos que la teología misma nos impulsa a ser buenos mayordomos de los recursos y del tiempo que tenemos y por eso es que debemos organizar lo que haremos con sumo cuidado. Entonces, lo que queremos es buscar la forma más eficaz de hacer avanzar el mensaje de Cristo en la comunidad en la que nos encontramos.

Preparación o adivinación

A muchos plantadores que he conocido, planificar la plantación de una iglesia les suena a herejía. Algunos me han preguntado cómo se puede planificar algo tan espiritual. Creo que la gente responde así porque no entiende a qué nos referimos cuando les mencionamos la necesidad de planificación.

Recuerdo que de niño vi un programa en el que buscaban demostrar que los adivinos no existían. No recuerdo bien cuál era el programa, pero lo que jamás olvidaré es que el adivino obtuvo la información solo porque había robado la billetera de una persona y por eso conocía su nombre y otros datos más. Traigo esto a colación, para decirles que, si ya se demostró que los adivinos no existen en ningún lado, pues tampoco existen en la plantación de iglesias. Entonces, cuando hablamos de dibujar el plano de la plantación, no nos estamos refiriendo a un ejercicio de adivinación. La idea no es tratar de pronosticar mágicamente cómo será la iglesia dentro de cinco años.

Muchos creen que planificar significa escribir lo que va a

suceder con la iglesia dentro de uno, tres o cinco años. Nadie tiene la habilidad de saber lo que va a suceder en una iglesia. Cuando hablamos del plano de una iglesia, no nos referimos tanto a escribir con precisión lo que va a suceder, sino a elaborar un plan detallado que nace en oración y en la investigación del sector y su contexto. Y todo esto sujeto a la guía del Espíritu Santo y a la soberanía de Dios. Entonces, debe quedarnos claro que no estamos tratando de hacer proyecciones; sabemos que el Espíritu Santo tiene todo el derecho de interrumpir nuestros planes con obstáculos no pensados o con bendiciones y desafíos que jamás hubiéramos imaginado. Aunque nos toca prepararnos y lo hacemos como buenos mayordomos, sabemos que Dios ya tiene el plan y que lo desarrollará en Su soberanía y gracia.

Todos los que estamos hace un buen tiempo en el mundo de la plantación de iglesias conocemos a personas que escribieron el mejor plan; habían dibujado una heliografía bellísima y, sin embargo, la iglesia jamás logró sobrevivir. Lo cierto es que, si está dentro de Su voluntad, entonces Dios ya tiene escrito el plan de nuestras iglesias. Nos gozamos en creer en un Dios que es soberano sobre todo aspecto de la iglesia. En términos prácticos, esto quiere decir que no avanzamos creyendo que vamos fabricando la realidad de nuestra iglesia, sino que simplemente participamos como colaboradores del plan que Dios ya ha desarrollado desde la eternidad.

Siempre es muy importante recordar cuál es nuestro lugar en la plantación de iglesias. La iglesia y su diseño se originan en el corazón de Dios y Él es el que da el crecimiento. Nuestro Señor es quien ha escogido a pecadores desde antes de la fundación del mundo para que crean en Él. Dios es el que da la fe necesaria para creer en Cristo. El soberano Señor es quien reúne y edifica a Su Iglesia. Sobre la base de nuestro entendimiento teológico de un Dios soberano y Señor es que nosotros jamás podremos planificar el crecimiento de la iglesia. Hay algunos asuntos de la vida de la iglesia que podremos planificar, porque el Señor nos ha entregado esa mayordomía a nosotros los líderes, pero planificar el crecimiento solo le corresponde a Él.

Guiado y escrito en oración

Podría sonar redundante volver a mencionar la oración, pero me atrevo a decir que es una de las primeras responsabilidades espirituales que olvidamos. Me considero una persona que tiene una inclinación a los temas de planificación. Es por eso que necesito tanto orar. Me resulta demasiado fácil confiar en mi propio conocimiento y en mi sentido de organización. He conocido a muy pocos pastores plantadores a los que no les sea fácil soñar y hacer planes con lo que podría suceder. Todos tenemos grandes ideas de lo que Dios podría hacer por medio de nosotros. El problema radica en que esos mismos sueños nos tienen más a nosotros como protagonistas que al Señor soberano que encomendó la Gran Comisión.

Conocer las debilidades de nuestro corazón es una de las razones que debería ponernos de rodillas en oración. El proceso de plantación de principio a fin debería llevarse a cabo en oración. Si creemos que Dios ama a Su Iglesia y la tiene en el centro de Su plan redentor, entonces deberíamos consultarle permanentemente respecto a cómo la deberíamos guiar y cómo es que ha predispuesto que la plantemos.

Si estás pensando en plantar una iglesia o eres pastor de una iglesia saludable que ya ha iniciado el proceso de identificar a alguien para enviarlo como anciano plantador, te recomiendo de todo corazón que consideres las siguientes preguntas en oración. Pero no solo eso, aun te pediría que escribas las respuestas a estas preguntas. El documento que tendrías al final de este tiempo de oración y formación te podría llegar a dar mucha claridad con respecto a lo que Dios los está llamando a hacer.

Nuestros métodos predican

Este paso en el proceso de plantación también requiere que volvamos a recalcar la importancia de tener en cuenta que nuestros métodos predican, ya que la planificación tiene como uno de sus fines el desarrollo de los métodos que se usarán en el futuro. Cuando planifiquemos, no pongamos en el papel solo lo que creemos que va a «funcionar». Vayamos mucho más allá y planifiquemos lo que creemos que el Espíritu Santo nos está guiando a hacer. Es posible que el Espíritu nos esté guiando a hacer cosas que no necesariamente parecen «funcionales» o incluso «posibles». Es allí donde predicaremos con nuestros métodos, porque proclamaremos al mundo de nuestra dependencia del Espíritu Santo y de la Palabra de Dios por la manera en que enfrentamos la vida y hacemos discípulos dentro de la comunidad donde servimos.

Es imperativo que en todo este proceso hagamos pasar nuestros planes por el filtro del «triaje» del que hablamos en el capítulo anterior. ¿Qué demanda la Biblia? ¿Qué demanda el contexto? Después de filtrar todo por esas primeras dos preguntas, finalmente podremos planificar con base en nuestras preferencias.

Según lo que ya hemos hablado, les presento las preguntas esenciales que se tienen que contestar en la planificación de la plantación. Las preguntas son: «¿Qué?», «¿Dónde?», «¿Quién?» y «¿Cómo?». Entiendo que esas preguntas no nos dicen mucho por sí mismas, pero, al momento en que presentemos su contexto, descubrirán a qué respuestas precisas se refieren.

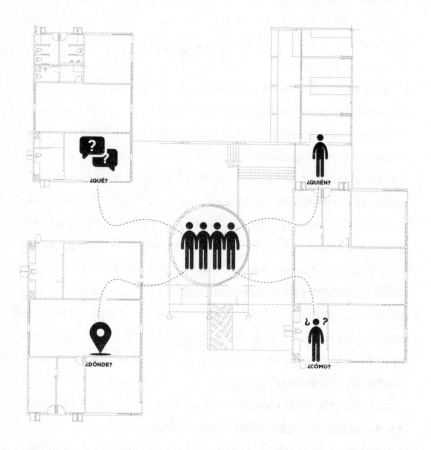

¿Qué?

Cuando hablamos del «¿qué?» de la nueva iglesia, nos referimos a su fin o su meta. ¿Qué es lo que esta nueva iglesia local debe lograr? Estamos hablando entonces de la misión de la iglesia.

Misión

Cuando alguien inicia una nueva empresa, tiene que primero decidir cuál es su fin o su meta; a esto lo llamamos la misión. Por ejemplo, ¿tienen como meta ser el mejor proveedor de cierto servicio? ¿Tienen como meta ganar mucho dinero? ¿Tienen como meta proveer el mejor servicio al cliente? Las posibilidades son infinitas dentro de una empresa secular.

Gracias a Dios, este ejercicio es muy diferente en una plantación de iglesia porque la misión de toda iglesia es la misma. El Señor estableció que la Iglesia debe hacer discípulos, enseñándoles que vayan conformando sus vidas a la imagen de Cristo y hagan todo lo que un discípulo debe hacer. Estos discípulos deben multiplicarse para la gloria de Dios. El Señor nos dejó esta misión de manera tan precisa que no es necesario buscar una nueva.

Sin embargo, toda iglesia local puede expresar esta misión con diferentes palabras. Esta es la manera en que la iglesia expresa la misión reflejando las últimas dos preguntas de nuestro «triaje» de metodología: el contexto y la preferencia. Como hemos dicho, toda plantación es una innovación. Nadie en la historia del mundo ha tenido el conjunto de personas, recursos y contexto que se está reuniendo en esa nueva iglesia.

La misión de la iglesia por escrito no tiene que ser tan exclusiva y creativa que nadie pueda realizarla o siquiera entenderla, pero sí debe expresarse de manera clara cómo es que este grupo único de personas obedecerán lo que la Palabra de Dios les demanda en el contexto particular en el que se encuentran. Debería escribirse la misión de la nueva plantación de una forma memorable para que la iglesia siempre pueda tener claridad respecto a la razón particular de su existencia. Mientras más sencillamente esté escrita, mejor será. Se podrá volver una y otra vez a esa frase magistral para asegurarse de que la iglesia no pierda su misión. Ya hemos visto en el primer capítulo cuán fácilmente se desvían las iglesias en cuanto a su misión. No dudaría en afirmar que, en muchos de los casos, esta desviación es producto de que no se le recuerda la misión a la iglesia con frecuencia.

Procuremos escribirlo en una sola oración. ¿Cómo comunicarías lo que debe hacer esta iglesia?

- La misión contesta la pregunta: ¿qué hacemos?

Es importante desarrollar muchos estilos diferentes de esa frase magistral, ya que se usará mucho en la iglesia. Cuando estés desarrollando esta frase memorable te recomiendo que hagas uso del acrónimo «CITA», que te ayudará con algunas ideas prácticas para su desarrollo.

- Corta: no hay razón para que sea demasiado larga. La brevedad es buena porque permite recordarla con facilidad.
- Inolvidable: Una frase que sea entretenida, ágil, inteligente para que a la gente le llame la atención.
- Texto bíblico: no tenemos que reinventar la rueda, la Biblia tiene todo lo que necesitamos y es el fundamento de todo lo que hacemos.

- Anima a la gente: es bueno que sea una frase motivadora y retadora.

¿Quién? ¿Dónde?

Identificar

Si una de nuestras preguntas del «triaje» de metodología es: «¿Qué demanda el contexto?», entonces tenemos que saber cuál es el contexto. De una manera sencilla, el contexto es el entorno en el cual la plantación se llevará acabo. ¿A qué comunidad o a qué gente nos ha llamado Dios a alcanzar con esta nueva plantación?

En primer lugar, se debe identificar el lugar o la región adonde Dios los está llamando a plantar una iglesia. Es importante entender que no se trata solo de una decisión práctica, aunque sí existen elementos prácticos. Volvemos a recalcar que la oración es la actividad más importante en este proceso de identificación; queremos que Dios nos guíe en esta decisión. Mientras estamos orando, creo que hay ciertas preguntas que pueden guiar nuestra decisión de quién y dónde. Espero que las siguientes preguntas los ayuden a pensar más profundamente en cuanto a esta decisión.

Necesidad espiritual

1. ¿Hay algún sector en tu ciudad o país donde la gente no haya escuchado el evangelio?
2. ¿Hay algún sector con menos iglesias saludables?

Población/Necesidad social

1. ¿Cuáles son los sectores con mayor población?

2. ¿En cuáles sectores se encuentran las mayores injusticias o desigualdades sociales?

3. ¿Hay alguna región demográfica no alcanzada por las iglesias actuales?

Influencia

1. ¿Cuáles son los centros de mayor influencia cultural?

2. ¿Dónde se encuentran las universidades?

3. ¿Cuál es el sector principal de comercio?

Proximidad

1. Si hay una iglesia madre, ¿cuán cerca de ella se quiere plantar?

2. ¿En qué sector vive la mayoría del equipo plantador?

3. ¿En qué sector vive el pastor-plantador?

Este es un ejercicio que debe ser más que todo espiritual y no tan solo estratégico. Pasen tiempo en oración y dejen que Dios guíe la situación. Es increíble ver cómo Dios obra en medio de la toma de estas decisiones. Puede comenzar abriendo puertas en cierto sector que confirmaría la decisión que se estaba tomando. En otras ocasiones, Dios sorprende y abre puertas en un sector totalmente diferente que ni siquiera se había estado considerando.

Conocer

Identificar el sector es solo el primer paso. Después de identificar el sector, deberíamos evaluar el sector con el fin de conocerlo. En particular, deberíamos conocer cuáles son los lugares de mayor influencia en el sector. Estos lugares de influencia pueden estar relacionados con la política, la educación, la vida en comunidad o los centros religiosos. Saber dónde quedan las canchas de fútbol es importante y, claro, estas tendrán una influencia diferente a la de las oficinas de la alcaldía, por ejemplo.

Esto es algo que vemos mucho en la vida de Pablo. Pareciera que él siempre buscaba conocer los lugares de mayor influencia de las ciudades que visitaba. Pablo iba a las sinagogas y las plazas, donde en ese entonces había mucha oportunidad para hablar del evangelio. En ese mismo sentido, lo que estamos buscando son los lugares más oportunos y pertinentes para compartir el evangelio.

Al mismo tiempo, no queremos ser tan estratégicos en la evaluación que perdamos de vista nuestra dependencia espiritual. En el libro de los Hechos de los Apóstoles podemos ver que Dios siempre iba delante de Pablo, haciendo cosas de las que él no era totalmente consciente. Por ejemplo, la iglesia de los filipenses nació en la cárcel de Filipos. Por supuesto que no consideraríamos que caer presos es un buen paso estratégico que deberíamos seguir para encontrar el lugar apropiado. Sin embargo, Dios utiliza lo que a veces no parece tan estratégico para llevar a cabo Su obra.

Keller, en su *Manual para plantadores de iglesias*, recomienda que se haga una investigación demográfica y una investigación etnográfica. Tal vez sería mejor decir que se debe hacer una investigación cuantitativa y una cualitativa. Lo que descubramos a través de la investigación demográfica y etnográfica permitirá, como dice Keller, «conocer a la comunidad en profundidad, [y así] usted podrá desarrollar una visión concreta de cómo se verían su comunidad/grupo específico al ser transformados por el evangelio».[34]

---

[34] Timothy Keller y J. Allen Thompson, *Manual para plantadores de iglesias*, (Nueva York: Reedemer Church, 2002), 74.

En la investigación demográfica o cuantitativa, Keller recomienda que se respondan las siguientes preguntas:

- ¿Cantidad de la población?
- ¿Cuáles son las características de las personas que eligen
  vivir allí?
- ¿Cuántas familias tradicionales (papá, mamá e hijos)
  viven aquí?
- ¿Cuántas familias hay con un solo progenitor?
- ¿Cuál es el nivel educativo promedio de la población en el
  sector?
- ¿Cuál es la situación económica de los habitantes?
- ¿Cuántos grupos étnicos están representados?[35]

Es importante reconocer la dificultad que existe, en algunos
países de América Latina, de llevar a cabo una investigación de
ese tipo sin estar presente en la comunidad. En países más desarrollados, la información estadística es más accesible con solo
visitar las oficinas públicas que manejan las estadísticas, en una
biblioteca o a través del Internet. En algunos de nuestros países
de América Latina, todavía la información estadística es muy
limitada, por lo que el mejor método es salir a la comunidad para
observar y hacer las preguntas necesarias. Mi recomendación es
que pasen tiempo caminando por la comunidad o el sector de la
ciudad tan solo para orar. Esto nos permitirá orar por la comunidad y también empezar a conocer sus características particulares.
Junto a la investigación demográfica, también debemos reali-

---

[35]*Ibid.*, 73-74.

zar una investigación etnográfica o cualitativa. Esta investigación busca conocer la cultura, los pensamientos, la historia y las ideas de la gente en el sector. Por lo tanto, se enfoca más en las características cualitativas de una comunidad. Lo que trataremos de hacer es conocer a fondo al conjunto de personas, ideas y lugares que forman el entorno en el cual se plantará el evangelio y se levantará la iglesia. Esto implica un ejercicio relacional y personal donde uno se sienta a escuchar a las personas de la comunidad a la cual Dios lo está llamando.

En esta etapa de la investigación, el pastor y el equipo plantador deberían caminar por la comunidad, orar por la comunidad, y hablar con la gente de la comunidad. Estas conversaciones muchas veces son excelentes oportunidades para compartir el evangelio si es que ya se empieza a notar apertura por parte de las personas con quienes se está comenzando a conversar. En la medida en que se va hablando con la gente, se deberían ir aprovechando esas conversaciones para conocer más a fondo los siguientes elementos de la comunidad:

- La historia de la comunidad:
  - » Celebraciones
  - » Fiestas
  - » Heridas (racismo, injusticia, vicios)
- Las personas de influencia de la comunidad:
  - » Comercio
  - » Centros de educación (colegios, universidades)
  - » Centros artísticos
  - » Liderazgo de la comunidad (político, cultural, económico, religioso, social). En ocasiones podrá

hacerse muy difícil realizar actividades en ciertas comunidades si es que uno no tiene un cierto grado de
relaciones con los que tienen influencia.

- La situación social de la comunidad
  » Cifras de pobreza, violencia, abuso (es posible que
    esta información no esté a tu alcance. A lo largo del
    tiempo que estén en la comunidad podrán contestar
    mejor estas preguntas).
  » ¿Cuáles son los recursos que ya tiene la comunidad?
    Estos recursos incluyen recursos económicos, recursos
    naturales y todo lo que tenga que ver con recursos
    humanos.
  » ¿Cuáles son sus necesidades?
- La religión de la comunidad
  » ¿Cuántas religiones?
  » ¿Cuántas iglesias evangélicas?
  » ¿Cuál es el entendimiento del evangelio?
  » ¿Cuáles son los ídolos principales de la comunidad?
  » ¿Cuáles son sus anhelos más profundos?

Todo este ejercicio tiene un fin que es como una espada de
doble filo. Primero, te ayuda a entender mucho sobre el contexto
de la comunidad en donde se ubica la iglesia mientras la vas
levantando. Como ya hemos dicho, primero obedecemos a la
Biblia, pero luego buscamos como obedecerla en ese contexto
particular. Segundo, te ayuda a entender cómo proclamar y
aplicar el evangelio en medio de la realidad particular de esa
comunidad.

Esta parte del proceso nos da la oportunidad de satisfacer

nuestra curiosidad y mejorar nuestro entendimiento haciendo muchísimas preguntas. No significa que lo que tenemos en la Biblia no sea suficiente para guiarnos en la toma de decisiones. Lo que queremos enfatizar es la necesidad de entrar en la comunidad con humildad. Aunque no vemos específicamente que Pablo dé estos pasos, es algo que encontramos implícitamente en todo el Nuevo Testamento. **Primero,** Pablo era tanto hebreo como romano, y por tanto entendía ambas culturas a cabalidad. En el mismo sentido, en la mayoría de los casos, cabe suponer que el pastor-plantador y su equipo son de la comunidad o por lo menos vivirán cerca de ella. Sin embargo, es importante estudiar a la comunidad porque es muy posible vivir en una comunidad sin jamás conocerla.

Segundo, vemos que Pablo le prestaba atención a la situación cultural y religiosa de los lugares donde iba. Por ejemplo, eso hizo surgir el diálogo en Hechos 17:16-34. Pablo entra a la ciudad y primero se da cuenta de la cantidad de ídolos que había allí. Al ver la idolatría en la ciudad, dice que se «enardecía» ante tanta falsa religiosidad y empezó a discutir con las personas sobre sus convicciones religiosas. Esto resultó ser como un gran encuentro evangelístico porque Pablo estuvo dispuesto a prestarle atención al lugar donde estaba, reconocer sus necesidades y presentar el evangelio sobre la base de las necesidades que había observado.

Si el equipo plantador no es de la comunidad donde piensan plantar, este ejercicio de observación y reconocimiento es de suma importancia. Solo por medio de la observación y la conversación con la gente, se logrará aprender en cuanto a la realidad de la comunidad. No puedo dejar de recomendar que algunos, principalmente el pastor-plantador, consideren seriamente mudarse a la comunidad donde plantarán la iglesia. Esto les dará mayor oportunidad de conocer la comunidad, de ser accesibles a la comunidad y, entonces, compartir con ella el mensaje del evangelio.

¿Cómo?

Con toda la información que han reunido, ahora ya se puede empezar a pensar en el «cómo». Esto no tiene que ver con cómo haremos que la iglesia crezca; tiene que ver con cómo podemos ser fieles a lo que la Palabra demanda que hagamos dentro del contexto en que estamos. Entonces, ahora ya estamos hablando de la contextualización al responder a la pregunta: ¿Cómo comunicamos el evangelio y cómo ha de lucir la iglesia en este contexto?

Para muchos en América Latina, las iglesias van a ser siempre algo parecidas. En su mayor parte tenemos la ventaja de no vivir en regiones ajenas al evangelio o que ven el evangelio como una amenaza. Como resultado, no tendremos ningún problema para realizar reuniones públicas donde libremente prediquemos la Palabra, cantemos juntos en adoración a Dios, oremos juntos, nos exhortemos los unos a los otros y participemos de las ordenanzas.

Sin embargo, aunque tenemos cierta libertad y cierto parecido en nuestra cristiandad, no significa que América Latina sea una cultura homogénea. Toda ciudad tiene distintos barrios y esos barrios tienen diferentes necesidades, anhelos, obstáculos, etc. Esto se habrá investigado en el paso anterior. Esa información es importante y relevante para empezar a desarrollar un modelo que logre identificarse con el contexto. Esto también debe formularse mediante muchas preguntas.

- ¿Cuál es la forma más adecuada para tener conversaciones espirituales en esta comunidad?
- ¿Cómo podemos eliminar los obstáculos que existen para con el evangelio?
- ¿De qué manera se debería organizar la iglesia?
- ¿Qué modelo de liderazgo es el más adecuado según la Biblia, el contexto y nuestra convicción o preferencia?
- ¿Qué tipo de local o ubicación debe tener la iglesia?
- ¿Qué modelos de discipulado deberíamos practicar?
- ¿Qué otros conceptos aparte de los fundamentales se tendrán que enseñar en los primeros años?
- ¿Cuáles serán las iniciativas necesarias que deberán desarrollarse en los primeros tres a cinco años?

Este es un ejercicio único. Aquí es donde comienza la innovación y la iglesia empieza a adquirir su identidad particular. Una vez más, nadie en la historia del mundo ha tenido el conjunto de personas, recursos y contexto que se está reuniendo en esa nueva iglesia. La historia de la iglesia nos demuestra que esa intersección solo puede lograrse con mucha oración y guía del Espíritu Santo. Debemos recordar lo difícil que fue este paso para la iglesia neotestamentaria. Una iglesia que nació siendo básicamente judía en religión y cultura tenía muchas cosas que simplemente se daban por sentadas. Pero, desde el momento en que comenzaron a llegar gentiles (con trasfondos paganos y completamente ignorantes de la religión y cultura judía) que confesaban su fe en Cristo, comenzó a surgir cierto conflicto en la iglesia. Por ejemplo, para una iglesia principalmente judía, continuar con la práctica de la circuncisión era algo incuestionable. Pero, cuando los judíos comenzaron a exigirles a los gentiles que se circuncidaran, los problemas no se hicieron esperar.

Los estudiosos señalan que esos problemas se dieron como consecuencia de: (1) **no examinar claramente sus prácticas de acuerdo a su teología y (2) no examinar sus prácticas a la luz de las nuevas culturas que estaban alcanzando.** Estos dos problemas hablan de los primeros dos niveles del «triaje»: ¿qué dice la Biblia? y ¿qué dice el contexto?

Algunos ejemplos contemporáneos

Recuerdo una plantación donde prestaba servicios dentro del equipo pastoral en Estados Unidos. Habíamos sido enviados por una iglesia que se encontraba en una ciudad donde había bastante bienestar económico. Era una ciudad muy tranquila, con muy pocos problemas sociales, muy poca delincuencia y muy poco conflicto visible o externo. Esta gente quería plantar una iglesia en una ciudad cercana. La ciudad elegida era conocida por tener una población mayormente mexicana. Era una comunidad que tenía serias dificultades y varios problemas sociales. Había mucho conflicto racial entre ciertas etnias, mucha pobreza, mucho abuso, más delincuencia, y muchas otras dificultades.

Como esta ciudad era principalmente mexicana, decidieron que el pastor-plantador principal no debía ser un hombre blanco; entonces, nombraron como pastor-plantador a un hombre de India. Imagino que ya puedes ver el problema. Aunque empezaron a pensar en la diversidad de la ciudad, no les importó cuál era la nacionalidad predominante que tenía la iglesia. Este hombre de India tenía la mejor de las intenciones, pero no tenía nada en común con la comunidad que era mayormente mexicana.

Al darse cuenta del error que habían cometido, decidieron trasladar la plantación entera a un sector muy pequeño donde sí había más población india. Desistieron de su deseo de asociarse con toda la ciudad y cambiaron el nombre de la iglesia para que se identificara solo con aquel pequeño sector.

Todo este proceso se hizo completamente al revés. En vez de evaluar la ciudad, de investigar y contextualizar sus planes con la ciudad, salieron a buscar un grupo étnico aislado que se adecuara a su plan.

Les voy a dar algunos otros ejemplos más específicos del «cómo» de nuestra plantación en Guatemala. Este país está lleno de iglesias. Muchas de estas iglesias tienen muchas reuniones que ocupan la mayoría de los días de la semana y que atraen mucha gente. A la vez, a causa de tantas reuniones, muchas personas se han cansado y agotado debido a su deseo de participar y servir en todos los eventos de la iglesia. Por eso, cuando desarrollamos nuestros valores quisimos enfocarnos en las *personas*, no en los programas o actividades. No es que no tengamos programas, pero creemos que todo lo que hacemos sirve al cuerpo de Cristo y no al revés. Creemos que la institución sirve al organismo y no al revés. Al ver a muchas iglesias que se desgastan solo manteniendo sus programas y su institución, nosotros entendimos que así no se cumple con la Gran Comisión. Por lo tanto, una de las cosas que contesta el *cómo* para nuestra iglesia en Guatemala es un enfoque en las personas y no en los programas.

Otro concepto que nos ha marcado mucho es la forma en

que entendemos el liderazgo. Una vez más, mi convicción es
que el pastor no debe estar solo. Para nosotros, esto implica
que siempre debe haber pluralidad y paridad entre los pastores.
Esta no fue solo una decisión por convicción bíblica, sino que
también vimos que era necesario porque en nuestro contexto
hay mucho abuso de poder y autoridad. Muchos pastores en
nuestra región tienen un control fuerte sobre todos en la iglesia,
incluyendo el personal y los otros pastores. Muchos son hombres
que no aceptan ser cuestionados. Además, muchos ministerios
en América Latina han sido formados sobre una sola personalidad. La iglesia casi pareciera propiedad del pastor. Estos son
ejemplos de un mal generalizado que se observa mucho en las
iglesias. Nosotros tenemos en nuestra iglesia a muchas personas
que fueron echadas de su iglesia anterior porque no se querían
sujetar a su pastor en temas en los que él no debería opinar. Al
ver este fenómeno es que estamos aún más convencidos de la
aplicación que hacemos de la enseñanza bíblica con respecto
al liderazgo. El conocimiento de esa triste realidad nos llevó a
orar y luego decidir que uno de nuestros valores principales iba
a ser *equipos, no personalidades*. No queríamos desarrollar otro
ministerio que dependiera de uno o que pusiera a alguien en la
posición de control y poder totales.

Algunas advertencias

Este proceso puede tener algunas trampas. En particular con
respecto a nosotros, puede ser muy desafiante para nuestro corazón. Empezamos a confiar demasiado en nuestro plan o en
nuestra sabiduría, en vez de buscar ser sensibles y estar sujetos

a la soberanía de Dios. Sé que el Espíritu también puede guiar nuestra planificación, pero conociendo cómo piensan muchos plantadores, a menudo creemos que, porque lo planificamos, tiene que ser plan de Dios o que el Señor está obligado a aprobarlo y bendecirlo. Las siguientes advertencias las formulo para fomentar la humildad en nuestro corazón.

1. *Ten cuidado de que la nueva iglesia no sea más importante que la Iglesia o la Gran Comisión.*

Lo he visto en más casos de los que me gustaría y también he caído en eso más de lo que me gustaría admitir. Cuando todo lo que publicamos habla de nuestra iglesia, cuando el objetivo de toda conversación es convencer a la gente de que venga a nuestra iglesia, cuando solo llenamos nuestra vida con nuestra iglesia, cuando solo llenamos los calendarios de nuestra membresía con eventos de nuestra iglesia, estamos cometiendo un grave error porque estamos colocando en un lugar más alto a nuestra iglesia que a la Gran Comisión. Lo que queremos es hacer discípulos, no acrecentar la plataforma o la influencia religiosa de nuestra iglesia. Si Dios nos usa para hacer discípulos que por varias razones terminan asistiendo a otras iglesias y nuestra iglesia local no crece como esperaríamos, no creo que hayamos fracasado.

2. *Ten cuidado de no olvidar tu lugar. Eres simplemente un heraldo al que Dios ha puesto para proclamar el evangelio. Él se encarga del crecimiento.*

Pablo mismo confirma este punto en 1 Corintios 3:7: «Así que no cuenta ni el que siembra ni el que riega, sino sólo Dios, quien es el que hace crecer». Considero que es muy importante que el pastor-plantador y su equipo abracen el hecho de que son *nada* en el sentido de que no tenemos poder para hacer lo que solo Dios puede hacer. En la plantación es muy fácil olvidarlo y pensar de nosotros mismos mucho más de lo que somos o menospreciarnos porque creemos que el crecimiento descansa sobre nuestros hombros o nuestras facultades.

3. *Ten cuidado de creer que, porque planificaste, no habrá obstáculos. La plantación traerá muchos obstáculos, así que sé flexible con tu plan.*

Al igual que cuando se va construyendo un edificio y uno va solucionando las dificultades que se van presentando en el camino como cambios de planes, nuevas oportunidades y nuevos retos, así también es la plantación de una iglesia. Te aseguro por experiencia que muy poco seguirá exactamente el plan original que se trazó al principio. Por esa razón es que debemos caminar en permanente dependencia del Espíritu Santo en oración.

4. *Ten cuidado de planificar más de lo que ores. Planificar es divertido y nos hace sentir productivos, pero no olvidemos que la verdadera producción espiritual sucede de rodillas delante de la presencia de Dios.*

La planificación siempre es un proceso muy desafiante que llega a ser hasta divertido. En mi propia vida, la versión más carnal de Justin sale cuando estoy planificando. Veo la posibilidad de poder organizar todas las oportunidades, mis sueños, mis deseos y mis anhelos. De allí que la planificación fácilmente se pueda convertir en el método por el cual adoro a mis ídolos: yo, mi poder y mi plan. Nuevamente, toda nuestra planificación debe estar cubierta de oración.

5. *Ten cuidado cuando logras ejecutar tu plan a la perfección. Para un plantador, es un enorme peligro que todo le vaya bien porque puede empezar a creer que es por su habilidad de planificación que las cosas están siendo exitosas y no por la obra soberana de Dios.*

Si por alguna razón todo va acorde al plan, entonces con mayor razón debes reconocer cuál es tu lugar en todo lo que está pasando. La respuesta siempre será que fue la gracia de Dios contigo. Si no se presenta ningún obstáculo es porque Dios en Su misericordia los ha protegido. Por otra parte, el que todo marche sobre ruedas y que todo lo que planificamos se esté cumpliendo podría significar que la obra ha sido totalmente humana. Por su naturaleza espiritual y por el solo hecho de estar en el mundo, sabemos que las nuevas plantaciones enfrentarán dificultad. Si no hay obstáculos, si no hay dificultad, ten cuidado de no estar levantando algo que solo sea tuyo, una obra meramente humana en la cual el Espíritu Santo no esté obrando.

Creo que estas advertencias son importantes para recordarnos una vez más que la labor de plantar iglesias es una labor espiritual. Plantar iglesias es una guerra, no solo un emprendimiento. Aunque hay ciertas similitudes, la naturaleza misma de la iglesia y del mensaje que predicamos hace que la plantación enfrente una profunda oposición y resistencia. Si no entendemos las amenazas y los peligros latentes, en particular aquellos que van dirigidos a nuestro propio corazón, las posibilidades de caer serán muy altas. Lo peor que nos puede suceder es tener éxito en la plantación, pero fracasar en nuestra piedad personal. El éxito en un plan bien ejecutado tiene muy poco valor cuando ese mismo plan o éxito se vuelven nuestro ídolo o lo hacemos simplemente en nuestras propias fuerzas humanas.

Veremos en los últimos capítulos lo que se necesita dentro y fuera de la reunión dominical para que la iglesia madure en los primeros años. La pregunta no es solo si hacen lo que es necesario hacer, sino cómo hacerlo de una forma fiel a la Biblia, relevante a su contexto, y con los recursos y dones que tienen como equipo. Los pasos que tendrán que tomar y que veremos en los próximos capítulos son:

1. Sembrar: proclamar el evangelio
2. Reunir: cómo armar la reunión semanal de la cosecha del evangelio
3. Desarrollar: qué necesitamos para madurar
4. Pastorear: pastorear la iglesia para el futuro

Conclusión

Dijimos al inicio de este capítulo que nadie se lanza a construir un edificio sin antes haber dibujado los planos. Son ellos los que ayudan a guiar el proceso, a tomar en cuenta todos los obstáculos y a construir el edificio según las necesidades de aquellos a quienes vamos a servir. La iglesia es muy parecida y el plan de esa misma plantación toma en cuenta lo que la Biblia demanda, lo que el contexto refleja y lo que nuestras habilidades ofrecen para desarrollar el plan ideal para una plantación. Este plan es como cemento húmedo. No se seca en los primeros meses porque sigue apareciendo nueva información que nos permite ajustar lo que estamos haciendo. Siempre habrá nuevos obstáculos y retos no calculados al inicio. Por eso, mantenemos nuestro plan con una mano abierta, reconociendo que el Espíritu Santo guía todo el proceso, de principio a fin, y solo el Señor podrá llevar el proyecto a buen término de acuerdo a Su voluntad.

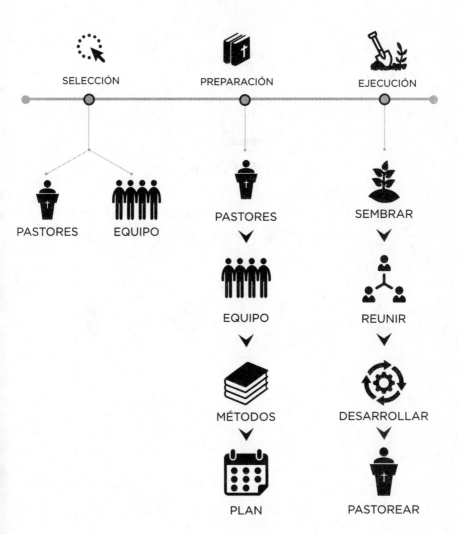

VISIÓN

SELECCIÓN

PASTORES EQUIPO

PREPARACIÓN

PASTORES

EQUIPO

MÉTODOS

PLAN

EJECUCIÓN

SEMBRAR

REUNIR

DESARROLLAR

PASTOREAR

EJECUCIÓN

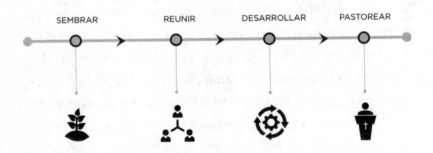

SEMBRAR   REUNIR   DESARROLLAR   PASTOREAR

SECCIÓN 4

CAPÍTULO 10

Sembrar: El paso que nunca se acaba

Si la misión de la iglesia es hacer discípulos, la tarea central es la evangelización. Estas dos tareas fundamentales son relacionales, por lo que cuesta creer que muchos vean la plantación de iglesias como algo simplemente organizativo. Pareciera que muchos de los libros sobre plantación solo proponen que el objetivo principal es reunir a un grupo que pueda solventar sus gastos, tener algunas personas empleadas, un edificio bien ubicado y buenos programas atractivos. No puedo olvidar cómo el organizador de un seminario de plantación enfatizó que toda la iglesia debía asegurar una «masa crítica» en el estacionamiento y en los asientos del salón. Lo que quiso decir es que se debían usar menos sillas para que la gente sintiera que el salón estaba lleno. No puedo negarles que salí con un muy mal sabor en la boca. De allí que mi intención es que entendamos que la plantación de nuevas iglesias es una tarea muchísimo más grande y espiritual. Nuestro propósito no es solo llenar salones o estacionamientos. Queremos ver salones llenos, pero con los métodos correctos y bajo la dirección y el control de nuestro Dios.

En su libro sobre evangelismo, J. Mack Stiles habla de este punto en particular:

> Hoy en día, para lograr que la gente asista a una reunión, solo tenemos que publicar en Twitter un tópico interesante, presentar en escena un musical impresionante o encontrar a un orador carismático que sepa tocar las fibras íntimas de la gente; sumamos más puntos si es gracioso. No es difícil. Pero cuidado, [...] con esos métodos puedes ganar una multitud, pero no ganarás sus corazones. Ganar corazones solamente es obra del Espíritu. [36]

Gracias a Dios que Él ha provisto en Su Palabra los métodos correctos. Por ejemplo, no hay duda de que la iglesia siempre ha crecido por medio el evangelismo desde el día uno de su fundación. Lo que hizo Pedro fue evangelizar cuando se paró delante de miles de personas y simplemente explicó las buenas noticias al contar la historia del Cristo crucificado y resucitado.

Como lo dijimos en el capítulo anterior, el organismo jamás debe servir a la institución. Es al revés. Cuando los papeles se invierten y el organismo sirve a la institución, la iglesia ha iniciado un proceso de muerte, o por lo menos se ha desviado de su misión principal. Logramos asegurarnos de que el organismo mantenga su posición principal cuando nos enfocamos en la misión. Nuestra misión no es levantar una institución eclesiástica, sino hacer discípulos y, para poder conseguirlos, la evangelización es esencial.

---

[36] J. Mack Stiles, *Evangelism: How the Whole Church Speaks of Jesus,* (Wheaton: Crossway, 2014), 50-51.

¿Qué dice la Biblia respecto al evangelio?

La palabra evangelio proviene del griego, *euaggélion*, que literalmente significa «buena noticia». El Nuevo Testamento usa esta palabra repetidas veces porque es sumamente importante.

La Biblia se refiere al evangelio como «el poder de Dios» en diversas oportunidades. En Romanos 1:16 dice: «A la verdad, no me avergüenzo del evangelio, pues es poder de Dios para la salvación de todos los que creen: de los judíos primeramente, pero también de los gentiles». También, en 1 Corintios 1:18, leemos: «Me explico: El mensaje de la cruz es una locura para los que se pierden; en cambio, para los que se salvan, es decir, para nosotros, este mensaje es el poder de Dios».

El evangelio es también el mensaje que se predica y que se cree para salvación. En Romanos 10:9-14, vemos que, para ser salvos, creemos que Dios levantó a Cristo «de entre los muertos», el evangelio en pocas palabras. Pablo continúa explicando que para ser salvo, hay que creer y, para creer, es necesario que alguien predique el evangelio.

En muchas partes del Nuevo Testamento se usa la palabra *euangelizo*. Esta palabra es un verbo que significa literalmente «evangelizar». O tal vez también podríamos traducirlo como «anunciar el evangelio». Hechos 8:40 lo ejemplifica cuando dice: «Pero Felipe se encontró en Azoto; y pasando, anunciaba el evangelio en todas las ciudades, hasta que llegó a Cesarea».

De aquí, se desprenden dos postulados sumamente importantes y que nunca podemos olvidar. **Primero**, es imposible que alguien se añada a la iglesia sin haber escuchado el evangelio.

Segundo, el evangelio tiene poder en sí mismo y no necesita nada para ser efectivo. El evangelio es eficaz por sí mismo.

Dios salva por medio de la proclamación del evangelio

Entre todos los temas que Pablo trata en el primer capítulo de la Primera carta a los Corintios, encontramos la forma en que Dios salva: «Ya que Dios, en su sabio designio, dispuso que el mundo no lo conociera mediante la sabiduría humana, tuvo a bien salvar, mediante la locura de la predicación, a los que creen» (1 Cor. 1:21). Está muy claro que Dios se agrada en salvar mediante la predicación del evangelio. Es muy parecido a lo que Pablo también dice en la carta a los Romanos al afirmar que Dios salva cuando hay alguien que predique.

Lo que quisiera recalcar y que es fundamental que entendamos es la imposibilidad de que alguien llegue a la salvación si no escucha el evangelio. Esto no significa que Dios no tenga poder para salvar de otras formas, pero es así como se ha revelado y le ha placido salvar.

Hablemos de esto desde el punto de vista teológico. Esto se explica encontrando la relación entre lo que se conoce como llamamiento eficaz y la proclamación del evangelio. El llamamiento eficaz se da cuando el Señor llama a alguien y lo despierta al evangelio al entregarle la capacidad de entenderlo y creer en él. Este llamamiento siempre se produce por medio de la proclamación del evangelio y a Dios le agrada salvar de esta forma porque demuestra Su sabiduría. Es importante que aclare que, cuando los apóstoles se refieren a proclamar el evangelio, no estaban pensando solamente en la predicación del domingo. Por el contrario, el Nuevo Testamento nos presenta a todos los cristianos proclamando el evangelio desde el lugar en donde nos encontremos.

Evangelizar también trae consigo reconocer que debemos usar palabras para expresarlo. No hay otra forma más que la de abrir nuestras bocas y anunciar la verdad del evangelio. El evangelio no puede ser proclamado por buenas obras, porque en su naturaleza es un mensaje verbal de salvación. Hoy en día la evangelización se ha llegado a considerar como una tarea secundaria o que se puede reemplazar con otro tipo de prácticas. Sin embargo, si estamos pensando bíblicamente, entonces debemos hacerles frente a frases como esta: «Voy a evangelizar, y si es necesario usaré palabras». Evangelizar implica hablar, proclamar. Es imposible evangelizar sin palabras. Al mismo tiempo es imposible que Dios salve sin que haya proclamación del evangelio. Nuestras buenas obras iluminan el evangelio para que sea predicado, pero nunca lo suplantan. El servicio de la iglesia a la comunidad podría mostrar el cambio de nuestro corazón, pero sin predicar el evangelio la gente nunca podrá entender la razón de nuestra transformación. Sin predicar el evangelio, nunca habrá salvación.

El evangelio es poder

J. Mack Stiles también afirma:

> Tristemente, lo que suele darles esencia a nuestras prácticas evangelísticas es el mundo —tal vez el mundo de negocios o la sección de autoayuda en la librería— en lugar de las Escrituras. Satanás juega con nuestro deseo de resultados ofreciéndonos un

ministerio por televisión más grande o ganancias económicas. Hasta nos tienta con deseos aparentemente bien intencionados, como una membresía en crecimiento o la inconmovible creencia de que, si un niño pronuncia la oración del pecador, ya se ha vuelto un creyente comprometido, sin importar cómo viva. En todo esto, la gente cambia los principios bíblicos por deseos mundanos, y nuestras prácticas evangelísticas se tuercen.[37]

Una de las mejores maneras de protegernos contra las prácticas evangelísticas torcidas es entender que el evangelio mismo es poder. No le tenemos que agregar poder emocional. No tenemos que convencer a la gente. La iglesia ha sido muy creativa en su deseo de «ayudar» al evangelio en los últimos siglos. En nuestra iglesia, bromeamos sobre el uso del «pianito manipulador» al referirnos a los últimos minutos de una prédica cuando el pianista sube y toca música que estimula las emociones mientras el predicador va moviendo a la gente con un tono melodramático.

Recuerdo que cuando era niño decidí que quería orar para que Dios me salvara. Realmente no sabía lo que estaba haciendo, pero creo que quería hacerlo con urgencia porque acababa de ver una película espantosa sobre el infierno que me dejó muerto de miedo. El problema radica en que aprovechamos las emociones de la gente para convencerla de tomar una decisión por Cristo, porque no sabemos de qué otro modo podremos asegurar que haya conversiones. Sentimos que nuestro evangelismo solo es

---

[37] *Ibid.*, 24-25.

exitoso si hay conversiones; entonces, hacemos todo lo que sea necesario para asegurarnos de que alguien responda en el momento indicado.

Más adelante, trataremos este punto, pero quisiera dejar en claro dos ideas principales. En primer lugar, no podemos garantizar conversiones y menos definir nuestro éxito por su número. La Biblia es clara en señalarnos que no tenemos la capacidad de controlarlas y que solo el Señor añade a Su iglesia a los que serán salvos (Hech. 2:47). En segundo lugar, si entendemos la naturaleza esencial del evangelio como poder, entonces dejaremos de estar preocupados por agregarle poder emocional o sentimental.

El evangelio no necesita ningún poder adicional. De hecho, es imposible que hagamos que el evangelio sea más poderoso. Lo volveremos a repetir una vez más, la Palabra de Dios habla del evangelio como poder. Por lo tanto, no tenemos que añadirle nada para que tenga mayor impacto o logre su objetivo de salvación. No es necesario cambiarlo o maquillarlo para que tenga poder; no tenemos que usar ningún efecto manipulador para que sea finalmente efectivo. El evangelio ES poder de Dios. Esto significa que cuando hablamos del evangelismo, estamos hablando de anunciar el evangelio en el lugar en donde nos encontremos. Y, al hacerlo, deberíamos anunciarlo con la plena confianza de que la gente que el Señor haya dispuesto será salva, porque el evangelio es poder de Dios.

Pablo dice que nunca habló con «palabras sabias y elocuentes sino con demostración del poder del Espíritu» (1 Cor. 2:4). Pablo explica en todo ese capítulo que no es por sabiduría humana que los corintios están en Cristo, sino que es por el poder de Dios en el evangelio. Por eso, Pablo concluye que solo se propuso saber a Jesucristo y a Él crucificado (1 Cor. 2:2).

Yo sé que nos cuesta aceptar que todo está en las manos de Dios porque requiere que rindamos por completo el control. Cuando simplemente proclamamos el evangelio y dependemos de Su poder, mediante el Espíritu, para convencer a las personas a arrepentirse y a creer, estamos aceptando que la conversión es obra de Dios. De hecho, eso es precisamente lo que Pablo nos dice:

> Pero gracias a él ustedes están unidos a Cristo Jesús, a quien Dios ha hecho nuestra sabiduría —es decir, nuestra justificación, santificación y redención— para que, como está escrito: "El que se quiera enorgullecer, que se enorgullezca en el Señor" (1 Cor. 1:30-31).

Dios mismo ha ordenado que tanto la conversión como el evangelismo sean así para que ni el mensajero ni el recién convertido se jacten en sí mismos, sino en el Dios que salva. A fin de cuentas, Dios ha diseñado todas las partes de la salvación como para que solo Él reciba la gloria.

Esto no significa que no nos esforcemos por predicar bien, cantar bien o aún hacer buenas obras, sino que nuestra motivación no es hacer que la gente tome decisiones o cambie por nuestro esfuerzo. Predicamos bien, cantamos bien y hacemos buenas obras para glorificar a Dios siendo buenos mayordomos de lo que Él nos ha dado. Lo que está claro en la Palabra es que el Señor mismo se encarga de que el fruto crezca.

¿Qué es el evangelismo?

Es probable que ya tengas el fundamento para poder responder correctamente esa pregunta. En su definición más sencilla, **el evangelismo es proclamar las buenas nuevas del evangelio**. En primer lugar, nunca tendrá que ver con métodos. Cuando ponemos los métodos primero, estamos pensando en la forma y no en el fondo. La base del evangelismo es muy sencilla: es proclamar las buenas nuevas.

Tim Keller suele preguntar con mucha agudeza: «¿Cuál es la diferencia entre las buenas noticias y un buen consejo?». Según él, la mayor diferencia es que las buenas noticias hablan de un hecho del pasado, mientras que un buen consejo es algo que debiéramos hacer en el futuro. Muchos cristianos están confundidos y creen que están anunciando el evangelio, mientras que en realidad están dando consejos en lugar de anunciar la obra perfecta de Jesucristo hace dos mil años atrás. El propósito es más terapéutico que evangelístico. Quieren decirle a la gente cómo solucionar sus problemas, en vez de proclamarle la verdad de un hecho histórico que tiene el poder, no de solucionar su problema, sino de hacerlos nacer de nuevo. ¡Cuán perdidos estamos!

El evangelio es el mensaje de que Cristo vino, tomó la forma humana, vivió una vida perfecta y luego murió en la cruz en nuestro lugar para conquistar el pecado, la muerte y todos sus efectos. Luego, resucitó y demostró que había vencido a la muerte. Este es un hecho histórico que tiene enormes consecuencias para todo ser humano. Todos nacen muertos en sus delitos y pecados y, solo por la gracia de Dios, mediante la fe en Jesucristo, pueden tener vida. Compartir este mensaje sencillo, pero poderoso, es proclamar las buenas noticias y no dar un buen consejo. Estamos informando de algo que está completo, que ya ha sucedido y, por este hecho histórico, todo cambia de raíz. No se deben dar ciertos pasos para recibir buenas noticias; simplemente se reciben porque es un anuncio de una obra perfecta y completa. Además, la persona que da las buenas noticias no tiene que convencerlos de su certeza, solo tiene la tarea de anunciar esa noticia con una apasionada fidelidad.

¿Cómo crece la iglesia?

Esto sonará un poco sencillo, pero la iglesia crece mediante el evangelismo. Ya hemos afirmado en varias oportunidades en este libro que la iglesia no es nada más y nada menos que la comunidad de los que han sido salvos por la obra de Cristo. Esto significa que la gente que pertenece a esa comunidad tiene que haber escuchado sobre la obra de Cristo y tiene que haber creído en ella. Así lo dice Pablo: «Ahora bien, ¿cómo invocarán a aquel en quien no han creído? ¿Y cómo creerán en aquel de quien no han oído? ¿Y cómo oirán si no hay quien les predique» (Rom. 10:14).

A medida que las personas oyen de Cristo y de Su obra, y creen en Cristo y en Su obra redentora, se van agregando a la comunidad de fe. A fin de cuentas, la iglesia del futuro es el fruto del evangelismo de la iglesia de hoy. Dios mismo ha escogido a los que son discípulos hoy «para que proclamen las obras maravillosas de aquel que los llamó de las tinieblas a su luz admirable» (1 Ped. 2:9). Jesús les dice a Sus discípulos en los últimos momentos con ellos: «Como el Padre me envió a mí, así yo los envío a ustedes» (Juan 20:21). Lo que Jesucristo está diciendo es que la iglesia, formada por Sus discípulos, ha sido enviada al mundo con el fin de predicar el evangelio. Mientras más personas escuchen el evangelio, más creerán en él y más crecerá la iglesia.

El evangelismo en la iglesia local es una tarea de todos los miembros. La Gran Comisión es una encomienda que fue dada a todos los discípulos de Jesús. Por lo tanto, nadie queda exento del evangelismo. Hoy en día es muy común pensar que el que evangeliza es el pastor o los que pertenecen al ministerio de evangelismo. Los demás simplemente esperan que él o esos miembros particulares hagan ese trabajo. Algunos también creen que los que deben evangelizar son los que tienen el don de evangelización. Es probable que tengan mayor éxito debido a que están enfocados en el evangelismo, pero eso no quita que todos seamos responsables de anunciar las buenas nuevas de Jesús.

Cuando hablamos del crecimiento de la iglesia no nos referimos tan solo al aumento en el número de los asistentes a los servicios de los domingos. Parte del problema de enfocarnos solo en el crecimiento de la asistencia dominical radica en que no representa el crecimiento total de la verdadera iglesia. No creemos que todas las personas que asisten los domingos serán las que estarán en la presencia de Dios en el cielo por toda la eternidad. Aunque asistan a la iglesia, no todos ellos son la iglesia. Llenar un salón con gente que canta, aplaude y escucha una predicación no significa que la iglesia ha crecido; solo significa que la asistencia ha aumentado. Lo que realmente queremos ver es más gente que crea y crezca en las verdades del evangelio. Esto implica que estén viviendo una vida donde confiesen su pecado, su esperanza esté puesta en Cristo y estén haciendo buenas obras como resultado de una vida transformada luego de haber creído en el evangelio. Por tanto, nuestro enfoque, nuestro tiempo, nuestros recursos y nuestra atención deberían estar más enfocados en la proclamación del evangelio.

Si tu mayor anhelo para la nueva plantación es llenar el salón, probablemente harás crecer la iglesia con personas interesadas en la religión, gente trasplantada de otras iglesias que están buscando una mejor experiencia dominical y no personas que confiesen su nueva fe en Cristo.

Tal vez te estés preguntando: «Pero, ¿cómo podemos asegurar el crecimiento de la iglesia?». Muy buena pregunta que tiene una respuesta muy sencilla: no lo podemos hacer. Es mejor admitirlo que intentar darle una justificación a nuestro posible pragmatismo en busca de resultados numéricos. A Dios le agrada que nosotros no tengamos el poder para hacer que Su iglesia crezca, porque solo Él es quien da el crecimiento. Eso es justamente lo que dice Pablo, «Yo planté, Apolos regó; pero Dios ha dado el crecimiento» (1 Cor. 3:6).

Como ven, nosotros sí somos responsables de sembrar y regar. Esto significa que, como un buen granjero, no podemos tener la plena seguridad de que las plantas darán fruto, pero sí sabemos que hay tierra fructífera y lista para dar fruto, y por eso es que sembramos y regamos. Esto lo hacemos orando y confiando en Dios, quien finalmente es el responsable y el único capaz de producir el crecimiento.

Nosotros somos responsables de asegurar que los que deben oír tengan a alguien que les predique (Rom. 10:14-15). Nuestra responsabilidad es asegurarnos de que estamos proclamando el evangelio a tiempo y fuera de tiempo. A medida que proclamamos con fidelidad el evangelio, tenemos la plena confianza de que Dios salvará y añadirá a nuestro número, tal como lo hizo a lo largo del libro de Hechos. En este sentido, el éxito debe medirse por las oportunidades que aprovechamos para evangelizar. Fracasamos cuando no evangelizamos. Somos exitosos cuando somos fieles en evangelizar. El tamaño de la cosecha de salvación le corresponde solo al Señor.

Al mismo tiempo, la Biblia es clara en cuanto a que muchos rechazarán el evangelio. Esta es otra razón por la que no es saludable medir nuestro «éxito evangelístico» por el número de convertidos. Así lo explicó nuestro Señor Jesucristo: «Entren por la puerta estrecha. Porque es ancha la puerta, y espacioso el camino que conduce a la destrucción, y muchos entran por ella» (Mat. 7:13).

Nuestro Señor vuelve a explicar que el evangelismo no se puede medir por su popularidad entre los seres humanos con las siguientes palabras: «Ésta es la causa de la condenación: que la luz vino al mundo, pero la humanidad prefirió las tinieblas a la luz, porque sus hechos eran perversos. Pues todo el que hace lo malo aborrece la luz, y no se acerca a ella por temor a que sus obras queden al descubierto. En cambio, el que practica la verdad se acerca a la luz, para que se vea claramente que ha hecho sus obras en obediencia a Dios» (Juan 3:19-21).

Es importante que tengamos claridad en dos aspectos fundamentales con respecto a los resultados de la evangelización. En primer lugar, el rechazo será más común que una decisión en favor de la fe en Cristo; esta debe ser una realidad que deberíamos reconocer en cada uno de nuestros esfuerzos evangelísticos. En segundo lugar, también es importante reconocer que rechazan a Cristo y no nos rechazan a nosotros. Cuando entendemos estos dos aspectos, nos daremos cuenta de que, a medida que más evangelicemos, sentiremos cada vez menos y menos temor.

La conclusión evidente: la oración

Como dice el salmista «Tuya es, Señor, la salvación» (Sal. 3:8). Por eso, cuando entendemos que Dios es quien da el crecimiento, la conclusión espiritual lógica es que oramos más intensamente por todos nuestros esfuerzos evangelísticos. Jesús dijo a Sus discípulos: «"La cosecha es abundante, pero son pocos los obreros —les dijo a sus discípulos—. Pídanle, por tanto, al Señor de la cosecha que envíe obreros a su campo"» (Mat. 9:37-38).

También vemos que lo primero que hacen los discípulos después de que Jesús vuelve al cielo es pasar tiempo juntos en oración: «Todos, en un mismo espíritu, se dedicaban a la oración, junto con las mujeres y con los hermanos de Jesús y su madre María» (Hech. 1:14). A los pocos días, Pedro predica anunciando por primera vez el evangelio como una obra completa de redención y Dios agrega muchos a la Iglesia. El evangelismo comienza con oración, rogando que Dios salve a aquellos a quienes llevaremos el evangelio.

Un estilo de vida

Tenemos tan interiorizada la idea de que el evangelismo tiene que ver con métodos, que tendemos a pensar siempre en fórmulas o eventos. Aunque podemos organizar eventos para agrupar personas a las cuales evangelicemos, no creo que sea la manera principal en que deberíamos hacerlo. En los tiempos del Nuevo Testamento, la sinagoga se había establecido como el lugar donde se podían llevar a cabo conversaciones espirituales. Sin embargo, aunque la sinagoga fue el lugar importante para anunciar el evangelio al inicio de la iglesia por su trasfondo judío, finalmente ese lugar especial fue desapareciendo y los creyentes empezaron a predicar el evangelio desde cualquier lugar en donde estuvieran en su vida cotidiana.

Pablo dice: «Compórtense sabiamente con los que no creen en Cristo, aprovechando al máximo cada momento oportuno. Que su conversación sea siempre amena y de buen gusto. Así sabrán cómo responder a cada uno» (Col. 4:5-6). Este versículo da por sentado que pasaremos tiempo con los de afuera y que debemos aprovecharlo bien. Tendremos oportunidades para comunicar el evangelio cuando pasemos tiempo con los de afuera. En la medida en que pasemos tiempo con ellos, podremos responder a cada persona según lo que necesitan y lo debemos hacer con gracia.

El evangelismo no puede ser solamente una fórmula o un evento, sino que la Biblia lo presenta como un estilo de vida al que los cristianos deben aspirar. Si vivimos cerca de vecinos, compañeros de trabajo o estudio, familias, siempre surgirán oportunidades para compartir las buenas nuevas. Lo difícil del evangelismo como estilo de vida es que usualmente no se puede planificar; solo debemos estar siempre preparados para poder comunicarlo con efectividad y fidelidad en cualquier situación que se nos presente.

Es posible que nuestros vecinos tengan algún problema familiar. ¿Cómo es una buena noticia el evangelio en esa situación? Quizás un familiar está pasando por un tiempo de dificultad económica. ¿Cómo es una buena noticia el evangelio en esa situación? Creo que, en un sentido, Pablo se refiere a esto cuando dice que sepamos cómo responder a cada persona. Cada cual tendrá diferentes dificultades y desafíos por los que está atravesando. Creo que Pedro también se refiere a esto cuando nos dice que deberíamos siempre estar listos para dar razón de nuestra esperanza ante todo aquel que esté dispuesto a oír (1 Ped. 3:15).

Al mismo tiempo, debemos tener mucho cuidado, porque nuestras respuestas a lo que vive la gente a nuestro alrededor no pueden ser superficiales. No podemos responder con algo que suene a cliché cristiano. Si, por ejemplo, nuestro vecino está sufriendo un problema serio con su esposa, no podemos simplemente decirle: «Bueno, Dios te ama y Cristo murió en la cruz... entonces ¡no te preocupes!». Aunque creemos que esto es cierto, la forma de comunicarlo debería ser con bastante amor y tomando en cuenta el peso de la situación. A eso se refiere Pablo cuando habla de que tengamos conversaciones llenas de gracia y sazonadas con sal. La gracia involucra compasión anímica ante la situación y la sal ilustra la idea de que no debe ser insípida, alejada de la realidad que la persona puede estar enfrentando. Deberíamos saber cómo responder con el mensaje correcto, de la forma correcta y con la actitud correcta.

El entrenamiento del equipo

Tengo que reconocer que, cuando entrenamos a nuestro equipo plantador, no pusimos el énfasis suficiente en este paso. Eso fue un error porque no todos saben cómo compartir el evangelio. Aunque la mayoría de nosotros podemos tener claro el evangelio para nosotros mismos, al tener que compartirlo con otros nos ponemos un poco nerviosos.

En nuestra iglesia hablamos de dos pasos generales. Para que nuestra gente evangelice bien, debe aprender primero a **ser un amigo** y **ser un testigo**. Ya hemos hablado de que debemos formar amistades a las cuales podamos evangelizar. No estamos hablando de usar la amistad como un gancho para evangelizar, fingiendo ser amigo con el fin de ser un testigo. No estoy proponiendo que el fin justifica el medio y menos afirmando que la hipocresía es válida si se trata de evangelizar. Por el contrario, debemos ser amigos de verdad. Yo creo que un verdadero amor hacia nuestro prójimo nos permitirá conocer personas, disfrutar tiempo con ellas, compartir comida, participar en sus vidas. La mejor manera para hablar del evangelio es durante las cosas del día a día con personas con las que ya hemos establecido algún tipo de vínculo fraternal. Personas que nos conozcan y que nosotros conozcamos.

En primer lugar, cuando hablamos de procurar la amistad, nos referimos a tener el deseo deliberado de fortalecer las relaciones con nuestros amigos, vecinos y colaboradores a quienes no conozcamos o con los que solo tengamos una relación muy superficial. Vivir aislados del resto del mundo es una epidemia mundial. Es casi seguro que muchos de los que están leyendo esta parte están siendo confrontados porque ni siquiera conocen los nombres de sus vecinos. Por eso quisiera animarlos a que ustedes y su gente actúen de manera deliberadamente amigable en sus comunidades y en sus trabajos. Esta actitud deliberada se manifestará al buscar oportunidades para pasar tiempo juntos no solo dentro de la superficialidad de nuestras rutinas normales. Queremos animarlos a que inviten amigos, colegas y vecinos a sus casas para cenar juntos, ver un partido, celebrar un cumpleaños. Queremos animar a nuestra comunidad a realizar celebraciones y reuniones informales donde deliberadamente inviten a los que no conocen a Cristo a que se relacionen con aquellos que sí lo conocen.

En segundo lugar, cuando hablamos de **ser un testigo**, me refiero a aprovechar las circunstancias de la vida para testificar de la mejor manera que las circunstancias nos presenten. Jesús les dijo a sus discípulos que serían llenos del Espíritu para poder ser Sus testigos (Hech. 1:8). ¿Qué hace un testigo? Pues lo único que hace un testigo es contar su experiencia, lo que ha visto, conocido, sentido, oído y experimentado. Testificar es contar la verdad. No se puede testificar una mentira. Entonces, el cristiano testifica sobre la realidad del evangelio en medio de un mundo que lo necesita desesperadamente.

Una estructura que permite organizar la información nos ayuda a presentar de la mejor manera el mismo contenido del evangelio. Estas estructuras son muy valiosas para aquellas personas que están aprendiendo a compartir el mensaje del evangelio. Me gusta comparar esto con aprender a amarrarnos los zapatos. A todos nosotros alguien nos explicó como deberíamos amarrarnos los zapatos. Al principio de seguro nos costó y tuvimos que pensar en todo el proceso una y otra vez. Sin embargo, en la medida en que lo hacemos continuamente, es como si ya ni pensáramos en lo que estamos haciendo al amarrarnos los zapatos. Creo que con las estructuras aprendidas para organizar la información del evangelio pasa algo más o menos similar. Mientras más estemos escuchando a la gente, mientras más hablemos del evangelio con la gente, la información vendrá de manera natural a nuestra mente.

De eso habla J. Mack Stiles en su libro titulado *Evangelismo*, y creo que es de gran ayuda. Él habla de cuatro palabras que debemos tener en mente al crear una estructura que nos permite organizar la información del evangelio: Dios, hombre, Jesús, respuesta. A continuación, mi versión parafraseada de la idea que él plantea en su libro.[38]

1. **Dios** creó los cielos y la tierra, y diseñó la humanidad para que lo alabe y viva en relación con Él.
2. El **hombre** se ha rebelado contra Dios y se ha vuelto esclavo del pecado; como resultado, se encuentra bajo la ira y la justicia santa de Dios.
3. **Jesús**, el Hijo de Dios, murió en la cruz y resucitó de entre los muertos; recibió la ira de Dios por el pecado del hombre. Ahora es el Señor y puede salvar a aquellos que se arrepientan y condenar a los que se rebelen.
4. Se **responde** al evangelio al confesar y dejar nuestro pecado (arrepentimiento) y creer (fe) en Jesús como el Señor y Salvador capaz de perdonar pecados.

El mensaje del evangelio es multifacético. Es una buena noticia en diversos sentidos, y ahora quisiera resaltar dos de ellos. El evangelio es una buena noticia en cuanto a la muerte y también en cuanto a la vida.

Muchos sabemos por qué el evangelio es una buena noticia en cuanto a la muerte. Ese ha sido el argumento principal para demostrar que el evangelio es una buena noticia. La Palabra de

---

[38] *Ibid.*, 33.

Dios deja en claro que aquel que no está en Cristo camina hacia la muerte, porque la ira de Dios se revela contra la impiedad (Rom. 6:23; 1:18). Al saber que nosotros estamos condenados a muerte por nuestro propio pecado, el Señor, que es rico en misericordia, decidió enviar a Cristo para morir en nuestro lugar. El justo por los injustos, para llevarnos a Dios (1 Ped. 3:18). Al arrepentirnos de nuestros pecados y poner nuestra fe en Cristo, nuestro sustituto perfecto, somos reconciliados con Dios y podemos disfrutar de la vida eterna. Esta es, sin duda, una verdad del evangelio.

Esta es la parte fundamental del evangelio, pero no termina de mostrar toda su verdad. No basta solo con explicar cómo Jesús y Su obra son la solución para la vida eterna, sino también cómo es que entendemos que Jesús y Su obra son buenas noticias para hoy.

Cuando presentamos un evangelio que solo implica una buena noticia para después de la muerte, podría parecer que no es algo bueno para los que todavía siguen sufriendo la realidad de una vida sin Dios. El mensaje del evangelio es una buena nueva para la vida también, no solo para la muerte. ¡Es una buena noticia hoy! Cristo ya ha resucitado y ya está sentado en Su trono reinando sobre el universo entero. Es por eso que el Nuevo Testamento abunda en afirmaciones del impacto del evangelio en la vida presente, porque el que está en Cristo: (A) Ya no está bajo condenación (Rom. 8:1). (B) Ha muerto con Él y ahora vive en Él (Gál. 2:20). (C) Tiene vida abundante (Juan 10:10). (D) Encuentra en Él todos los tesoros de sabiduría y conocimiento (Col. 2:3). (E) Ha muerto al poder de su pecado (Rom. 6:6). (F) Es una nueva criatura (2 Cor. 5:17). (G) Lo reconoce como

Rey sobre toda la tierra (Mat. 28:18).

Como resultado de todo lo anterior, nosotros, los que estamos en Cristo, vivimos en esta tierra con la plena confianza de que el Señor está en control de todo lo que sucede. El que está en Cristo es un sacerdote y, como tal, ofrece sacrificios aceptables a Cristo en todo lugar (1 Ped. 2:9). Ahora todo lo hace para la gloria de Cristo (1 Cor. 10:31). El que está en Cristo ya no necesita buscar su identidad en el dinero, el éxito, la fama, la familia, la salud, el poder, el control, porque ahora es un hijo adoptado por el Rey de Reyes y reinará con Él para siempre (Ef. 1:5; 2 Tim. 2:12). El que está en Cristo vive con la esperanza de que la maldad ha perdido, la muerte ha sido vencida y el imperio de la oscuridad está en sus últimos suspiros (1 Cor. 15:50-58). El que está en Cristo se encuentra en el principio del estado para el cual fue creado.

Todo lo anterior implica que ahora puede cumplir mejor con su vocación y con el mandato cultural de ser un buen mayordomo del Señor, descubriendo, desarrollando y fructificando todo lo que está en la tierra (Gén. 1:26, 1 Cor. 10:31, Isa. 43:7, Col. 1:15-20). Mis hermanos, el impacto del evangelio en el hoy es de suma importancia.

La mayoría de las personas de nuestro tiempo no piensan mucho en el lugar adonde irán cuando mueran, pero sí piensan muchísimo en su vida actual. Todos los seres humanos están buscando respuestas a sus mayores anhelos. Todos quieren ser importantes, significativos, y están buscando algún propósito para sus vidas. Si estamos cumpliendo con el primer paso de ser un amigo, encontraremos que la gente a nuestro alrededor expresa de diferentes maneras esos anhelos profundos de su corazón. Pueden expresarse como quejas acerca de la realidad actual de sus vidas. A veces, esos anhelos se expresan como un profundo sentido de arrepentimiento por decisiones equivocadas que se tomaron en el pasado. En otros momentos expresarán de forma sutil su decepción para con Dios o su confusión por la manera en que se les presenta la vida. Sabemos que toda la gente a nuestro alrededor, en algún momento, enfrentará cierto grado de sufrimiento. La vida bajo el sol y sin Cristo es como navegar en la oscuridad, con un mar embravecido y sin instrumentos. Esto hace que el que no está en Cristo viva muy confundido, a veces temeroso y sin esperanza en medio de las circunstancias de la vida. Esa realidad no nos sorprende porque, si solo hay pecado y no se conoce el mensaje de redención, todos se encuentran bajo condenación. Hay culpa, vergüenza y la misma conciencia los condena ya que la ley ha sido escrita sobre sus corazones (Rom. 2:15).

Los que están en Cristo, por el contrario, ya saben por qué se sienten como se sienten y por qué viven como viven. Fuimos diseñados para adorar a Dios, no para vivir separados de Él y menos adorando lo que está en la creación. Como raza humana caída hemos reemplazado la gloria de Dios por la imagen del ser humano ayer, hoy y lo seguiremos haciendo hasta el día en que Cristo venga por segunda vez. Esta separación y actitud rebelde en contra de Dios ha generado todo el caos que vemos en el mundo y todo el caos que sentimos en nuestro interior. La única noticia que tiene sentido en medio de todo el conflicto interno, toda la maldad del mundo, toda la violencia, el abuso, el sufrimiento, el dolor y la enfermedad es el mensaje del evangelio.

El mensaje del evangelio no solo nos explica la raíz de todas nuestras desdichas humanas (la caída, el pecado y la muerte), sino que también nos explica la única solución, que está en Cristo y este crucificado y resucitado. Lo repito una vez más, la única respuesta que tiene sentido delante de todo lo que vemos en este mundo es el evangelio. Todos los anhelos del ser humano son satisfechos en Cristo y Su evangelio. Si nosotros tenemos amistades profundas y verdaderas con gente que no conoce a Cristo, seguramente surgirán oportunidades para demostrar cómo nuestra cosmovisión cristiana y en particular el evangelio tiene más sentido y trae mayor esperanza que todas las otras esperanzas vanas que vemos en el resto del mundo.

El evangelio como hecho histórico ha transformado a todos los que están en Cristo. El apóstol Juan, al iniciar su primera carta que escribió cuando era ya un anciano, habla con pasión de lo que ellos mismos vieron, tocaron y sintieron con sus manos tocante al Verbo de vida, Jesucristo, el centro del evangelio (1 Jn. 1). Cuando Jesús habla con la mujer samaritana, ella va y les cuenta su experiencia con Jesús a los de la ciudad (Juan 4). Cuando testificamos sobre la verdad del evangelio, no solo testificamos sobre una realidad que tuvo lugar hace 2000 años, sino que testificamos que nosotros mismos hemos sido transformados radicalmente por la obra que anunciamos a través de ese mensaje. Esto significa que también tenemos la oportunidad de explicar no solo cómo Cristo y Su obra son la solución para el mundo, sino también cómo Él ha sido la solución para nuestra vida.

Yo estoy plenamente convencido de que el método que da mayor fruto es el de la evangelización a nuestros contactos y amistades. Con esto no quiero decir que sean malos los eventos evangelísticos ni que sea malo salir a evangelizar en las calles.

Pero aún las estadísticas señalan que la mayoría de la gente llega a creer en Cristo porque algún amigo o familiar les habló del evangelio o los invitó a la iglesia. Esas relaciones deliberadas con gente no cristiana son de enorme valor en la evangelización.

Evangelicemos juntos

Hay otro concepto que desarrolla J. Mack Stiles que me parece sumamente importante. Los cristianos imaginamos la evangelización como un momento en que estamos completamente solos y tenemos una discusión aguda e intensa con alguien antagónico a la fe cristiana. Por supuesto que eso nos quitará las ganas de querer estar en una situación parecida. Stiles llega a la conclusión de que el principal motivo por el cual la gente no evangeliza es el temor. Gran parte de ese temor se da porque pensamos que el evangelismo es una actividad solitaria del cristiano. Sin embargo, dice Stiles que «la iglesia es el motor del evangelismo».[39] Él dice: «Cristianos, ¡júntense! Evangelicen con otros amigos creyentes que te puedan acompañar».[40] Por lo tanto, los creyentes se deben juntar para cumplir con la misión de proclamar el evangelio.

Cuando los cristianos se juntan para compartir deliberadamente y realizar actividades con personas que no son cristianas, estoy seguro de que se presentarán oportunidades para comunicar el evangelio. Y esta actividad conjunta evitará que surja el temor de la evangelización solitaria. Pueden juntarse, por ejemplo, para jugar al fútbol, para ver un partido, para salir a comer, para celebrar algo o simplemente para estar juntos. Aunque es

---

[39] *Ibid.*, 42.
[40] *Ibid.*

válido estar preparados para evangelizar solos, no es un requisito único. Aquí es donde el equipo plantador puede tener un gran impacto en el proceso de plantación. ¡Evangelicen juntos! Conozcan a los amigos del equipo plantador. Planifiquen eventos que tengan como fin solo conocer a los amigos o vecinos que no conocen a Cristo.

Conclusión

Este es el paso que jamás se acaba. No evangelizamos para plantar la iglesia. Evangelizamos porque eso es lo que hace la iglesia, como ya lo hemos demostrado con muchos pasajes bíblicos. Somos los que hemos sido trasladados de las tinieblas a la luz, a fin de anunciar a Cristo y Su obra. La iglesia, como comunidad, tiene la gran oportunidad y responsabilidad de ser heraldo de las buenas nuevas. Lo mismo da que esté en su primera etapa o que sea una iglesia con muchas décadas. La tarea de proclamar las buenas nuevas jamás se acaba. Podemos proclamar con la plena confianza de que el mensaje que proclamamos es poder de Dios y que Dios añadirá más personas a nuestra nueva familia. El da el crecimiento, mientras nosotros seguimos proclamando fielmente de forma personal y también grupal.

CAPÍTULO 11

Reunir: ¿Cuántas sillas necesitamos y por qué son tan caras?

Gran parte de la literatura sobre plantación de iglesias se enfoca en lo que denominan el *lanzamiento* de la nueva iglesia. El *lanzamiento* tiene que ver con la inauguración oficial de las reuniones dominicales. Lo cierto es que se trata de un momento muy importante para toda iglesia nueva y explicaré el porqué en un momento. Sin embargo, a mí siempre me costó entender por qué se habla tanto del *lanzamiento* de la iglesia. Es evidente que esa palabra pertenece a un tipo de lenguaje más empresarial que eclesiástico. Por ejemplo, no vemos a Pablo hablar de lanzamiento de iglesias en el Nuevo Testamento. El énfasis está en hacer discípulos y vivir en comunidad desde el primer día. Pareciera que desde el momento en que Pablo hacía un primer discípulo, empezaba un proceso de capacitación continuo en el evangelio y la vida cristiana. Este énfasis en el discipulado resalta lo que hemos estado diciendo una y otra vez: plantamos el evangelio, cosechamos la iglesia.

De allí se desprende que la iglesia es más que juntar un par de cristianos que se reúnen para hablar de Jesús. Creemos que la Biblia le exige más a una iglesia local que solo unas cuantas reuniones.

En mi caso particular, crecí en un tiempo en el que estaba totalmente enamorado con el concepto de la «iglesia emergente». Los que seguían este concepto eran personas (entre las que me incluyo) que tenían una cierta rebeldía en contra de la iglesia institucional, y por eso pensaban que el simple hecho de reunirse con un amigo en una cafetería para hablar de Jesús ya contaba como iglesia. No les niego que esa idea me atraía mucho, porque había crecido en una tradición de iglesia que enfatizaba la institución, las formas y su autoridad mucho más que la vida orgánica de la familia eclesiástica.

El debate entre la relación de la institución eclesiástica y la vida de la iglesia ha generado muchas opiniones distintas. Algunos han terminado separando la institución del organismo y los han enfrentado como si fueran antagónicos. Por eso es importante que recordemos las palabras de Kuiper: «La institución nace por el organismo, y el organismo es alimentado por la institución». Ambas partes son importantes. Muchas personas dirían que la reunión dominical, en un edificio, donde alguien predica desde un púlpito, es parte de la institución. Claro que lo es, pero también es muy cierto que el servicio dominical es una parte integral de la provisión alimenticia para el organismo. Es igualmente una parte integral de la vida ordinaria de la familia eclesiástica. En conclusión, no se nos hace muy difícil entender por qué la inauguración de la adoración juntos los domingos —o el famoso lanzamiento— es uno de los pasos más importantes para una iglesia nueva.

¿Por qué una reunión general?

Puede sonar paradójico lo que voy a decir, pero hemos perdido en la iglesia local la tradición del Día del Señor. Sí, lo sé, no hay iglesia que no se reúna los domingos. Voy a tratar de explicarme. Vemos en el Nuevo Testamento que la iglesia acostumbraba reunirse el primer día de la semana. Por cierto, Lucas registra que Pablo da un discurso en el primer día de la semana cuando se había reunido la iglesia en Troas (Hech. 20). Al mismo tiempo, Pablo también le aconseja a la iglesia en Corinto que aparten una ofrenda cada primer día de la semana (1 Cor. 16:2).

Sin embargo, el concepto del Día del Señor surge mucho antes que el nacimiento de la iglesia registrado en Hechos de los Apóstoles. En realidad, la idea de que el pueblo de Dios se reúna un día a la semana para adorar y alabar a Dios es un principio que viene del Antiguo Testamento. Al pueblo de Israel se le ordenó separar el día sábado, conocido como el día de reposo, el séptimo día de la semana, en honor a Dios (Ex. 20:8-11). Este mandamiento no solo está establecido en la ley, sino que se vislumbra desde la misma historia de los orígenes en el Génesis, cuando Dios mismo toma un día de reposo después de realizar toda la obra de creación, señalándonos el reposo que algún día nosotros tendremos en Él. De hecho, descubrimos que Dios bendice y santifica ese día (Gén. 2:3). Joseph Pipa, en su libro *Is the Lord's Day For You?* [¿Es el Día del Señor para ti?], dice: «En esta doble acción de bendición y santificación, Dios instituye el patrón de seis días de trabajo y un séptimo día de descanso sagrado».[41] El hecho de apartar un día en particular para Dios, donde se dejan a un lado las presiones del trabajo diario, proviene directamente del ejemplo del obrar de Dios en Su creación. Además, Dios resalta en la

---

[41] Joseph A. Pipa Jr., *Is the Lord's Day For You?* (Grand Rapids: Reformation Heritage Books, 2016), edición Kindle, Loc. 99 de 100.

ley este principio que ya estaba vigente y lo vuelve obligatorio para el pueblo de Israel. De hecho, este mandamiento en el libro de Deuteronomio se establece como un recordatorio de la liberación de Israel a través de la completa redención de Egipto (Deut. 5:15). Desde la creación, los que pertenecen a Dios se han reunido un día en la semana con el fin de reconocerlo como Dios y recordar lo que ha hecho por ellos de manera completa y perfecta.

No entraremos en el debate que discute si es que los diez mandamientos siguen vigentes o no. Lo que sí queremos afirmar es que la iglesia ha considerado que este ritmo de trabajo y descanso, separando un día para honrar al Señor ha estado y sigue vigente durante los últimos dos mil años. Los cristianos han guardado el Día del Señor desde la mismísima inauguración de la iglesia primitiva. Sabemos bien que esta iglesia tenía muchas más reuniones con una vida en comunidad más intensa, hasta el punto de partir el pan todos los días (Hech. 2). La persecución también los obligó a encontrar maneras más secretas de juntarse porque las reuniones podían acarrear consecuencias mortales. Pero reunirse en casas y en lugares poco usuales no significaba que hubieran dejado la práctica de apartar un día a la semana para alabar y recordar la redención en Jesucristo. De hecho, es la misma iglesia primitiva la que cambia el séptimo día por el primero. Este cambio fue para distinguirse de la práctica judía del séptimo día y en honor a la resurrección de Cristo en el primer día de la semana, que en ese tiempo era el domingo.[42]

---

[42] Ver Mat. 28:1; Mar. 16:1-2; Luc. 24:1; Juan 20:1,19.

La iglesia históricamente ha apartado el día domingo con el fin de adorar a Dios y ser instruida en la Palabra de Dios. La iglesia de todos los tiempos ha interpretado las instrucciones del Antiguo y el Nuevo Testamento, y ha llegado a la conclusión de que una reunión semanal de la iglesia local es imperativa para glorificar y reconocer públicamente su dependencia del Señor y para su propio crecimiento y madurez espiritual.

En conclusión, creemos que es bíblicamente necesario que la iglesia se reúna semanalmente. Es posible que algunos piensen que el día de la semana no es tan importante. Mi convicción personal es que debería ser el día domingo. Creemos firmemente que toda iglesia local debe reunirse semanalmente con fines y propósitos particulares, ya que estos fines y propósitos alimentan al organismo.

¿Para qué el servicio dominical?

Hablemos un poco de los propósitos particulares de esta reunión semanal. En este punto es importante reafirmar que, si queremos establecer iglesias saludables, entonces estas deben estar sujetas a todo lo que establece la Palabra de Dios. Luego de esa aclaración, vamos a preguntarnos: ¿Cuál es la razón de ser de este servicio dominical?

Adoración y oración

La reunión de la iglesia tiene como eje principal a Dios. Él es el centro de la reunión de los santos. El Señor es la razón por la que Su pueblo está reunido (Col. 1:15-20). Israel cantaba y alababa con instrumentos cuando se reunía en los tiempos del Antiguo

Testamento. De eso da testimonio el libro de los Salmos, que es el himnario del pueblo de Israel. Adorar al Señor reconociendo Su grandeza nunca pasará de moda. Esta práctica sigue en la iglesia hoy en día. Aun los himnos y canticos espirituales son oportunidades para animarnos y exhortarnos los unos a los otros (Col. 3).

La iglesia siempre canta adoraciones a Dios cuando se reúne y ora en conjunto (Ef. 5:19; Col. 3:16; Mat. 21:13; Sal. 134:2; Mat. 18:19, Sant. 5:16). No encontramos en el Nuevo Testamento mandamientos explícitos de lo que debería hacerse cuando la iglesia se reúne en domingo. Más bien, lo que encontramos son algunas buenas descripciones de todas las cosas que hacía la iglesia, sin importar el lugar donde estuviera.

Cuando cantamos juntos al Señor y en oración dependemos de Él, demostramos que el centro de nuestra comunidad es Dios. La reunión misma tiene a Cristo como el centro. Cuando la iglesia se reúne tiene que reconocer que ha sido formada por Él, y que Él es su cabeza. La iglesia, una pequeña comunidad peregrina que espera el final de los tiempos; hace cada domingo lo que hará por toda la eternidad. Gregg Allison, en su libro *Sojourners and Strangers* [Peregrinos y extranjeros], nos dice que la iglesia vive el reino de Dios inaugurado, pero no completo. Como consecuencia, la iglesia es un cuerpo expectante que, al reunirse, demuestra esa esperanza. Semanalmente, se une al coro celestial para darle la gloria a Dios y prepararse para lo que hará por toda la eternidad.[43] Esta adoración dominical también incluye un componente testimonial. La iglesia local es el grupo de

---

[43] Gregg A. Allison, *Sojourners and Strangers: The Doctrine of the Church*, (Wheaton: Crossway, 2012), edición Kindle, Loc. 2244.

personas que, delante del mundo, se reúnen cada domingo para expresar públicamente su adoración a Dios y su dependencia de Él por sobre todas las cosas.

Instrucción de la Palabra

Vemos que Pablo le dice a Timoteo que se dedique a la lectura pública de las Escrituras (1 Tim. 4). ¿En qué otro lugar leería Timoteo las Escrituras si no fuera en la reunión de los santos? Pablo mismo predicaba en las reuniones de la iglesia (Hech. 20:7). Lucas es bastante claro al decirnos que la iglesia primitiva estaba dedicada a aprender de las enseñanzas de los apóstoles. También en las cartas paulinas vemos que los líderes de la iglesia local eran designados para instruirla y uno de los requisitos para ser parte del liderazgo de la iglesia es tener aptitud para enseñar.

Una iglesia local que se considera saludable debería estar recibiendo una dieta regular, semanal, de la Palabra de Dios. A fin de cuentas, la Palabra de Dios es útil para equipar para toda buena obra (2 Tim. 3:17). Demasiados hombres se paran frente a un púlpito los domingos confiando solo en su propia sabiduría y conocimiento humanos para instruir a la iglesia local. Una iglesia alimentada por sabiduría humana y gotas de Palabra de Dios es algo trágico, ya que las ovejas en esas iglesias siempre estarán delgadas y enfermas porque lo que más necesitan es la vitamina pura de la Palabra de Dios en grandes dosis. Si tan solo nos fijáramos en el listado que Pablo le da a Timoteo, podríamos entender que lo útil es la Escritura inspirada por Dios para enseñar, reprender, corregir e instruir en justicia (2 Tim. 3:16). La iglesia se reúne para escuchar la lectura y la predicación de la Palabra, con el fin de ser instruida en los caminos del

Señor. Gregg Allison dice: «Con Dios como su autor divino, la Escritura, al ser la Palabra de Dios, posee autoridad divina para ordenar aquello que los cristianos deben creer, hacer y ser, y prohibir aquello que deben evitar».[44]

Pero no solo debemos leer y predicar la Palabra, sino que toda la Palabra debe empapar nuestra adoración y todo lo que hagamos durante el servicio. En resumidas cuentas, ¿quién tiene la autoridad en nuestra reunión dominical? Como dice Joe Thorn: «La adoración corporativa no debe estar formada por nada que no tenga garantía escritural».[45] La Palabra de Dios como autoridad rige todo lo que toda iglesia hace, sea esta nueva o centenaria. En consecuencia, nuestra primera pregunta no es: «¿Qué debemos hacer para atraer personas y llenar el salón?», sino: «¿Qué demanda la Palabra de Dios de nosotros cuando nos reunimos?»

Ordenanzas: Bautismo y Santa Cena

Una de las cosas que hace una iglesia es participar de las ordenanzas (o sacramentos). Estas ordenanzas han sido dadas para que la iglesia las administre. Por lo tanto, para funcionar realmente como una iglesia, deben celebrarse correctamente. Cuando la iglesia está reunida, se aprovecha la oportunidad para recordar continuamente la razón por la que estamos juntos. Las ordenanzas son recordatorios simbólicos y permanentes que han sido establecidos por el mismo Señor Jesucristo.

Primero, veamos la Santa Cena. En la misma noche en que

---

[44] *Ibid.*, edición Kindle, Loc. 2792-2793.
[45] Joe Thorn, *The Life of the Church: The Table, Pulpit, and Square*, (Chicago: Moody Publishers, 2017), 48.

Jesús fue traicionado, Él comió el pan y tomo de la copa de vino con Sus discípulos. Esta práctica la dejó para que ellos la siguieran practicando como recordatorio de Su obra perfecta de redención. Esta cena se celebra con el pan y el vino, el pan que representa Su cuerpo y el vino que representa Su sangre. Pablo declara que cada vez que se celebra la Santa Cena se está anunciando la centralidad del evangelio. Así como el pueblo de Israel se reunía y celebraba la Pascua en memoria de la liberación redentora de Egipto, la iglesia se reúne y toma la Santa Cena en memoria de la liberación redentora que tenemos en Cristo.

En nuestra iglesia, antes de tomar la santa cena, buscamos aclarar cuál es la razón correcta de esta celebración, afirmando que se trata de una cena familiar. Esto implica dos cosas: (1) Para participar, deberíamos primero formar parte de la familia. Con esto queremos decir que la persona que desea participar debe haber confesado su fe en Cristo y debe haber sido bautizada, ya que la fe en Cristo la hace parte de la familia y el bautismo es la expresión pública de esa relación. (2) Al acercarnos a participar de la Cena del Señor, se espera que el cristiano esté en correcta relación con Dios. Si no estás en una relación correcta con Dios, entonces debemos evaluar nuestro corazón para confesar cualquier pecado que no hayamos confesado antes de participar.

En segundo lugar, la iglesia celebra el bautismo. Cristo mismo les dijo a Sus discípulos en la Gran Comisión que hicieran discípulos y que los bautizaran en el nombre del Padre, del Hijo y del Espíritu Santo. La reunión de la iglesia es también el momento en que la gente recién convertida a la fe cristiana puede demostrar públicamente su compromiso con Cristo y Su iglesia. Si estamos cumpliendo con el paso que jamás se acaba —el evangelismo— veremos personas que confiesan su fe en Cristo por primera vez. El bautismo es la demostración pública de esa confesión de fe personal. Las reuniones de la iglesia también son oportunidades preciosas para ser testigos de los bautismos de aquellos que han llegado recientemente a los pies de Cristo.

Enviar en misión

La reunión dominical no solo es una actividad interna para los miembros de la iglesia; también es como una plataforma de lanzamiento de la iglesia en misión. Cada domingo, cuando la iglesia sale bendecida, sus miembros luego se esparcen de forma individual por toda la ciudad. Solo el hecho de salir y entrar del recinto de la iglesia da testimonio de cómo la iglesia se reúne para adorar y aprender de Él, pero también cómo se esparce para ser sal y luz en su comunidad. Una vez más, la iglesia no es la reunión ni el edificio. Por el contrario, es enviada al mundo cuando termina la reunión. Debemos reconocer esta realidad públicamente y ser proactivos en enviar a la gente de la reunión dominical a sus trabajos, lugares de estudios y barrios.

Preparación para el Día del Señor en la nueva plantación

Después de todo lo que hemos dicho hasta este momento, podemos concluir que ya sea que tengamos un *lanzamiento* o no, la reunión formal y pública de la iglesia local sigue siendo muy importante. Es una actividad que el pastor-plantador y el equipo plantador deberían considerar con mucha oración y preparación.

Si preparamos nuestra reunión semanal de la iglesia con antelación, se convertirá en un tiempo semanal en que la comunidad a nuestro alrededor será testigo de la esperanza que tenemos en el Señor y en Su obra que se anuncia en el evangelio.

Antes de inaugurar los servicios públicos, debemos asegurarnos de que se hayan hecho todos los preparativos necesarios. Es un grave error pensar que lo primero que se debe hacer en una plantación es inaugurar las reuniones dominicales. Aunque podría ser así, el gran peligro radica en caer fácilmente en la trampa de reemplazar la vida entera de la iglesia por un servicio o reunión. La vida de la iglesia no es menos que su reunión dominical, pero sí es más que ella. Las reuniones públicas, en mi criterio, no deben comenzar antes de que se culmine con la preparación del equipo plantador. Como ya hemos dicho, es recomendable tener un tiempo solamente dedicado a la preparación del equipo plantador.

Local

Si pensamos celebrar una reunión semanal, tenemos que pensar dónde se va a llevar a cabo esa reunión. Esta decisión debe tomarse con mucha sabiduría y oración porque no queremos elegir el primer lugar que encontremos. Gregg Allison dice que la iglesia es espacio-temporal porque: «Tiene dimensiones físicas, requerimientos de ubicación, una existencia temporal…».[46] La iglesia tiene una presencia física en su comunidad a través del local donde se reúnen. Aunque sabemos que el edificio no es la iglesia, igual es importante reflexionar desde la Palabra de Dios

---

[46] Gregg A. Allison, *Sojourners and Strangers : The Doctrine of the Church*, (Wheaton: Crossway, 2012), edición Kindle, Loc. 3618-3620.

acerca del lugar que ocupa nuestro local y no solo determinarlo por razones prácticas o estratégicas. Por ejemplo, ¿qué comunica nuestro local sobre nuestras creencias, valores y prácticas? No se olviden que nuestros métodos y las decisiones que tomamos predican. La forma en que finalmente seleccionamos un local puede predicar un mensaje a nuestra comunidad en cuanto a lo que creemos y lo que valoramos.

Les doy un ejemplo. Nuestra iglesia está ubicada en una zona donde hay muchas iglesias con templos muy ostentosos. A esos edificios se los llama templos, un término que no necesariamente comparto porque creo que los creyentes son el templo del Espíritu Santo. Esas iglesias tienden a gastar mucho dinero en la construcción y el mantenimiento de esos locales. Creemos que esos templos no dan una buena imagen del evangelio. Por lo tanto, tuvimos la convicción de que una de las maneras en que podríamos evitar los prejuicios contra la iglesia sería teniendo un local muy sencillo. Tener un local así nos ha dado la oportunidad de reflejar que el dinero que se da a la iglesia va a la misión de la iglesia y no simplemente al mantenimiento de un local que pareciera ser lo más importante de nuestra fe. Hemos sido deliberadamente sencillos en su arquitectura, decoración y uso con el fin de hacer que el evangelio se vea como lo más importante.

Antes de darles algunos consejos prácticos, creo que es muy importante recalcar que, si no necesitan un local, o si tenerlo no está dentro de su filosofía ministerial, no se preocupen. Nosotros creemos firmemente que la iglesia no es el edificio. Muchas iglesias han crecido en casas, patios y otros lugares sin que eso sea un obstáculo para que crezca el Cuerpo de Cristo. Sin embargo, para continuar con nuestra reflexión con respecto al lugar, estableceremos algunas pautas prácticas al momento de elegir un local. Les propongo las siguientes preguntas prácticas para ayudarlos a definir qué tipo de local deben buscar.

- Finanzas
  » ¿Cómo piensan pagar el alquiler o la compra de un nuevo lugar?
  » ¿Cuánto tienen presupuestado? Es recomendable que no se gaste más del 25% del presupuesto mensual en el alquiler de un lugar.
  » ¿Tiene la iglesia la capacidad económica para hacer esta inversión hasta que la iglesia crezca numéricamente sin que se vuelva una carga?
  » ¿Cuánto dinero tiene ahorrado la nueva iglesia? No es recomendable gastar todos los recursos en un nuevo local con la esperanza de que ese dinero entre a través de ofrendas.
- Espacio
  » ¿Cuántas personas esperan cuando comiencen las reuniones públicas?
  » ¿Es un espacio donde puede crecer la iglesia con facilidad?
  » ¿Necesitan espacio para otros eventos? ¿Para niños? ¿Para clases o escuela dominical, para talleres?
  » Si es necesario el estacionamiento, ¿hay suficiente espacio para la gente que vendrá en sus autos?
  » Dependiendo del sector, ¿se puede brindar cierta seguridad a los asistentes?

- Tiempo
  - » ¿Cuánto uso puede llegar a tener el local? No es necesario tenerlo en uso las 24 horas, los siete días de la semana, a menos que sepan que será necesario para la comunidad y para los fines de la iglesia local. Muchos alquilan un local todos los días del mes, pero solo lo usan los domingos. Esto significa que el lugar se mantiene vacío más de 25 días al mes.
  - » ¿Cuánto tiempo piensan estar en el lugar? Por cuestiones de estabilidad, es recomendable que no se mueva una nueva plantación a un nuevo sitio durante los primeros dos años desde el inicio de las reuniones públicas.

Aunque el título del capítulo es un poco chistoso, igual es muy cierto. Nosotros cometimos un error muy cómico en los primeros meses de nuestros servicios públicos. Yo tiendo a ser muy conservador en cuanto al manejo de las finanzas. Entonces, cuando llegamos a la decisión de comprar sillas, encontré las sillas más baratas posibles y las compramos sin dudar porque tampoco nos alcanzaba para las más caras. La necesidad estaba cubierta y sentíamos que éramos buenos mayordomos de los pocos recursos disponibles. Lamentablemente, después de nuestra primera reunión ya nos dábamos cuenta de que había sido una mala compra. Tres hombres se cayeron porque sus sillas se rompieron. Eran sillas baratas de pésima calidad. Al final, no solo gastamos en esas sillas, sino que luego tuvimos que gastar más dinero en comprar otras más, un gasto que fue mucho mayor que el inicial. Lo barato sale caro cuando no se toman decisiones adecuadas en los primeros momentos de una plantación.

Predicación

Siempre es importante decidir qué se va a predicar, en oración y con anticipación. Para un nuevo plantador que quizás no ha predicado mucho, es fácil predicar solo de temas que le llaman la atención. El problema con una predicación temática del gusto del predicador es que termina siendo una plataforma para los intereses del pastor-plantador, en vez de llegar a ser un púlpito que es un punto de instrucción y exhortación desde todo el consejo de Dios para la congregación. Al planificar la predicación se debe tener en mente a toda la congregación y no solo nuestros intereses particulares.

¿Cuál debería ser la instrucción de la Palabra en las primeras fases de la plantación? Mi recomendación es que se inicie predicando algo básico y que haga claro el evangelio y la centralidad de Cristo sobre todas las cosas. Si estás en una comunidad donde no hay una iglesia saludable, este es un buen momento para establecer aquello que es de primera importancia a nivel del mensaje de la Palabra de Dios. Otra decisión importante en la predicación es establecer la importancia y la necesidad de predicar libros enteros de la Biblia. Por ejemplo, un libro corto de la Biblia, como Colosenses o Efesios, es bueno para resaltar el evangelio y la autoridad de Cristo sobre nuestra vida y nuestra iglesia. Lo más importante es que sea la Palabra de Dios la que se expone y se resalta, hablándole a través de la predicación a la iglesia. Muchas iglesias caen en la trampa de hacer que las primeras prédicas sean para hablar de ellas mismas. Utilizan la prédica para hablar de la visión o la proyección de la iglesia. El tiempo de la predicación es un momento sagrado y la iglesia debe entender que es allí cuando la autoridad misma de Dios a través de Su Palabra nos llama a caminar con Él. Solo la Palabra puede producir un resultado verdaderamente espiritual y de acuerdo al corazón de Dios.

Lo que principalmente define el púlpito de una iglesia es el evangelio de Jesucristo. Si predicamos la Biblia sin llegar al evangelio, la estamos predicando fuera de su contexto principal. No me refiero a repetir el evangelio en algún punto del sermón, sino que reconozcamos que toda la historia de la Biblia apunta a Cristo y a este crucificado (Luc. 24:27; Juan 5). Pablo le dice a los corintios que solo se propuso entre ellos saber a Cristo y a este crucificado. Si solo predicamos la Biblia sin que la persona y la obra de Cristo aparezcan de manera central y preponderante, lo que generaremos es mucha gente moral en su comportamiento, pero con corazones que no han sido impactados por Dios. La persona y la obra de Cristo que es proclamada en el evangelio es lo único que transforma corazones y vidas. Solo el evangelio restaura matrimonios porque es el único poder que nos permite renunciar y hacer morir nuestro egocentrismo y amar a nuestro cónyuge como Cristo amó a Su propia Iglesia. Nuestro Señor Jesucristo anunciado en el evangelio es el único que ha conquistado el poder del pecado y, por ende, es la esperanza para los que luchan con vicios, corrupción, violencia y todo otro tipo de maldad que vemos en nuestro mundo. Cuando predicamos el Antiguo o el Nuevo Testamento sin presentar su contexto completo que culmina en la cruz y en la resurrección de Cristo, lo único que estaremos haciendo es darles a los textos que predicamos un mero contenido moral. Les diremos a nuestra gente «compórtense como David» o «sean como Abraham», pero nunca sabrán por qué David o Abraham, hombres comunes y corrientes, llegaron a ser lo que fueron producto del Dios redentor. Cuando «Jesucristo, y este crucificado» (1 Cor. 2:2) no es el héroe de toda la historia humana, ponemos una carga sobre nuestra audiencia que jamás podrán llevar. El mensaje que identifica el cristianismo no es «pórtate mejor, haz esto, haz lo otro». No, mis hermanos, el mensaje del cristianismo gira en torno a lo que Cristo mismo ha hecho por nosotros. Gozosamente contamos la historia completa de la obra cumplida de Jesucristo, y al predicar ese mensaje confiamos en el obrar del Espíritu Santo para producir en la audiencia la transformación que solo viene tras escuchar el evangelio.

Adoración musical

También se debe pensar con sumo cuidado en la adoración musical. La liturgia se refiere al orden y a la forma que le daremos a nuestra reunión dominical. Aunque quizás algunos no están cómodos con la idea de la liturgia, es importante reconocer que toda iglesia tiene una liturgia. El problema no es tener una liturgia, sino que muchos no hemos pensado teológica y bíblicamente respecto a nuestra liturgia. Planificamos nuestros servicios basándonos en razones prácticas o estratégicas. Nuestro razonamiento gira alrededor de lo siguiente: debemos comenzar a cierta hora, terminar a cierta hora, hablar de tal o cual tema, cantar un par de canciones, entregar información y cosas por el estilo. Esto significa que lo organizamos de una forma tal que nos ayuda a lograr todo eso dentro del tiempo designado.

Pensar teológicamente en nuestra liturgia nos debe llevar a hacernos preguntas como las que veremos a continuación. Por ejemplo, ¿cuáles son las canciones que se van a cantar en el servicio dominical, y por qué? ¿En qué orden se cantarán? ¿Cuándo y de cuánto tiempo se dispone para orar juntos? ¿Habrá algún tiempo para confesar nuestros pecados a Dios? ¿Qué lugar le corresponde a la predicación de la Palabra dentro del orden general? ¿Si hay anuncios, cuál es la mejor manera para comunicarlos sin que sean una distracción para los demás aspectos de la reunión? Algunas de estas preguntas deben contestarse casi todas las semanas desde un punto de vista bíblico-teológico y no solo práctico-estratégico.

La liturgia ha sido entendida por muchas iglesias como el orden que les permite contar la historia del mismo evangelio durante toda la reunión. En mi caso, nunca entendía el propósito de la liturgia durante un servicio y, por lo tanto, nunca consideraba la importancia del orden del servicio en nuestra iglesia. Sin embargo, gracias a la guía de otros pastores en nuestra iglesia, he llegado a abrazar por completo la necesidad y la importancia de la liturgia en los servicios dominicales.

Nosotros comenzamos con un llamado a la adoración. Este momento consta de una lectura de la Biblia, usualmente un Salmo o un pasaje que habla de la grandeza de Dios. Con ella representamos la parte del evangelio cuando, antes de la fundación del mundo, Dios nos elige y, luego, en el momento designado por Él, nos llama eficazmente a la salvación. Después de esa lectura, solemos cantar una canción. Creemos que con nuestra liturgia estamos reflejando el mensaje del evangelio. Iniciamos con un llamado de Dios, que es el llamado a adorarlo, reconociendo Su grandeza y soberanía. Seguimos este llamado con un tiempo de confesión. Cuando Dios nos llama, respondemos con arrepentimiento y fe. Luego de esa primera canción, seguimos con un momento para confesar nuestros pecados a Dios. Para que esto suceda damos algunos momentos en silencio para que la gente, a solas con Dios, examine su corazón y confiese sus pecados delante de Él. Luego cantamos otra canción y sigue la predicación de la Palabra de Dios, donde proclamamos una vez más las buenas nuevas de salvación a un pueblo que ha admitido su pecado delante de Dios. Cuando digo que proclamamos el evangelio no me refiero a que cada domingo predicamos lo mismo. Nosotros abarcamos series de libros de la Biblia, como he mencionado antes. Al predicar cada texto dentro de su contexto, vemos como apunta a Jesucristo, y a este crucificado. Al final del sermón, se exhorta al pueblo de Dios a responder a ese mensaje expuesto de la Palabra de Dios en fe, cantando y declarando que dependemos de Cristo. Al terminar la canción convocamos a la iglesia a lo que llamamos la seguridad del perdón. Esto es simplemente el momento de reconocer que Dios es fiel y justo para perdonar nuestros pecados, tanto los que hemos confesado como cualquier otro pecado que se haya manifestado por la predicación de la Palabra. Terminamos nuestra reunión con una oración de bendición. Esta oración tiene como fin enviar a la iglesia al mundo con la bendición de Dios.

Lo que más anhelamos es que el servicio dominical sea como un ancla en la semana para que los miembros de la iglesia no se dejen llevar por los vientos que acechan en el mundo, un momento en que se les recuerda el evangelio y la necesidad de glorificar y adorar a Dios, para luego ser enviados al mundo en misión. No estoy tratando de que reproduzcan nuestro servicio tal como nosotros lo hacemos, pero sí he querido demostrar que el servicio dominical puede y debe diseñarse con reflexión bíblico-teológica.

Procesos

Hay dos tipos de procesos, **administrativos** y **personales**, que toda iglesia tiene que preparar antes de dar comienzo a las reuniones públicas. Cuando hablamos de ellos, ya estamos hablando de la institución de la iglesia.

Con *procesos administrativos* nos referimos a toda la preparación necesaria, tanto legal como financiera, que nos permita celebrar reuniones públicas bajo un gobierno local o nacional que nos otorga esa libertad. El gobierno local o nacional requiere que la iglesia pueda reconocerse con una personalidad jurídica que le otorga ciertos derechos y libertades que vienen acompañados de ciertas responsabilidades. Someternos a las autoridades es someternos al Señor en primer lugar porque Él es quien nos ordena que nos comportemos con propiedad delante de los gobiernos (Rom. 13:1).

Es recomendable, en la medida de lo posible, que, antes de comenzar a recibir ofrendas, se haya completado el proceso de registro delante del gobierno. En la mayoría de los países de América Latina es posible registrar una entidad delante del gobierno como iglesia local.

El registro oficial permitirá abrir una cuenta bancaria a nombre de la iglesia, lo que permitirá manejar las finanzas de la iglesia local de forma transparente y ordenada. Los procesos para recoger las ofrendas, contar el dinero, registrar y depositar gastos y pagos deberán permitir la rendición de cuentas delante de la congregación. Esto podría significar trabajar con un contador que fiscalice la iglesia, aun si estamos hablando de muy poco dinero. Si eres una entidad legal, debes llevar una contabilidad oficial de una forma honesta y transparente. Es recomendable que siempre haya más de una persona que maneje las finanzas, particularmente un equipo de personas que en algún momento serán diáconos en la nueva iglesia.

La misma importancia tienen los *procesos personales*. Con ellos me refiero a aquellos necesarios para que la gente se integre a toda la vida de la iglesia. Por ejemplo, la nueva plantación debería tener un plan para incorporar la membresía formal antes de que comiencen sus reuniones dominicales. De hecho, los miembros del equipo plantador deberían incorporarse formalmente como los primeros miembros de la iglesia.

La membresía es un tema que produce algo de confusión. Muchos creen que son miembros de una iglesia porque dan ofrendas o porque asisten con regularidad. En resumidas cuentas, la membrecía es como el matrimonio. Se trata del compromiso de un miembro con su comunidad local y con los líderes de esa comunidad, y viceversa. Pero al igual que una pareja, no simplemente convive, sino que antes de la convivencia firmó su pacto de compromiso ante la ley; así también se espera que un cristiano pueda comprometerse formal y oficialmente con su iglesia local.

La Palabra de Dios contiene muchos pasajes que exigen que los pastores cuiden a las personas en la iglesia, pero, si los pastores no saben cuáles son las ovejas que pertenecen a la iglesia, les será imposible cumplir con lo que la Palabra de Dios les exige. Al mismo tiempo, hay muchos pasajes que hablan de un compromiso muy fuerte que debe existir entre cristianos. No buscamos solo que la gente se una a nuestras iglesias; queremos personas que se comprometan a vivir la vida de la iglesia los unos con los otros. De allí que la membresía sea la herramienta necesaria mediante la cual nos aseguramos de que, aquellos que se han afiliado como miembros cumplan con lo que la Palabra de Dios demanda de cada uno, de los miembros y de los líderes de forma continua y responsable.

Es recomendable que una nueva plantación tenga un plan y un proceso para saber cómo recibirá a las personas dentro de la membresía. Parte de ese proceso debería incluir un tiempo de preparación. Podría tratarse de una clase o una serie de clases que introduzcan a la gente nueva a las creencias y la filosofía ministerial de la iglesia. Además, es importante que cada miembro tenga una entrevista con los pastores de la iglesia para asegurarse de que cada uno de ellos entienda el evangelio, haya sido bautizado y comprenda el compromiso que conlleva ser parte de la membresía de la iglesia.

Conclusión

Ya lo hemos mencionado antes: plantar una iglesia es plantar una familia. Es posible que las primeras personas que lleguen a la iglesia vengan con ciertas expectativas respecto a lo que se debe hacer y cómo es que debe hacerse. Un buen grupo tendrá una idea precisa de lo que esperan en términos de programas, tipos de reuniones o características particulares de la iglesia. Algunos otros llegarán directamente del mundo a la iglesia, mientras que otros pueden llegar luego de haber estado en una o más iglesias. Muchos llegarán con necesidades o problemas específicos y por eso preguntarán si es que hay programas para parejas, mujeres, hombres, jóvenes, etc.

No es que todas esas cosas sean malas, sino que el problema radica en que mucho de lo que esperan pertenece a una iglesia desarrollada y madura en el tiempo. Una plantación, por el contrario, recién está reuniendo a su nueva familia. De eso hablaremos en el próximo capítulo: cada iglesia tiene que actuar según su edad. De allí que las primeras semanas en particular sean una buena oportunidad para enfocarse en fomentar relaciones fuertes entre la gente de la iglesia. Comer juntos, conocerse y pasar tiempo juntos es la prioridad. En vez de desarrollar un programa para jóvenes u hombres, los animo a buscar oportunidades sencillas para conocerse e interactuar, como armar un partido de fútbol y comer después juntos. En el futuro habrá otras oportunidades para tener muchas de las otras iniciativas que ya tiene una iglesia desarrollada. Los primeros meses de reunión de una iglesia nueva no tienen que estar llenos de todo lo que sueñas, pero sí deben estar llenos de todo lo que la Biblia demanda.

CAPÍTULO 12

Desarrollar: Aprendamos a actuar según la edad

Podría parecer que, después de todo lo dicho, si seguimos al pie de la letra las instrucciones presentadas en los capítulos anteriores, la iglesia estará plantada. Ya se ha preparado al equipo, estamos evangelizando, nos reunimos para el Día del Señor, ¿qué más podría necesitarse?

Una nueva plantación es, en un sentido, como un ser humano. De hecho, Pablo se refiere a la iglesia como un cuerpo. Cuando una iglesia nace, se encuentra en lo que sería la primera infancia de un ser humano. Un bebé ya es toda una persona en el sentido de que cuenta con todo lo que un ser humano necesita físicamente para ser llamado así. Sin embargo, no le podríamos pedir que actúe como todo un adulto. Todavía le quedan muchas áreas físicas e intelectuales por desarrollar. Lo mismo sucede con la plantación; aunque todos los elementos de una iglesia madura están presentes, no todos esos elementos están completamente desarrollados. Aunque la iglesia está plantada, todavía es una recién nacida. Aunque lo tiene todo, igual queda mucho por desarrollar en ella.

De hecho, el Nuevo Testamento está lleno de cartas a iglesias que están en proceso de maduración. A todas esas iglesias les faltaba desarrollo en diferentes áreas. Algunas de esas áreas por desarrollar eran muy prácticas y evidentes, mientras que otras eran más profundas y requerirían mucho más tiempo para alcanzarse. Lo anterior nos lleva a la siguiente advertencia: hay ciertos temas del desarrollo de la nueva iglesia que, si no se resuelven a tiempo, podrían llevar a la muerte a la iglesia local. Vemos, por ejemplo, que los corintios estaban elevando a hombres y a su sabiduría por encima de Cristo y eso estaba rompiendo su unidad. También permitían mucha inmoralidad dentro de la misma iglesia, lo que afectaba la espiritualidad de todos. Había otras iglesias, como la de los gálatas, que luchaban contra falsas doctrinas. Del mismo modo, las iglesias en Colosas y Éfeso enfrentaban muchas amenazas de las religiones paganas y místicas que los rodeaban y querían corromper la sana doctrina que estaba siendo predicada. A Tito, Pablo le dice que nombre ancianos en las iglesias de Creta para permitir que las iglesias sigan madurando bajo su propio liderazgo local y para que se mantengan firmes en el mensaje que les fue predicado.

Como podrán haber notado, una iglesia recién plantada siempre requerirá de mucho tiempo de trabajo arduo para que alcance la madurez y el desarrollo que el Señor tiene en Su corazón para ella. La iglesia pasará por diferentes etapas de desarrollo, tal como sucede con un ser humano en sus diferentes etapas de crecimiento personal.

Muchos plantadores cometen uno de dos errores con respecto al desarrollo y crecimiento de una iglesia. Primero, muchos creen que el trabajo difícil de plantación termina el día en que se inaugura la iglesia. Hablaremos un poco sobre eso en el último capítulo. Segundo, algunos plantan la iglesia y quieren, desde el primer día, presumir que ya está desarrollada. El problema que se les presenta es muy simple: todavía no están listos para funcionar como una iglesia desarrollada. No tienen un liderazgo bien afirmado, no cuentan con los procesos bíblicos claro, no tienen una cultura de confianza mutua, no sabrían qué hacer exactamente, por ejemplo, cuando un miembro cae en un pecado grave ni tampoco tienen suficiente experiencia ni conocimiento para saber cómo manejar un conflicto.

El apóstol Pablo le habla a los colosenses como «escogidos de Dios, santos y amados» (Col. 3:12). A ellos les advierte que, cuando la iglesia realmente vive como una familia, igual se generarán muchos conflictos. De allí que resalta la importancia de vivir con tierna compasión, bondad, humildad, mansedumbre y paciencia. Además, les pide que se soporten y se perdonen tal como Cristo los ha perdonado. Cuando la iglesia realmente vive en verdadera comunidad, siempre surgirán conflictos, siempre habrá pecado, dolores de crecimiento, tensión entre líderes y más, pero igualmente Jesucristo, Cabeza de la iglesia, ha brindado las instrucciones y el poder para que la iglesia pueda superar cualquier escollo en amor.

Es por eso que una nueva plantación tiene que aprender a actuar según su edad, a madurar según sus necesidades y a tomar en serio el proceso de desarrollo y madurez que se produce en toda iglesia. Mientras vamos avanzando en este proceso, seguro que nos encontraremos en situaciones donde nos faltará liderazgo calificado, mucha sabiduría específica y altas dosis de planificación. Ya hemos mencionado que parte de la labor del pastor en cualquier iglesia requiere liderazgo y administración. En ambos casos, ser un buen líder y un excelente administrador implicará mirar hacia el futuro y preparar todo lo que sea necesario para que la iglesia enfrente y supere cada una de las etapas que se les presentarán en el futuro.

Actuar según la edad

Al iniciar la plantación hubo algunos amigos pastores que nos ayudaron mucho. Actuaron como nuestros mentores y guías en esos primeros meses y años de la aventura. Uno de ellos nos dijo esta frase que nos ayudó muchísimo: «No olviden actuar según su edad». Muchos plantadores tienden a pensar demasiado en el futuro porque tienen grandes sueños por alcanzar para su iglesia y la comunidad que los rodea. En muchos casos, como dijo J.D. Payne, están pastoreando la iglesia que quieren tener en el futuro y no la que tienen en la actualidad. De allí que sea de suma importancia que el pastor-plantador sea consciente y viva cada una de las etapas de plantación en las que su iglesia se encuentre a lo largo del camino.

Durante la etapa de formación del equipo plantador y los primeros meses en que comienzan las reuniones públicas, es muy fácil querer adelantarse y armar rápidamente todos los ministerios, los programas y los eventos que hagan parecer a la iglesia más grande de lo que realmente es en realidad. Lo que se busca es encomiable, ser una iglesia formal y madura, el problema es que no han pasado por el proceso de maduración para llegar a ser formales y maduros. No necesariamente la iglesia debe carecer de programas o ministerios durante ese momento de su vida, pero estos deben organizarse de acuerdo a la etapa en que se encuentre la plantación.

Se los explicaré con este ejemplo personal. Cuando recién nos casamos, mi esposa y yo ganábamos muy poco dinero. El problema era que los dos nos habíamos acostumbrado al estilo de vida que nuestros padres nos dieron y que imaginábamos nos correspondía desde el primer día de nuestro matrimonio. Lo que no habíamos tomado en cuenta es que ellos trabajaron durante muchos años, con profesiones que les hicieron ganar un buen dinero, supieron ahorrar y disfrutar de un estilo de vida bastante cómodo. Tuvieron tiempo para desarrollar y madurar sus finanzas y nosotros gozamos de esos beneficios hasta el día en que salimos de nuestros hogares para casarnos.

Nuestro error consistió en que, desde el momento en que nos casamos, empezamos a gastar dinero como si hubiéramos llegado a la etapa en que estaban nuestros padres. En poco tiempo nos dimos cuenta de que una pareja recién casada debe tener mucho cuidado con la manera en que maneja sus finanzas, especialmente si no ganan todavía mucho dinero. No podíamos vivir como un matrimonio con unas finanzas sólidas porque todavía no las teníamos.

Muchas plantaciones tienden a planificar su calendario, su presupuesto, sus eventos y su estrategia como lo hacían en la iglesia anterior. Desde el mismo día de la inauguración, quieren hacer las mismas cosas que se hacen en la iglesia madre. A veces, la nueva plantación adopta toda la programación de la iglesia madre pero en muchos casos no tienen el liderazgo necesario y preparado para ejecutar ese nivel de programación. Es posible que la nueva iglesia desee ofrecer los eventos que ofrecía la iglesia madre, o mantener el mismo calendario ministerial, pero no tiene todavía los recursos, los procesos o las personas adecuadas para hacerlo. El resultado es una plantación sobrecargada por tratar de llevar a cabo una estrategia que le pertenece a una iglesia madura. Esa nueva plantación tiene que aprender a actuar según su edad.

Para llegar a ser una iglesia madura deberán hacerse ciertas cosas que se seguirán haciendo a lo largo de la vida de la iglesia. La madurez y el desarrollo de una iglesia en muchos casos se debe al compromiso que tiene el pastor-plantador con los siguientes aspectos.

Formar diáconos

Toda iglesia necesita diáconos. Si no los necesitara, no los veríamos en el Nuevo Testamento. Aunque su punto de partida es debatido en círculos teológicos, se supone que la iglesia de Jerusalén es la que instituye el diaconado ante la presencia de un problema que se suscitó entre sus miembros (Hech. 6). Estos diáconos fueron elegidos porque estaba presentándose un problema que requería una solución que distraería a los apóstoles de sus responsabilidades principales.

Las tareas que Pablo contemplaba para los diáconos no están muy bien definidas. Lo único que sabemos es que eran servidores. Sin embargo, a la luz de la elección de los diáconos en la iglesia de Jerusalén, podemos deducir que se encargaban de aquellas tareas que separaban a los pastores de su ocupación principal en el ministerio de la Palabra y de la oración. En ese sentido, los diáconos cuidaban de las necesidades de las personas a través de una correcta administración de los recursos materiales.

La palabra *diakonos* se usa más de 60 veces en el Nuevo Testamento. Esta palabra se traduce *ministro, ministerio, servir, servidor* y *diácono*. Considero que el diácono es un servidor dispuesto a atender las necesidades, tanto materiales como cualquier otra que se presente, de las personas de la iglesia según la Palabra de Dios. En pocas palabras, es un servidor, y su guía de servicio es la Biblia. Esta atención servicial podría observarse en la limpieza del local, los grupos de servicio para los domingos con los ujieres, los facilitadores de los grupos en los hogares, el apoyo en consejería y oración, la atención a los necesitados. Aunque podrían parecer tareas menores, ellos realizan tareas importantes que permiten que los pastores se puedan enfocar sin distracciones en las cosas pastorales: el ministerio de la Palabra y la oración.

En general, si piensan nombrar a alguien para un puesto ministerial o de liderazgo público, esta persona debería ser evaluada e instruida como diácono, ya que, técnicamente, en el Nuevo Testamento solo existen dos puestos, pastores y diáconos. El Nuevo Testamento también ha dejado muy en claro cuáles son los requisitos para aquellos que desarrollarán el diaconado. Pablo le da a Timoteo un listado de requisitos para los diáconos en su primera carta (1 Tim. 3). Este listado no dista mucho de los requisitos para aquellos que serán pastores. Es importante recalcar que no se les requiere mucho más de lo que se le demanda a todo cristiano, pero sí es de suma importancia, al igual que con los candidatos a pastores, que tengan un buen testimonio comprobado.

También hay algunos puntos en que distintas tradiciones difieren. El más conflictivo es en cuanto a si las mujeres pueden servir como diaconisas. En mi criterio, creo que sí. No podemos olvidar que Pablo habla de Febe, la diaconisa a quien Pablo recomienda a la iglesia de Roma (Rom. 16:1).

El diaconado es un buen lugar para que todos los que dicen tener dones de ayuda y servicio los pongan en práctica. Hay bastantes personas que creen que la única manera de servir a la iglesia es como pastor o a través de la predicación desde el púlpito. El ministerio del diaconado es necesario e integral para la iglesia por las funciones que cumple. Servir como diácono es sumamente relevante y esencial en el proceso de maduración de una iglesia.

El grupo de diáconos debe desarrollarse con un proceso de entrenamiento que asegure que ellos entienden qué es el ministerio diaconal y cuáles son las demandas bíblicas para todo diácono. Sé lo difícil que es en una plantación encontrar personas que estén comprometidas con la visión de hacer discípulos, que crean en la importancia de plantar iglesias y que estén dispuestas a servir sacrificialmente en lo que la nueva iglesia necesite. Cuando encontramos gente así, por lo general queremos comenzar a darles mucha responsabilidad. Sin embargo, debe existir un tiempo de observación en el que puedan demostrar su compromiso con la iglesia y su piedad delante de Dios. Aunque estas personas puedan ser una joya para un pastor-plantador, no duden en tomarse el tiempo suficiente y necesario para evaluarlos y entrenarlos bien.

Formar pastores

Una iglesia que va creciendo necesitará más pastores. No existe una regla aritmética que nos diga cuántos pastores debe tener una iglesia por una determinada cantidad de personas, sino que es simplemente una cuestión de cómo se maneja la demanda y necesidad pastoral de la nueva iglesia. Todavía no me refiero a nombrar nuevos pastores porque es recomendable que, si ya hay un equipo de pastores que fueron enviados con la nueva plantación, se mantengan como los únicos pastores en la iglesia durante un tiempo prudencial. En muchos casos, cuando hay un equipo de pastores establecido desde el inicio de la plantación, es posible que no se necesiten otros más por unos tres a cinco años.

Entonces, ¿cuál es el momento necesario para nombrar ancianos? Parte del problema para responder esa pregunta es que muchas iglesias crecen más rápido de lo que crece su liderazgo. Cuando esto sucede, la iglesia llega a crecer por un tiempo, pero luego se estanca porque no hay suficientes líderes para guiar, atender, pastorear y discipular a la gente. Muchos se han encontrado en la triste situación en donde se necesitan más pastores, pero no hay nadie calificado o que haya sido capacitado para esta labor ardua y espiritual. Una salida fácil y muy popular es nombrar pastores que no están calificados simplemente porque le urge a la iglesia contar con nuevos líderes. Esto, al final, termina causando grandes problemas a la iglesia al designar personas que no están listas para ejercer tal responsabilidad (1 Tim. 5:22). Al nombrar líderes que no están calificados, hacemos que las personas a quienes Cristo no ha llamado, o que no están listas, cuiden de Su novia que fue comprada con Su Sangre. Bueno fuera que simplemente ellos no hicieran la tarea y no dieran frutos, pero el daño va más allá de la tarea en sí. El resultado podría ser que hagan cosas que no son éticas o que actúen movidos por las motivaciones que Pedro ya prohíbe en 1 Pedro 5. Y así como levantar una pared es relativamente sencillo, pero derribarla demandará mucho sudor y fuerza, así también nombrar un pastor puede ser demasiado sencillo, pero sacarlo puede costar sangre, sudor y lágrimas.

Es urgente que el pastor-plantador tenga en mente cómo va a formar a otros pastores desde el mismo momento en que se planta la nueva iglesia. En realidad, esto es muy parecido a lo que hablamos en el capítulo tres, donde identificamos, evaluamos y capacitamos al pastor-plantador. A fin de cuentas, los requisitos son los mismos.

Pablo le dice a Timoteo que le encargue lo que ha aprendido de él a hombres fieles, que también lo puedan enseñar y encargar a otros (2 Tim. 2:2). El mejor plantador de iglesias en la historia del mundo, le ordena a Timoteo que capacite y entrene a otros hombres fieles. Esto significa que el pastor-plantador tiene que reunirse deliberadamente con hombres fieles, que estén dispuestos a ser capacitados y entrenados para poder llegar a hacer lo mismo. Mi recomendación es que cada pastor que pertenece al equipo pastoral discipule a un grupo de hombres con regularidad. Cada pastor-plantador será diferente, ya que los dones, los ministerios y las características personales son diferentes. En mi caso, estoy trabajando a tiempo completo en nuestra iglesia y, junto con mis otras obligaciones pastorales, tengo siempre de tres a cinco hombres con quienes me reúno semanalmente. No lo hago por obligación, sino por amor. Tengo un gran afecto por ellos y quisiera verlos crecer a la medida de la estatura de la plenitud de Cristo. También lo hago porque algún día nuestra iglesia necesitará más pastores y es mi tarea preparar a estos hombres, por si el Señor llamara a alguno de ellos al pastorado.

Formar discípulos

Muchos pastores enfrentan un gran dilema al realizar su trabajo. En términos generales, su tarea es llevar a cabo la obra del ministerio, al dedicarse a discipular, aconsejar y evangelizar a aquellos que forman parte de la iglesia. Ellos también se dedican a trabajar con aquellos que no están dentro de la iglesia, evangelizando y ayudando a los que están pasando por algún tipo de necesidad material. Esto es «llevar a cabo la obra del ministerio» y, por consiguiente, muchos pastores se han encontrado con agendas súper recargadas y horarios insostenibles que les hacen perder la salud y su familia en nombre del ministerio.

Aunque todos esos aspectos sí le pertenecen al pastor, Pablo nos presenta una perspectiva más amplia de cómo enfrentar estas tareas multiformes:

> Él mismo constituyó a unos, apóstoles; a otros, profetas; a otros, evangelistas; y a otros, pastores y maestros, a fin de capacitar al pueblo de Dios para la obra de servicio, para edificar el cuerpo de Cristo. De este modo, todos llegaremos a la unidad de la fe y del conocimiento del Hijo de Dios, a una humanidad perfecta que se conforme a la plena estatura de Cristo. (Ef. 4:11-13)

Se ha escrito mucho sobre el significado del apostolado y el ser profeta. No quiero entrar en esos temas con este pasaje. Lo que me interesa más está del versículo 12 en adelante. Sin alterar el texto bíblico, simplemente resumamos los oficios mencionados en el versículo 11 como «líderes de la iglesia».

Pablo aquí explica que los líderes de la iglesia han sido puestos por Dios con un gran propósito: capacitar (es decir, equipar) a la iglesia para que pueda llevar a cabo la obra del ministerio. Entonces, lo que queda absolutamente claro es que la obra del ministerio no es solamente responsabilidad del pastor. Aunque el pastor debe aconsejar, discipular y evangelizar, su tarea más grande e importante es capacitar a la iglesia para que las personas en su congregación hagan también esas mismas cosas. El pastor dedicado a entrenar y capacitar a su gente está moviendo a su iglesia hacia una madurez que proveerá una gran unidad. Por el contrario, una iglesia que es totalmente dependiente de sus líderes es una iglesia muy inmadura y que, muy posiblemente, no se mantenga unida por mucho tiempo.

Muchos miembros hoy en día piensan de una forma muy pasiva en cuanto a su relación con la iglesia. Es común, por ejemplo, escucharlos decir: «Traeré a mi amigo a la iglesia para que pueda escuchar el evangelio». Esperan que el pastor haga toda la obra del ministerio, quizás hasta porque ellos mismos no se sienten capacitados para hacer lo que correspondería hacer al ser miembros del cuerpo de Cristo.

Además de la predicación, una de las preguntas que todo pastor debe hacerse es la siguiente, ¿qué haremos para asegurar que nuestra membresía madure en su fe? Aquí es donde muchos han tomado una decisión pragmática y han optado por lo más fácil, que es armar muchos diferentes programas y actividades que dependen de ellos y que solo buscan tener un auditorio pasivo que los respalde. Aunque no creo que los programas sean malos *per se*, no creo que sean los que Pablo ni Jesús priorizaron ni tuvieron en mente con respecto a lo que la iglesia debería hacer en primer lugar. Lo cierto es que los programas no hacen discípulos; los discípulos hacen discípulos. Si queremos crear y desarrollar programas, estos deben ayudar, y no ser un obstáculo, para que el discípulo haga discípulos. Si lo que planificamos o desarrollamos no hace madurar a nuestros miembros, quizás tengamos programas con mucha asistencia, pero que no está produciendo será muy difícil hacer verdaderos discípulos.

Para concretar la idea, otra forma de hacer la misma pregunta, pero más específica, sería: ¿qué otras reuniones, iniciativas u otros programas facilitarán que la iglesia se anime y exhorte en la fe? Les adelanto que yo creo firmemente que la respuesta correcta tiene que girar alrededor de tener algún tipo de grupo pequeño de discipulado. Lo que se requiere es gente que se reúna más allá de las reuniones generales de la iglesia, con el fin de animarse en la fe, rendir cuentas mutuas, confesar pecados, servir juntos, orar los unos por los otros, estudiar la Palabra y proclamar las buenas nuevas. Según el contexto particular de la iglesia local se podría determinar el mejor método que se podría utilizar. Algunos usan grupos muy pequeños de tres o cinco personas, mientras que otros utilizan grupos más grandes.

Podría resumir todo lo dicho con la siguiente frase: se trata de desarrollar la infraestructura necesaria para asegurar que

todos los miembros de la iglesia local puedan hacer todo lo que
la Biblia les demanda.

Disciplina

La tarea de formar discípulos implica también la aplicación de
disciplina entre los que no estén viviendo acorde a lo que confiesan creer. Entre los discípulos podríamos encontrar a quienes
dicen estar en Cristo, pero sus vidas no coinciden con lo que Él
manda. Un ejemplo muy contundente de esto lo encontramos en
la primera carta del apóstol Pablo a los corintios. Pablo dedica
dos capítulos enteros a explicar la importancia de que su vida
coincida con el mensaje que dicen creer en vez de estar a tono
con la cultura que los rodea.

Siempre habrá personas en la iglesia que vivirán en pecado
sin querer arrepentirse. Es sumamente importante que enfren-
temos esa realidad de forma evidente y transparente; en amor,
pero con firmeza. El pastor-plantador tiene la responsabilidad,
bajo la autoridad de Cristo, de disciplinar a los miembros de la
iglesia. Jesús destaca un sano proceso particular en Mateo 18
al que muchas de nuestras iglesias deben volver a poner mucha
atención.

Muchos le cuentan al pastor-plantador cosas que hacen otros
cristianos. Lo más sencillo sería hacerse cargo del asunto, investi-
gando y hablando con esas personas para que, si los comentarios
fueron reales, sean llamados al arrepentimiento y puedan ser
restaurados. Sin embargo, este no es realmente el primer paso.
Quisiera animarlos a no perder de vista el proceso presentado
por nuestro Señor Jesucristo en Mateo 18. Si lo seguimos, en-

tonces, en primer lugar, la primera pregunta que debemos hacerle a la persona que llega con noticias de otro cristiano es: «¿Ya has hablado con él o ella?». Si no lo han hecho, entonces debemos animarlos a hablar primero con esa persona. Vivir en comunidad implica tener conversaciones difíciles y confrontadoras. Nuestra cultura latina no es muy proclive a ese tipo de conversaciones. Nos sentimos cercanos en la celebración, pero poco en la confrontación. Es allí donde la comunidad de creyentes tiene que ser contracultural porque privilegia la obediencia a Cristo antes que a las presiones o acomodos de la cultura imperante.

En segundo lugar, tenemos que tener en claro cuál es el propósito de la disciplina. La intención no es castigar a la persona en pecado, sino buscar su arrepentimiento. Jesucristo termina el proceso dando a entender que, si el hermano escucha, pues allí termina todo el proceso disciplinario. No lo tratamos como «pagano» o «recaudador de impuestos» cuando nos enteramos de su pecado, sino cuando, después de la represión, no le hace caso a nadie. La disciplina siempre será, en esencia, formativa y restauradora.

Como habrán notado, si nos sometemos a la disciplina bíblica, tal como está establecida en la Palabra, tendremos que redefinir todo lo que entendemos y hacemos concerniente a la disciplina en la iglesia. Lo primero que debemos tener en claro es que la iglesia siempre está disciplinando a sus miembros. Cada vez que un pastor o un miembro conversa con otro sobre su pecado, se practica algún nivel de disciplina eclesiástica. Muchas iglesias en América Latina solo ven la disciplina como el castigo público para una persona que ha pecado groseramente. Lo que se tiene en mente es más el castigo que la búsqueda del arrepentimiento.

La disciplina implica también que la persona que se ha arrepentido pueda mostrar frutos de ese arrepentimiento. Una persona que ha pecado necesita un proceso de recuperación de su sanidad espiritual. Por lo tanto, debe existir un proceso de seguimiento cercano y amoroso que permita que la persona sea restaurada y sanada por completo en esa área dañada por el pecado en su vida.

Quisiera hacer una aclaración sobre algo que es una práctica común en algunas de nuestras iglesias. Ellas entienden que, aun cuando una persona ha mostrado arrepentimiento por su pecado, de igual manera se le debe prohibir participar de las reuniones de la iglesia o de la Santa Cena por un tiempo. Es mi opinión que esto causa mucho daño a esos hermanos y hermanas porque los estamos castigando por algo por lo que para Cristo ya fue castigado. Si está arrepentidos, ya sabemos que ese pecado fue castigado en la cruz de Cristo (1 Jn. 1:9). La disciplina en la iglesia local no debería ser punitiva, sino formativa. Solo llega a ser punitiva si la persona se rehúsa por completo a arrepentirse y reconocer su pecado.

Otro extremo negativo en el entendimiento de la disciplina por parte de las iglesias de nuestra región es tender a disciplinar solo el pecado sexual. Jesucristo no hizo referencia a algún pecado particular en el proceso de disciplina de Mateo 18. Estamos hablando de que la disciplina puede incluir los pecados más respetables y comunes como el chisme, el rencor o el enojo. Una cultura eclesiástica que está centrada en el evangelio permitirá que nadie tenga que fingir que es perfecto y estará dispuesto a reconocer sus más pequeñas faltas. Si fingimos perfección, el mensaje mismo del evangelio nos contradice, ya que Cristo murió por nuestros pecados. Si siempre estamos volviendo al evangelio, recordándole a nuestra membresía de la gran necesidad que tienen de la gracia de Dios, esto fomentará una apertura para mostrarnos tal como somos, con nuestras virtudes y defectos, fortalezas y debilidades, áreas santas y también nuestras áreas pecaminosas. Centrarnos en el evangelio no quiere decir que caeremos en el otro extremo de vivir una falsa humildad en donde terminamos aplaudiendo nuestras confesiones y nuestros pecados. Siempre será incómodo y a la carne no le gustará que se exponga su pecado. Pero en la medida que una iglesia va madurando, así también irá madurando en su necesidad de crecer en santidad y de vivir una vida comprometida con el Señor, en donde unos a otros sobrellevarán sus cargas y estarán dispuestos a exhortarse en amor. De allí que volvamos a afirmar que es absolutamente necesario que una iglesia siga madurando y actúe según su edad.

Fomentar la transparencia

Un correcto uso de la disciplina puede fomentar el punto del que vamos a hablar a continuación. Por ejemplo, me encanta la actitud de Pablo al enfrentar los conflictos que tenían que ver con él. Es evidente que nunca quiso ocultarle nada a las iglesias que había plantado. En Filipenses, por ejemplo, menciona a personas que predicaban buscando quitarle su lugar. Él responde diciendo que, mientras Cristo sea predicado, lo que esas personas hicieran no le importaba. Pablo se defiende frente a los corintios y demuestra que su apostolado y su mensaje vienen de Jesucristo, y por eso no hay que compararlo con otros que están presumiendo ser apóstoles. Pablo les comprueba a los gálatas que su apostolado viene de Jesucristo; por tanto, el mensaje que predicaba era irrefutable. Les demuestra a los tesalonicenses cómo había vivido tiernamente entre ellos sin pedirles que lo apoyaran financieramente. Como podrán notar, vivía en una total transparencia delante de las iglesias.

Muchas iglesias sufren por falta de transparencia en el liderazgo del siglo xxi. Como ya hemos mencionado, un mal entre las iglesias de nuestra región es que haya hombres que simplemente se autonombran pastores, sin tener a nadie a quien rendir cuentas. También hay pastores que dirigen iglesias con muy poca integridad, ejerciendo señorío y obteniendo beneficios personales de ellas. Si es importante centrar nuestras comunidades en el evangelio y que éste genere vulnerabilidad y honestidad, entonces esto debe comenzar por el pastor-plantador. El primero en confesar sus pecados ha de ser el pastor-plantador. El primero en reconocer sus errores ha de ser el pastor-plantador. No olvidemos que el pastor ha de ser un ejemplo en todas las cosas, incluyendo una vida transparente (1 Tim. 4:12; Tito 2:7-8).

La iglesia debe existir con transparencia e integridad en todas sus áreas. Jamás debería existir la menor duda acerca de la honestidad del equipo de pastores. La honestidad es clave en la planificación de la iglesia, en sus finanzas, en el discipulado, en la predicación, en todo sentido. Si usamos una frase en nuestra prédica, debiéramos citar la fuente. Cualquier gasto de dinero de la iglesia, debería informarse y registrarse correctamente.

No quisiera que se entienda que esto significa también que el pastor y su familia deberán vivir en una pecera. El pastor no tiene que exponer toda su vida delante de la membresía, pero sí debe vivir en integridad y ser realmente lo que dice ser. Pablo se refiere a esto cuando dice que el pastor debe ser *intachable*. No hay nada que la gente pueda señalar en él que demuestre una falta de integridad. Esto no significa que sea impecable o perfecto, sino que es evidente que está dispuesto a reconocer sus pecados y buscar la restauración, sin dejar que haya situaciones en su vida sin resolver o que dejen una mancha en su testimonio personal.

Miguel Núñez, en su libro *Integridad y sabiduría*, dice: «La integridad requiere que nos identifiquemos en público con el estándar que hemos decidido abrazar en nuestro interior, sin importar el costo».[47] Hombres que no estén dispuestos a pagar el precio por su integridad no deberían pastorear una iglesia. El hombre íntegro y transparente obedecerá a Dios sin importar lo que los demás piensen de él. En la medida que más pastores vivan con integridad y transparencia, veremos a más miembros que vivirán de esa forma, porque el pastor ha establecido un estándar bíblico que es digno de ser seguido como ejemplo. Una iglesia que tiene pastores sin integridad y con falta de transparencia rara vez podrá madurar. Vivir a escondidas es una receta perfecta para el fracaso moral, lo cual impactará la nueva plantación grandemente si no la destruye por completo.

Dones del Espíritu

Al final de la primera carta a los corintios, Pablo presenta una firme defensa de la manera apropiada de ejercer los dones espi-

---

[47] Miguel Núñez, *Vivir con integridad y sabiduría: Persigue los valores que la sociedad ha perdido*, (Nashville: B&H Publishing Group, 2016), edición Kindle, Loc. 688-689.

rituales dentro de la reunión de la iglesia local. En un momento llega a decir: «Así también ustedes, puesto que anhelan dones espirituales, procuren abundar en ellos para la edificación de la iglesia» (1 Cor. 14:12). El uso de los dones espirituales es específicamente para la edificación de la iglesia. Al principio de su exhortación dice algo muy parecido al afirmar que cada uno que ha recibido un don del Espíritu lo ha recibido para «el bien común» (1 Cor. 12:7).

Dios no ha diseñado Su iglesia para que crezca dependiendo solo de los dones de algunos privilegiados. Él ha capacitado y dotado a todo creyente para participar en la obra del ministerio, la cual glorifica a Cristo y proclama el evangelio. Sería muy fácil que el pastor-plantador se apropie de todo el crédito en una iglesia que está creciendo. Podría parecer que es un súper héroe o un hombre-orquesta que ha logrado por sí mismo hacer crecer a la iglesia. Pero eso está muy alejado de la realidad espiritual de la iglesia. Si una iglesia crece, en parte lo hace porque hay muchos que están ejerciendo sus dones espirituales. Ya hemos dicho que los líderes de la iglesia no son los únicos que actúan por el bien de la iglesia ni tampoco son los únicos que tienen dones.

Todo lo dicho en el párrafo anterior le da más sentido al pasaje que vimos de Efesios 4. Solo se llega a la madurez cuando todos los miembros del cuerpo de Cristo participan en la obra del ministerio. El pastor-plantador, como parte de su labor, debe recordarle a la gente que, al poner su fe en Cristo, el Señor los dotó con dones espirituales. Estos dones no son medallas ni premios para ser lucidos con orgullo por sus propietarios, sino que existen específicamente para edificar la iglesia, para el bien común. Los dones no nos hacen a todos magistrados, sino ministros, siervos o esclavos los unos de los otros. Claro, no todos tienen el don para predicar. Algunos han recibido un don de servicio, mientras que otros tienen el don de enseñanza. Nuestra labor como pastores es abrir los espacios y entregar la capacitación necesaria para que gente pueda estar lista y con la madurez y el carácter formado y necesario para utilizar sus dones para la gloria de Dios y el beneficio de Su pueblo.

Nuestros dones espirituales no están solo restringidos para las reuniones en la iglesia o los servicios dominicales. Creo que podemos ejercer nuestro don espiritual aun en medio de nuestro trabajo. Si tienes don de enseñanza, puedes utilizarlo en conversaciones con personas que tienen cierta confusión respecto al evangelio o al cristianismo. Si tienes don de servicio, puedes usarlo donde sea que estés. Estos dones no son solo talentos, sino que son un empoderamiento del Espíritu Santo para hacer la obra del ministerio de manera fructífera.

La Palabra y la oración

No quiero dar por sentada la importancia de la Palabra y la oración. Si queremos ver a una iglesia crecer en madurez, tenemos que ser fieles en la exposición de la Palabra y el tiempo delante de Dios. Pablo le dice a Tito: «Debe apegarse a la palabra fiel, según la enseñanza que recibió, de modo que también pueda exhortar a otros con la sana doctrina y refutar a los que se opongan» (1:9), y unos versículos después: «Tú, en cambio, predica lo que va de acuerdo con la sana doctrina» (2:1). Esta es específicamente la labor del pastor-plantador y, como ya hemos mencionado, eso es específicamente lo que los apóstoles enfatizaron que era su obligación principal cuando eligieron los primeros diáconos de la iglesia de Jerusalén. Ellos específicamente aclaran cuál será su prioridad ministerial principal: «Y nosotros nos entregaremos a la oración y al ministerio de la palabra» (Hech. 6:4).

Si queremos ver crecer a una iglesia y queremos que verdaderamente madure y se desarrolle, debemos predicar la Palabra con pasión y orar sin cesar. Esto no es solo una sugerencia, sino que se trata de la metodología elegida por Dios (1 Cor. 1:21). Si perdemos de vista estos imperativos de Dios, sería muy fácil extraviarnos y empezar a buscar una que otra metodología exitosa para llenar la iglesia. Esos domingos cuando parece que nadie llega, cuando el equipo plantador no quiere evangelizar o cuando recogen una ofrenda y no entra casi nada, sería fácil pensar: «Podríamos ofrecer algo más entretenido, así la gente llega y da». Te ruego que no lo hagas y escojas el camino que los apóstoles escogieron como su prioridad ministerial.

Jared Wilson en su libro *Prodigal Church* [La iglesia pródiga] dice: «Quiero sugerir que es posible llegar a ser [una iglesia] grande, exitosa e interesante, a pesar de estar fallando sustancialmente en lo que Dios desea que hagamos con Su iglesia. Es posible confundir la apariencia del éxito con la de la fidelidad y la productividad»[48].

Esto también es cierto con respecto a la oración. Si bien ya hemos mencionado que Dios es el que salva, la obra del Espíritu es la que santifica. Si Él es el obrero principal en la labor espiritual de hacer y formar discípulos, nosotros debemos estar mucho de rodillas suplicando que lo haga en medio nuestro. La

---

[48] Jared Wilson, *Prodigal Church: A Gentle Manifesto against the Status Quo*, (Wheaton: Crossway, 2015), 46.

oración es la oportunidad que tenemos para ser conformados a la voluntad de Dios y reconocer a Cristo como la cabeza de Su iglesia y al Espíritu Santo como su maestro y santificador. Él no ha diseñado la oración solo para que sea una herramienta para casos de emergencia, sino que la utiliza para demostrarnos que separados de Él, nada podemos hacer. Somos completamente dependientes de Él, en todo sentido. No somos nosotros los que hacemos posible que la gente cambie o madure. Él es el que lo hace y, cada vez que oramos por los miembros de nuestra iglesia, y los que algún día se unirán, estamos activamente proclamando cuán necesitados estamos de Él para llevar a cabo esta tarea.

Conclusión

Llegar a ser una iglesia madura requiere de muchísimo tiempo. No se llega a crecer y madurar de un día para el otro. Aunque nos alienta ver a la gente que llega a los servicios dominicales, a las personas que son bautizadas y que públicamente declaran su fe, nos anima ver cómo abandonan vicios y pecados, de todas maneras el proceso sigue siendo muy largo. Desarrollar una iglesia plantada es un maratón. Cuando comenzamos con las reuniones dominicales, la plantación no ha terminado, sino que apenas ha comenzado. Por medio de lo que hemos mencionado en este capítulo, seguimos regando a esta nueva familia sembrada en su comunidad, con los líderes adecuados y los métodos adecuados y siempre sabiendo que el único que podrá dar el verdadero crecimiento será el Señor.

CAPÍTULO 13

Pastorear: ¿Pastor o plantador?

Jamás olvidaré el peor consejo que me dio un pastor. Cuando era un pastor muy joven de tan solo 22 años, me encontraba dando los anuncios un domingo. Por alguna razón que desconozco, me costaba pronunciar algunas palabras. No tuve más remedio que disculparme con la congregación porque que mi lengua estaba trabada. Hice el comentario en tono de broma porque todos habían notado mi tartamudez y pensé: «¿Por qué esconderlo?». El pastor principal se acercó con una cara muy preocupada después de la reunión. Me habló sobre los anuncios y me dijo: «Justin, un líder no admite sus errores públicamente». Tengo que reconocer que quiero darle el beneficio de la duda y suponer que no usó bien las palabras y la intención de su consejo era otra. La verdad es que no pude aceptar ese consejo, pero ya este tipo de recomendación se había vuelto la norma en el mundo del liderazgo desde hacía algunos años.

Ese consejo ejemplifica la forma en que vemos el liderazgo de la iglesia. Tendemos a vernos como líderes, directores o gerentes exitosos, antes que como siervos o pastores. Los ambiciosos gerentes de iglesias hoy abundan en las iglesias y son vistos como los visionarios, los planificadores de estrategias, los que desarrollan procesos y sistemas para que toda la iglesia funcione sin interrupciones y sea exitosa.

La iglesia sí necesita procesos y sistemas; también debemos aprender a funcionar con profesionalismo y debemos aprender del orden del mundo empresarial prácticas tales como la planificación, las finanzas, la contabilidad y tantos otros aspectos que permiten que una institución opere con orden, eficiencia y claridad. Sin embargo, en las últimas décadas podemos observar una tendencia que sobrevalora esas prácticas en el ministerio pastoral y minimiza otras destrezas que son más espirituales o propiamente pastorales.

Esta tendencia ejerce una enorme influencia en la plantación de iglesias. Un amigo me contó de cierta organización que se dedicaba a evaluar a plantadores. Ellos ponen al candidato frente a un grupo de plantadores expertos que evaluarán su idea y estrategia de plantación a través de un tiempo de preguntas y respuestas. La tarea del candidato es poder convencer a los expertos para que le «compren» su plan y aprueben la donación necesaria para desarrollar el proyecto. Aunque solo me contaron esta parte de la entrevista, espero que también evaluaran el carácter y la integridad del plantador. De lo contrario, ese modelo es muy decepcionante. Es evidente que hay ciertas similitudes entre el proyecto de una nueva plantación y el de una nueva empresa, pero la naturaleza de la iglesia es totalmente distinta a la de una empresa. Una empresa crece por el esfuerzo, los planes, la estrategia; una iglesia crece por la oración, el evangelismo y, finalmente, porque Dios da el crecimiento. Si enfatizamos las prácticas aprendidas de las instituciones humanas, la plantación se convertiría en un proyecto empresarial más que en un ejercicio espiritual de fidelidad a lo establecido por el Señor dentro del ministerio pastoral.

Eugene Peterson llama a este fenómeno la «americanización» de la congregación. Para él, esto significa: «…convertir a cada congregación en un mercado para consumidores religiosos, en una empresa eclesiástica dirigida según los lineamientos de las técnicas publicitarias, de los diagramas de flujo organizativo e impulsada por una impactante retórica motivacional».[49] Más adelante agrega: «Me parece que es un pecado contra el Espíritu Santo tratar a las almas por las cuales Cristo murió como si fueran números, proyectos o recursos».[50]

Entonces, como ancianos, sin importar el tamaño de nuestra iglesia, nuestra primera responsabilidad es obedecer lo que Pedro les dice a los ancianos: «cuiden como pastores el rebaño de Dios que está a su cargo» (1 Ped. 5:2). Es importante reconocer que pastorear es un verbo y no un título en el Nuevo Testamento. Nuestro trabajo principal es con la gente, no detrás de un escritorio. Hay mucho que hacer en el computador, pero las ovejas son nuestra prioridad porque le pertenecen a Dios y estarán en Su Presencia por la eternidad. Nuestra organización y nuestro orden son necesarios, pero solo son temporales y secundarios.

Siempre es importante recordarle a cualquier plantador que es pastor de una nueva familia local y no simplemente líder de una nueva organización. Muchos se han vuelto expertos en establecer y organizar la institución, pero no tienen idea de cómo pastorear el rebaño. No podemos olvidar que, para que cualquier iglesia

---

[49] Eugene H. Peterson, *The Pastor: A Memoir* (Nueva York: HarperCollins, 2011), 112.
[50] *Ibid.*, 255.

plantada se mantenga saludable, necesitará mucho tiempo de ministerio pastoral.

El evangelio y el pecado

Enseñar un evangelio bíblico siempre generará algunos problemas aun en iglesias saludables. Las personas que llegan del mundo a la plantación vienen cargadas de ignorancia, superstición, prácticas pecaminosas y almas quebrantadas. Muchos otros que también se unen a la plantación vienen de trasfondos con un supuesto conocimiento bíblico, pero con vidas que no han sido transformadas por el evangelio. Ambos grupos tendrán mucho que trabajar en su corazón y en su vida, y a muchos eso les resultará demasiado difícil y complejo.

El primer grupo estará escuchando el evangelio por primera vez y tendrá que responder con arrepentimiento y fe, conforme el Señor los vaya llamando. Pero, en el segundo grupo, muchas de esas personas han estado en iglesias no muy saludables durante gran parte de su vida. Ellos pueden llegar a pensar que todos sus años en la iglesia anterior fueron un desperdicio luego de escuchar el verdadero evangelio. Otros se darán cuenta de cuánto pecado no tratado había en su corazón, observando patrones pecaminosos que nunca les habían señalado o de los que el Espíritu Santo no los había convencido. Cuando predicamos el evangelio bíblico, el Espíritu Santo abre las mentes y los corazones de las personas, les muestra la realidad de su alma y les da el don del arrepentimiento y de la fe.

Quisiera que hagamos un ejercicio mental que nos permitirá ver la gravedad de esta situación. ¿Imagina por un momento que esto suceda con 30, 40, 50, 60 personas a la vez? Que suceda con personas que ahora saben que no están bien, aunque durante años han pensado que sí lo estaban. Plantar una iglesia formada e informada por el verdadero evangelio bíblico traerá consigo una gran cantidad de trabajo pastoral. Habrá personas que jamás han tenido una conversación donde personalmente se busque aplicar las verdades del evangelio a sus vidas, donde se los lleve a examinar su corazón para ver dónde hay patrones de pecado e idolatría y para, finalmente, buscar el arrepentimiento a través de la enorme gracia de Cristo que se manifiesta en el evangelio.

El Pastor y las ovejas

Jeremy Rinne, en su libro *Los ancianos de la iglesia,* escribió un capítulo que vale oro, titulado «Huele a oveja». Basta el título para comunicar el punto al que Rinne quiso llegar. Él dice: «El pastor está en medio de las ovejas. No está lejos en otro lugar. Camina en medio de estos animales, los toca y les habla. El pastor conoce las ovejas porque vive con ellas. Como resultado, huele a oveja».[51]

Rinne señala que la grandilocuencia no es necesaria para pastorear. Pero lo que no pude faltar es el amor por las ovejas. Amamos a las ovejas porque Cristo las amó. Amamos a la iglesia porque Cristo la ama, tal como lo mencionamos en el primer capítulo. De hecho, cuando Jesús está hablando con Pedro, hace una gran conexión entre el amor que Pedro tiene por Cristo y el servicio a Su rebaño. En tres oportunidades, le pregunta si lo

---

[51] Jeramie Rinne, *Los ancianos de la iglesia,* (Washington D. C.: 9Marks, 2016), 43.

ama. El apóstol responde que sí, a lo que Jesús le replica: «apacienta mis corderos» y «cuida de mis ovejas» (Juan 21:15-17). Por eso quisiera destacar que no son nuestras ovejas. Son las de Cristo. Demostramos nuestro amor por Él al cuidar a Sus ovejas, pastorearlas y apacentarlas.

Pastorear las ovejas no siempre significa estar retozando con las ovejas limpias y felices. También vamos a pasar mucho tiempo con las que estén enfermas y con las rebeldes. Hay algunos pastores que piensan que pastorear es dedicar todo el tiempo a las ovejas que tienen mucho potencial. En realidad, gran parte del tiempo pastoral transcurre con personas que han llegado dolidas, abusadas y golpeadas por el pecado, tanto propio como ajeno. La responsabilidad pastoral bíblica obliga a que todo pastor aparte tiempo para esas personas en su agenda. Las demandas del pastorado son sumamente difíciles y las he experimentado en carne propia. Sé lo difícil que es manejar todos los asuntos de una nueva plantación, tener una familia, estudiar para las prédicas y todo lo que implica la tarea pastoral, pero la labor de pastorear las ovejas es de primera importancia y no se puede dejar de lado.

Parte de nuestra labor pastoral es también producir espacios para seguir el consejo de Pablo: «Lo que me has oído decir en presencia de muchos testigos, encomiéndalo a creyentes dignos de confianza, que a su vez estén capacitados para enseñar a otros» (2 Tim. 2:2). Debe haber espacio en el horario del pastor para dedicarlo a pastorear hombres fieles, a quienes se les pueda encargar también la labor de enseñar a otros. Esto es lo que proponen Marshall y Payne cuando dicen que, en vez de evaluar nuestros programas cada año, debemos: «... comenzar en la iglesia con las personas, sin tener en mente ninguna estructura ni ningún programa en particular, para luego reflexionar quiénes son esas personas que Dios te ha dado, cómo ayudarlas a crecer en madurez cristiana y cuáles serían sus dones y sus oportunidades».[52] Lo que nos están diciendo es que nuestra labor como pastores empieza pensando en las personas, no en las estructuras ni en los sistemas.

Tú eres un medio, no la solución

Saber que somos responsables de pastorear el rebaño podría producir en nuestro corazón el sentir de que somos más necesarios de lo que realmente somos. Por ejemplo, el teléfono suena y un miembro de la iglesia nos dice con voz quebrada: «Pastor, ¿podríamos reunirnos? Estoy pasando una situación difícil». De inmediato, sientes el dolor de esa persona, aun sin conocer los detalles. Aunque sabes que tienes que estar con tu familia o que tienes otros asuntos que trabajar o que hay otras personas con las que te debes reunir, de inmediato sientes la presión de juntarte con esa persona en necesidad. Empiezas a llevar la carga de ellos como si fuera tuya. Es posible que llegues a preguntarte: «Si no me junto con ellos, ¿qué podría pasar?». Aunque somos llamados a ayudar a otros a llevar su carga, nuestro problema como pastores radica en no saber encontrar el equilibrio.

Los pastores enfrentamos diversas situaciones con los miembros de nuestra iglesia casi a diario. No hay semanas ni días que sean completamente predecibles. No sabemos qué tipo de llamada recibiremos, si será para contarnos de una bendición o para

---

[52] Colin Marshall y Tony Payne, *The Trellis and the Vine*, (Kingsford: Matthias Media, 2013), edición Kindle, 176-178.

socorrer en medio de la adversidad. Tampoco tenemos forma de saber quién pasará por nuestra oficina. Ni siquiera tenemos certeza de quiénes asistirán cada domingo. El ejercicio de planificar nuestro horario entre semana se vuelve muy complejo por lo mismo. Aunque planifiquemos bien, casi todas las semanas nos damos cuenta de que Dios tiene un plan diferente al nuestro. Tenemos muchas situaciones de consejería que son sumamente pesadas. Aunque planificamos nuestro horario para la semana, Dios nos trae situaciones que jamás hubiésemos proyectado.

Un pastor no tiene tantas oportunidades como quisiera de pasar más tiempo con las ovejas saludables. La mayoría de su tiempo transcurre entre ovejas heridas, débiles, dolidas, rebeldes o enfermas. Esto tiene un gran impacto sobre el estado emocional del pastor. Como dice Pablo al referirse a las tensiones que enfrentaba como ministro: «¿Y quién es competente para semejante tarea?» (2 Cor. 2:16). Muchos pastores viven con agotamiento emocional y espiritual producto de estar enfrentando situaciones sumamente delicadas y fortuitas con mucha frecuencia y sin respiro. Esa realidad demanda que todo pastor reconozca que, aunque es responsable de apacentar y pastorear, él mismo no es la solución y él mismo no puede llevar toda la carga en soledad.

Si eres un pastor, quiero que sepas que no fuiste diseñado para llevar las cargas de tu congregación. No hay duda de que los pastores del redil de Cristo sienten un gran amor por cada congregación y lo demuestran orando por ellas, pensando en sus ovejas, buscándolas y atendiéndolas. Mientras tanto, preparamos los sermones, pensamos en las que vendrán ese domingo y necesitan las palabras de Dios. Cuando predicamos, nuestros ojos recorren el salón y reconocemos caras y necesidades específicas;

conocemos los sufrimientos y los dolores que están debajo de cada sonrisa. Al acostarnos, oramos por las situaciones difíciles que la gente está viviendo y buscamos en nuestra mente soluciones para sus dilemas. Muchos pastores sentimos el dolor que tienen las ovejas, tanto por su sufrimiento como por lo que puedan estar viviendo como consecuencia de su propio pecado (2 Cor. 11:28-30). Anhelamos ver que tengan victoria sobre su pecado y nunca nos deja de doler verlos caer una vez más en patrones pecaminosos que los han dominado.

Sin embargo, todo ese amor tan bueno y sincero fácilmente se transforma en un «complejo de Mesías». Esto no significa que quieran salvarlos, pero sí en el sentido de sentir que somos necesarios en sus vidas. Podemos llegar hasta sentirnos imprescindibles para su crecimiento espiritual, indispensables para consolar sus sufrimientos e irremplazables para su aprendizaje de la Palabra. Claro, como no podemos con tal carga, terminamos sumamente agotados.

El apóstol Pablo nos muestra una apreciación un tanto diferente: «Porque hay un solo Dios y **un solo mediador** entre Dios y los hombres, Jesucristo hombre» (1 Tim. 2:5, énfasis añadido). Los pastores no fuimos diseñados para ser los mediadores entre la gente y Dios. Las ovejas necesitan muchas otras cosas además de a su pastor. Particularmente, necesitan que su pastor les señale el evangelio, la Palabra, el Espíritu Santo y que los lleve a la oración.

El evangelio

No hay mayor esperanza que saber que el Dios que antes estaba airado justamente con nosotros ahora nos ofrece una libre entrada a Su trono por medio del sacrificio de Su Hijo. Esa es la mejor noticia de todos los tiempos y es la noticia que necesitan oír las ovejas. Ellas también necesitan la esperanza de un Salvador que ha pagado por su pecado y no solo de un pastor que las ayuda a hacer guerra contra su pecado. Nuestras palabras no libran del pecado ni tampoco lo hacen nuestros mejores consejos. Solo el Cristo anunciado en el evangelio libera del pecado.

La mejor arma que tienes a tu disposición para cualquier situación que enfrentes es el evangelio de Jesucristo. Este evangelio se comunica pastoralmente a los creyentes al recordarles dos verdades gemelas. Tim Keller las ha formulado así: «El evangelio revela una verdad sorprendente: somos pecadores en una medida que no nos atrevemos a reconocer, y al mismo tiempo somos amados y aceptados por Jesús como jamás pudimos imaginar».[53] El pastor debe guiar sus conversaciones con esta doble tensión en mente. Queremos formar personas que no confían en sí mismas, sino que dependen cada vez más del Señor. Queremos formar personas que están dispuestas a ver su pecado, sin importar cuán horrible sea, porque tienen la confianza de que ya han sido amadas en Cristo. Queremos formar personas que entienden lo perdidas que están en sí mismos, y que también descubran su verdadero valor en Cristo Jesús, como hijos adoptados y amados. Cuando manejamos estos dos extremos de la madeja del evangelio, las conversaciones serán realmente fructíferas.

---

[53] Timothy Keller, *El significado del matrimonio: Cómo enfrentar las dificultades del compromiso con la sabiduría de Dios*, (Nashville: B&H Publishing Group, 2017), 52.

Estas mismas verdades gemelas tienen que ser las que gobiernan la vida del mismo pastor. Cuando aconsejamos y predicamos, debemos recordar que nuestra esperanza no está en nuestra habilidad retórica, sino en el poderoso mensaje que estamos compartiendo. De esta manera le estaremos dando a las ovejas lo que más necesitan y podremos descansar en nuestro Salvador. Las ovejas no cambiarán porque seamos buenos para explicar las cosas. Ellas serán transformadas porque Cristo las ha liberado del dominio de las tinieblas y las ha trasladado al dominio de la luz. Las ovejas no cambiarán porque les dediquemos mucho tiempo ni porque tengamos mucho discernimiento para saber definir sus problemas o realidad. Cambiarán porque Cristo ha roto la maldición del pecado sobre ellas, ha conquistado la muerte y les ha dado vida nueva en Él.

Debemos también cuidarnos de la amenaza sutil de utilizar nuestra habilidad pastoral para manipular a las ovejas. Nosotros somos más pecaminosos de lo que nos atreveríamos a imaginar. En un ambiente de confianza como el que existe entre pastores y ovejas, es muy fácil poder utilizar los dones pastorales para generar un cariño enfermizo de las ovejas hacia el pastor. Por otro lado, el ministerio pastoral puede caer en el deseo de querer dedicarse simplemente a complacer a la gente. Ambas son tendencias pecaminosas que pueden surgir desde el corazón pastoral y necesitamos que nos sean recordadas continuamente. Mi recomendación es que examinemos nuestro corazón y nuestras motivaciones, y que estemos dispuestos a decir la verdad por el bien de la persona, no por el bien de nuestra imagen, antes de entrar a cualquier reunión.

La Palabra

Pablo nos dice que la Palabra de Dios es «útil» (2 Tim. 3). La Palabra es útil para enseñar, reprender, corregir y muchas otras cosas que aparecen bien detalladas en la Biblia. Es muy fácil para los pastores acostumbrarse a aconsejar a las personas basándose en las experiencias que ellos han tenido. Fácilmente podemos ayudar a las personas a ordenar sus finanzas, mejorar la crianza de sus hijos e incluso a trabajar elementos de su matrimonio, y todo esto simplemente sacando lo que sabemos de la Palabra y de nuestra experiencia. Sin embargo, tenemos que considerar lo que estos métodos predican. Si acostumbramos a darle a las ovejas nuestros consejos humanos, en lugar de llevarlos directamente la Palabra de Dios, mostrárselo directamente de la Palabra de Dios, y pedirles que rindan cuentas sobre lo que dice la Palabra de Dios, entonces nos volveremos necesarios en sus mentes y terminaremos exhaustos. Si no los llevamos a la Biblia, sentirán que nos han fallado a nosotros y no a Dios. Si no los llevamos a la Biblia, sentirán que tienen que hablar con nosotros en los momentos difíciles y no con Dios.

También debemos ayudar a nuestras ovejas a que lean la Palabra de Dios y es nuestra responsabilidad enseñarles cómo hacerlo de forma regular para alimentar sus propias vidas espirituales. Algunos tienden a elevar la predicación dominical de la Palabra a un nivel más alto que la lectura diaria de la Palabra. La Palabra es lo que importa. La exposición dominical de la Palabra el día domingo es muy importante para la salud de la iglesia. Pero tan importante como ese manjar dominical es que se la lea y se la aplique de lunes a sábado en los hogares de nuestras ovejas. Debemos tener mucho cuidado de no generar una dependencia malsana en el estudio bíblico del pastor porque eso podría generar prejuicios e indisposición en las ovejas para ir por ellas mismas a estudiar la Palabra de Dios bajo la guía del Espíritu Santo. Una oveja que solo se alimenta el domingo es una oveja hambrienta. Un pastor que cree que debe repartir todo el menú de la semana el domingo es un pastor que terminará con el alma exhausta.

Con lo que acabo de decir no estoy menospreciando el sermón dominical. La predicación es una de las mejores herramientas que tiene el pastor para capacitar y entregar visión a sus miembros. Cuando estudiamos y predicamos bien la Palabra, ellos también estarán aprendiendo a estudiarla y leerla por sí mismos. Si no le damos el lugar correcto a la exposición fiel de la Palabra de Dios, estaremos dando a entender que somos hombres sabios que pueden dar mejores explicaciones que la Palabra de Dios.

De lo anterior se desprende que el pastor que no saca provecho de la predicación expositiva hará que su trabajo sea mucho más difícil. La predicación expositiva según David Helm es «la predicación poderosa que somete correctamente la forma y el énfasis del sermón a la forma y el énfasis del texto bíblico».[54] El punto es que, en la predicación expositiva, el pastor depende de lo que dice el texto para desarrollar el tema, y no impone un tema sobre el texto bíblico. Esta es el área débil cuando consideramos la predicación temática. Por ejemplo, un pastor podría preguntarse, ¿Cuáles son todos los temas que la congregación

---

[54] David Helm, *La predicación expositiva*, (Washington DC: 9 Marks, 2014), 14.

debe saber? El listado de temas sería enorme, y no sabríamos cómo priorizarlos y ponerlos en orden. Y eso suponiendo que tengamos la capacidad para conocer todas las necesidades de la congregación. De hecho, Paul Tripp explica que el problema humano es mucho más complejo como para poder leer y tratar la Biblia solo temáticamente. Nos explica: «Es debido a que nuestro problema con el pecado está tan generalizado y tan profundamente arraigado que necesitamos de las Escrituras algo más que percepción, principios, comprensión o dirección. Un enfoque enciclopédico de las Escrituras, basado en la solución de problemas, es totalmente inadecuado para la verdadera profundidad de nuestras necesidades».[55]

Solo tratar la Biblia de forma temática, dejará muchos temas sin tratar y también daremos a entender que la Biblia es como una enciclopedia o un Google espiritual donde solo la usas para buscar información sobre cualquier tema que consideras relevante o interesante. Pero la Biblia no es una enciclopedia ni tampoco es un Google para temas espirituales, sino que fue escrita, ordenada e inspirada por Dios con la intención de ser la Palabra de Dios relevante para toda generación. Esto significa que el pastor puede confiar en la Biblia, y aún en su estructura y orden, para poder comunicar todo lo que necesita la congregación.

El Espíritu

Veremos a los miembros de las iglesias pasar todo tipo de experiencias, tanto de gozo como de sufrimiento. También los

---

[55] Paul David Tripp, *Instrumentos en las manos del Redentor*, (Burlington: Publicaciones Faro de Gracia, 2013), edición Kindle, Loc. 1569-1572.

veremos obtener victoria y transformación, como también los veremos luchar con todo tipo de pecado. No siempre estarán completamente de acuerdo con nosotros. Y cuando no lo estén, se enojarán, no les gustará nuestro consejo y algunos hasta se alejarán. En esos momentos de altas y bajas, de encuentros y desencuentros, nuestra esperanza y fe tienen que estar arraigadas en lo que creemos del obrar del Espíritu. Él es el gran consolador y el gran confrontador. Cuando hay dolor, Él es mucho mejor para consolar que nosotros. Cuando hay pecado, Él es mucho mejor para confrontar que nosotros.

Cuando predicamos, no es nuestra habilidad de comunicación la que abre los corazones de los miembros; es el Espíritu Santo quien revela la verdad. Cuando aconsejas, el Espíritu ha estado obrando antes de que hables y seguirá obrando después. Es el Espíritu Santo, no el pastor, quien se encarga del crecimiento y del fruto del creyente. El pastor siempre debe depender del Espíritu Santo y esta dependencia debe marcar todo su ministerio. Lo que hagamos, ya sea que crezca o no, no podemos hacerlo en nuestra propia fuerza.

La oración

Hablemos sobre la importancia de la vida de oración. Pastor, si solo hablas con las ovejas, sin hablar con Dios sobre ellas, seguirás frustrado y cargado. Dios sabe lo que ellas necesitan. Pídele a Dios que obre por medio de Su Espíritu. Que les dé el consuelo que necesitan. Que las confronte con su pecado. Que produzca el cambio profundo en sus corazones. Cuando te gozas con ellas, exprésalo en adoración al Señor por sus bondades y la manifestación de sus misericordias en las vidas de Sus ovejas.

Muchos pastores estamos tan ocupados en los quehaceres del ministerio que apartamos poco tiempo para dedicarnos a la oración. ¿De dónde entonces vendrá el poder para hacer los quehaceres? ¿De dónde entonces vendrá el poder para predicar? Hay una frase famosa atribuida a Lutero donde supuestamente dijo: «Tengo tanto que hacer en el día de hoy que tengo que pasar las primeras tres horas en oración». Leonard Ravenhill, un autor que ha escrito mucho sobre el avivamiento, dice: «Por nuestra actitud hacia la oración, le decimos a Dios que lo que se ha iniciado por el Espíritu lo podemos perfeccionar en la carne».[56] Yo no sé si hay un trabajo de mayor importancia para un pastor que la oración por nuestras congregaciones, por nuestras prédicas, por nuestras citas de consejería, por nuestras familias y por nuestras propias almas. Los que plantan iglesias tienen que tener una fuerte dosis de oración en su agenda semanal. No es un exceso decir que la plantación de iglesias nace por la oración, crece por la oración y se mantiene por la oración.

Permítanme decirles que existe un riesgo al escribir estas cosas porque muchos creen que el autor lo hace tal y como lo describe. No es así. La oración es una lucha constante para mí también y me estoy exhortando con mis propias palabras. No nos podemos rendir ante los obstáculos que enfrentamos y que hacen que siempre la oración quede relegada al olvido. La oración vale la dificultad, vale la pena pelear contra los obstáculos,

---

[56] Leonard Ravenhill, *Why Revival Tarries* (Bloomington, Bethany House Publishers, 2004), 21.

vale la pena dormir menos, vale la pena dejar de lado nuestros teléfonos y nuestras computadoras, vale la pena apartar un espacio y un tiempo diario con el fin de estar en la presencia de Dios, rogándole que obre en medio de nuestras iglesias.

Plantar otras iglesias

Si la plantación ha llegado hasta el punto donde se están reuniendo, están madurando como iglesia, y ahora pastoreas una iglesia que está creciendo, es tiempo de empezar a pensar en la multiplicación otra vez. Ya han desarrollado líderes, tienen un proceso de membresía, están reuniéndose semanalmente y están buscando ser fieles a todo lo que la Biblia demanda; en fin, están trabajando para ser una iglesia saludable. ¿Qué es lo que viene? Pues ahora tienen la oportunidad de empezar todo el proceso de nuevo. Tal vez sea el pastor-plantador quien deja a algunos de los pastores formados a cargo de la iglesia o tal vez envíe a algunos de los pastores ya capacitados a plantar otra iglesia. Lo importante es no perder de vista una visión práctica de multiplicación. Es muy fácil llegar al punto de una iglesia establecida y no querer multiplicarnos. Es el síndrome del Monte de la Transfiguración. Estamos tan a gusto con lo que estamos viendo que lo único que queremos es quedarnos para siempre en el mismo lugar contemplando la gloria de nuestro Señor. Después de toda la lucha y todo el proceso vivido para plantar la iglesia, es difícil partir para empezar de nuevo a buscar gente y recursos. Por tanto, te animo a que vayas y leas el capítulo 3 otra vez. Las iglesias plantan iglesias.

Todos somos iguales

Las personas se reúnen para escuchar al pastor que habla durante un tiempo extendido todos los domingos. Durante la semana lo buscan para un consejo o para obtener luz con respecto a ciertas situaciones por las que puedan estar atravesando. De hecho, hay personas que a veces buscan al pastor en busca de consejos sobre asuntos que no tienen nada que ver con la Biblia, el ministerio o la vida espiritual. Esa permanente presión sobre el pastor debe recordarle el enorme peligro que existe de creerse más de lo que es.

Quizás algunos de ustedes lograrán plantar iglesias que crezcan y planten muchas otras iglesias. Puede ser que en algún momento recibas invitaciones a predicar en conferencias, escribir libros, dar talleres y mucho más. En medio de todo ese supuesto éxito ministerial, es probable que empecemos a considerarnos invencibles, especialmente ungidos y en una liga superior a los otros cristianos. Corremos el riesgo de ser hombres exitosos a los ojos del mundo, pero grandes fracasos delante de Dios. Francis Chan nos recuerda: «Nuestro mayor temor no debe ser el fracaso, sino tener éxito en las cosas que no importan». Así es como podemos terminar, con éxito en el ministerio, pero llenos de orgullo y arrogancia. Lo importante no es el éxito en el ministerio; lo importante es que sigamos creciendo en nuestro caminar con el Señor. Que nosotros podamos servir a la iglesia es gracia de Dios.

Uno de mis pasajes favoritos se encuentra en 1 Corintios 15. Pablo está hablando del evangelio y explica cómo Cristo apareció a todos los apóstoles. Allí llega a decir: «Porque yo soy el más insignificante de los apóstoles...» (1 Cor. 15:9). El apóstol

Pablo escribió la mitad del Nuevo Testamento y no se pone en un nivel superior a los demás. De hecho, él se considera más insignificante. El sigue diciendo: «Pero por la gracia de Dios soy lo que soy...» (1 Cor. 15:10). El plantador de iglesias más exitoso de la historia del cristianismo reconocía que estaba en el mismo plano que los demás. Todo lo que era lo era por gracia.

El pastor-plantador no es mejor ni más espiritual ni más santo que los miembros de la iglesia. Todos somos pecadores y todos necesitamos de la misma cruz de Cristo. Todos venimos al mismo pozo, sedientos y necesitados del agua viva. Nadie ha llegado a ser algo separado de la obra de Jesucristo, y todo lo que tenemos lo tenemos por Su gracia. En el momento en que se nos empieza a inflar el ego por lo que hemos logrado o por las personas que nos buscan, hemos perdido el norte y corremos el riesgo de edificar el ministerio sobre nosotros como fundamento. Eso es algo que nuestro buen Dios no tolera. Los que somos pastores, también somos ovejas. Los que somos líderes también somos miembros. Todos somos iguales a los pies de la cruz.

También es importante que consideremos que los pastores vamos a fallar. Jamás podremos cumplir con todas las expectativas y exigencias de las ovejas. Tendremos días en que no podremos reunirnos, en que nos enojaremos, en que nos faltará compasión, en que hablaremos más fuerte de lo que deberíamos. Poner la esperanza en los pastores es una batalla perdida. Las ovejas no necesitan a un pastor imperfecto, necesitan al único Pastor perfecto y es nuestra tarea apuntar todo hacia Él, para Su gloria y también por nuestro bien.

Conclusión

Así que, pastor-plantador, descansa en que has comunicado el evangelio, has enseñado la Palabra de Dios y el Espíritu habita en tus ovejas. Busca al Espíritu Santo en oración y dedícate a hacer discípulos con el fin de enviarlos a ellos algún día a plantar otras iglesias. Eso es ser fiel al llamado que Dios ha puesto sobre tu vida.

Reconocimientos

En primer lugar, le agradezco a Dios por la salvación que tengo en Cristo. También le agradezco por la oportunidad que me dio de servir a Su iglesia.

A mi esposa, Jenny, le agradezco porque me soportó durante las noches que pasé en la oficina trabajando en el manuscrito. Jenny es un regalo de Dios para mi vida, gracia inmerecida. En ella tengo una constante imagen del evangelio en el cual creemos.

A mis hijas, Isabella y Olivia, quienes, aun sin saberlo, sacrificaron tiempo conmigo para que yo pudiera escribir.

A la Iglesia Reforma, la amada iglesia en la cual tengo el gran privilegio de servir como uno de sus pastores. Amo a la Iglesia en general, pero no puedo explicar el amor que siento por la Iglesia Reforma.

También agradezco a Oscar Morales y a Steven Morales, mis copastores. Ellos me ayudaron a mejorar todas las ideas iniciales, dedicaron horas a leer el manuscrito y me orientaron para expresar mejor mis ideas. No podría imaginar el proceso de plantar la Iglesia Reforma sin ustedes.

A Pepe Mendoza, quien trabajó arduamente como editor. Pepe dedicó muchas horas adicionales a corregir errores, hacer sugerencias y pulir el texto. ¡Gracias!

A Cris Garrido, César Custodio y a todo el equipo de B&H, quienes han sido un enorme apoyo y una gran bendición.

A mi hermana, Amber, quien me enseñó tanto de la misericordia y el amor de Dios.

Finalmente, quiero agradecerle a mi papa, el primer plantador de iglesias que conocí, y a mi mamá. Mi hermano y yo crecimos aprendiendo a amar a la iglesia porque ellos amaban a la iglesia. Hoy somos una segunda generación de pastores y plantadores gracias a que nuestros padres nos transmitieron la importancia de la Iglesia.

COALICIÓN POR EL EVANGELIO es una hermandad de iglesias y pastores comprometidos con promover el evangelio y las doctrinas de la gracia en el mundo hispanohablante, enfocar nuestra fe en la persona de Jesucristo, y reformar nuestras prácticas conforme a las Escrituras. Logramos estos propósitos a través de diversas iniciativas, incluyendo eventos y publicaciones. La mayor parte de nuestro contenido es publicado en www.coalicionporelevangelio.org, pero a la vez nos unimos a los esfuerzos de casas editoriales para producir y colaborar en una línea de libros que representen estos ideales. Cuando un libro lleva el logo de Coalición, usted puede confiar en que fue escrito, editado y publicado con el firme propósito de exaltar la verdad de Dios y el evangelio de Jesucristo.

TGC | COALICIÓN